반(反)인륜적 **邪敎**사교 **집단** 파룬궁 집중 연구

반(反)인륜적 邪敎(사교) 집단 파룬궁 집중 연구

편역(著) 오명옥

큰샘출판
KEUN SAIM PUBLICATIONS

이 책은 반(反)파룬궁 전문 중문 사이트인 카이펑왕(凱風網 http://www.kaiwind.com)을 비롯해 많은 중문 반사교망(反邪敎網)인터넷 사이트들에서 반파룬궁 전문가 및 기자들의 저서와 논문, 기사들을 번역 편집해서 수록하였고 영국, 미국, 유럽 등 유명 사이트와 전문지 등의 기사를 편역해 수록해 만든 것이다. 또, 2009년 4월, 한국 서울에서 '파룬궁 사이비종교대책위원회 창립 총회'를 시작으로 본인이 반(反)파룬궁 활동을 시작하면서 수많은 파룬궁 피해자들과 그 가족들을 취재하고 연구하면서 「종교와 진리」 잡지 등에 실은 글들을 취합하여 편집해서 출판한 것이다.

Copyright ⓒ KEUN SAM 2017

1쇄 발행   2017년 9월 1일
편 역(著)   오 명 옥
펴 낸 이   오 명 옥
펴 낸 곳   큰샘출판사

출판등록   제2014-000051호(1995. 3. 10)
주   소   서울시 영등포구 도신로 244
전   화   02) 6225-7001~3
팩   스   02) 6225-7009

ISBN_ 978-89-89659-42-6

정가_ 값 15,000원

이 책은 저작권법에 따라 보호받는 저작물이므로 저작권자와 출판사의 동의 없이
이 책의 전부 또는 일부 내용을 복제하거나 다른 용도로 사용할 수 없습니다.

이 도서의 국립중앙도서관 출판예정도서목록(CIP)은 서지정보유통지원시스템 홈페이지(http://seoji.nl.go.kr)와 국가자료공동목록시스템(http://www.nl.go.kr/kolisnet)에서 이용하실 수 있습니다. (CIP 제어번호 : CIP 2017022532)

파룬궁 사이비 종교 대책위원회
활동 화보 ...

파룬궁사이비종교대책위원회 창립

일본 반(反) 파룬궁 세미나 및 번역 출간

반(反) 파룬궁 심포지엄 개최

반(反) 파문궁 책자 보급

안산 차이나타운, 다문화의 거리에서 **파룬궁 집단** 신도들, 본지 직원들 **폭행**!

9월 15일, 안산역 2번 출구 쪽에 위치한 차이나타운 지역, 다문화 거리에서 본지 직원들과 파룬궁 신도들 간의 충돌이 있었다.

사이비종교로 인한 피해사례를 알리는 사진전을 준비하고 있는 본지로서는 반(反)파룬궁 사진전 유인물을 많은 중국 교포들에게 알리므로 피해를 막아야 하는 의무가 있었다.
그래서 지난 주에 이어, 9월 15일에는 안산 다문화의 거리에서 유인물을 배포하였는데, 그 자리에 파룬궁 신도들이 있었던 것이다.

파룬궁 집단은 집회 신고를 하고, 자리를 차지하고 앉아서는 사이비종교 파룬궁을 선전하며,
여전히 동일한 내용들의 허위사실을 유포하고 있었다.

파룬궁 신도들은 유인물을 돌리고 있는 본지 직원들에게 다가와 어디에서 나왔느냐며, 항의하기 시작했고, 본지 직원들이 사진을 찍자, 직원들의 팔을 비틀고 폭언과 폭행을 하였다. 경찰에 신고하였더니 폭행을 한 파룬궁 신도는 도망을 가고 말았다.

이날, 본지 직원은 다문화 거리를 오가는 많은 사람들과 중국 교포들에게 사진전을 홍보하며, 파룬궁은 사이비종교이니 현혹되지 말라!
사이비종교 파룬궁을 반대해야 한다! 주의하라! 외치며 선전하였다.

반(反) 파룬궁 사진전 개최

반(反) 파룬궁 사진전 개최

반(反) 파룬궁 사진전 개최

반(反) 파룬궁 사진전 개최

반(反) 파룬궁 사진전 개최

반(反) 파룬궁 소책자

파룬궁 法輪功? Falungong

#01. 어리석게도 한 인간(교주 이홍지)을 신(神)으로 추종한다!
愚蠢的是把一个人(教主李洪志)当成神来追随！

#02. 거짓으로 조작된 허위 사실(생체장기적출 주장, 탄압 주장, 탈당 주장)들을 유포하고 있다. 종교를 이용한 국제사기집단이다!
散播以谎言伪造的虚伪事实（主张取出活体内脏器官，主张镇压，主张退党）等。是利用宗教的国际诈骗组织！

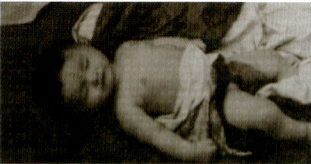

#03. 파룬궁사이비종교대책위원회 활동
파룬궁 사이비종교의 피해를 방지하고 대책을 강구하고자 한다!
法轮功似而非 宗教对策委员会 活动！
防止法轮功似而非 宗教的损害，要讲究对策！

#04. 경계하라! 파룬궁!
警惕！法轮功！

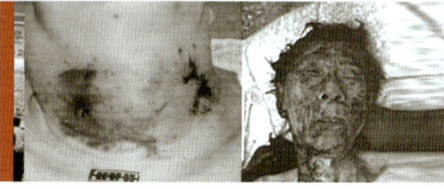

이단·사이비종교는 사회의 암적인 존재입니다.
그러한 종교를 분별하여 올바른 생활을 하도록 돕고자 합니다.
异端，似而非宗教对社会来说是像癌一样的存在。
想帮助大家分辨那些宗教，过正常的生活。

일인 시위 장면

Chapter 0

들어가면서 ...

추천서

이승구
(합동신학대학원대학교 조직신학 교수)

참으로 귀한 책입니다.

여기 중국에서 유행하고 있고, 우리나라에도 영향을 미치고 있는 파룬궁(法輪功)에 대한 좋은 비판서가 우리에게 선물로 주어져 있습니다.

잘못된 종교와 이단에 대해서 열심히 보도하고, 그들의 문제를 잘 드러내는 작업을 하시는 <종교와 진리>라는 잡지를 실질적으로 편집하시는 오명옥 선생께서 그 동안 <종교와 진리>에 내었던 글들을 중심으로 하여, 파룬궁에 대한 아주 좋은 비판서를 써 주신 것입니다.

이홍지라는 사람이 기공 수련을 하다가 이를 기초로 1992년부터 조직화하고, 특히 1994년 12월부터 자신을 최대의 주불(主佛)이라고 주장하면서, 일종의 사교(邪敎)집단을 만들어 사람들을 오도(誤導)하고 있는 현실을 아주 잘 드러내어 준 것입니다.

그들의 주장 중의 대표적인 것이 파룬궁의 수련자들은 자신에게서 나오는 파룬(法輪)의 작용이 있기에 병원 치료를 받지 말라고 하는 것인데, 파룬궁을 만든 이홍지 자신도 급성 맹장염으로 수술을 받았다고 합니다.

이 책은 파룬궁이 시작된 과정, 그들이 주장하는 요점, 그들의 문제점을 일목요연하게 제시해 주고 있습니다. 이를 읽고서 유익을 얻어 이런 사이비 종교를 잘 비판할 수 있고, 분별력을 갖고, 이런 잘못된 가르침에 현혹되지 않도록 했으면 합니다.

사이비 종교와 이단을 비판하시는 분들이 한 번씩 참조해 보았으면 합니다.

 머리말

사이비종교 파룬궁 집단을 대략 소개하면 다음과 같다.

- **단 체 명**: 파룬궁(법륜공(法輪功), 파룬따파(法輪大法, 법륜대법))
- **설 립 자**: 이홍지(李洪志, 중국 길림성, 한족) 1992년 설립
- **생년월일**: 1952년 7월 7일, 이후 석가모니 탄생일인 1951년 5월 13일로 생일 조작
  - **공산당 입당**: 1975년 12월 20일, '입단 신청' 및 '사상 보고' – "단지에 서 저에게 따뜻함과 도움을 줄 것을 희망하며", "공산주의의 실현을 위하여 저의 모든 것을 바치겠습니다"라며 입당
  - **대표 저서**: 전법륜(轉法輪) – 자칭 우주의 주불(主佛)이라 주장, 전법륜은 우주의 대법(大法)이라며 한 글자도 수정 불가하다더니, 2015년 스스로 수정
  - **병력**(病歷): 1984년 7월 8일, 이홍지 급성 맹장염으로 입원 치료 받음 – 신도들에게는 병은 업력(業力), 나쁜 기(氣)가 원인이므로 치병을 위한 병원치료, 약물 복용 금함
- **후 계 자**: 딸 이미가(李美歌) 예상
- **한국 조직**: 회장 권○대, 부회장 최○정, 박○원, 대변인 오○열, 신당인 (NTD Television, 新唐人电视台 / 新唐人電視臺 파룬궁 방송국) TV 대표 원○동
- **각 지 부**: 서울 마포구 공덕동 소재 한국 파룬따파불학회 外 전국 10여 곳의 학습장(법원 직원 관사, 사택, 오피스텔, 사무실 개조 등)
- **학습장 인원**: 각 곳마다 평균 10~15명
- **연 공 장 소**: 전국 276여 곳
- **신 도 수**: 전국 2,000여명 내외

한국 파룬궁 집단, 본지 상대로 수 차례 최고서 및 협박편지 발송, 그리고 인터넷 cafe 글 수십여 차례 차단은 물론 고소 자행!

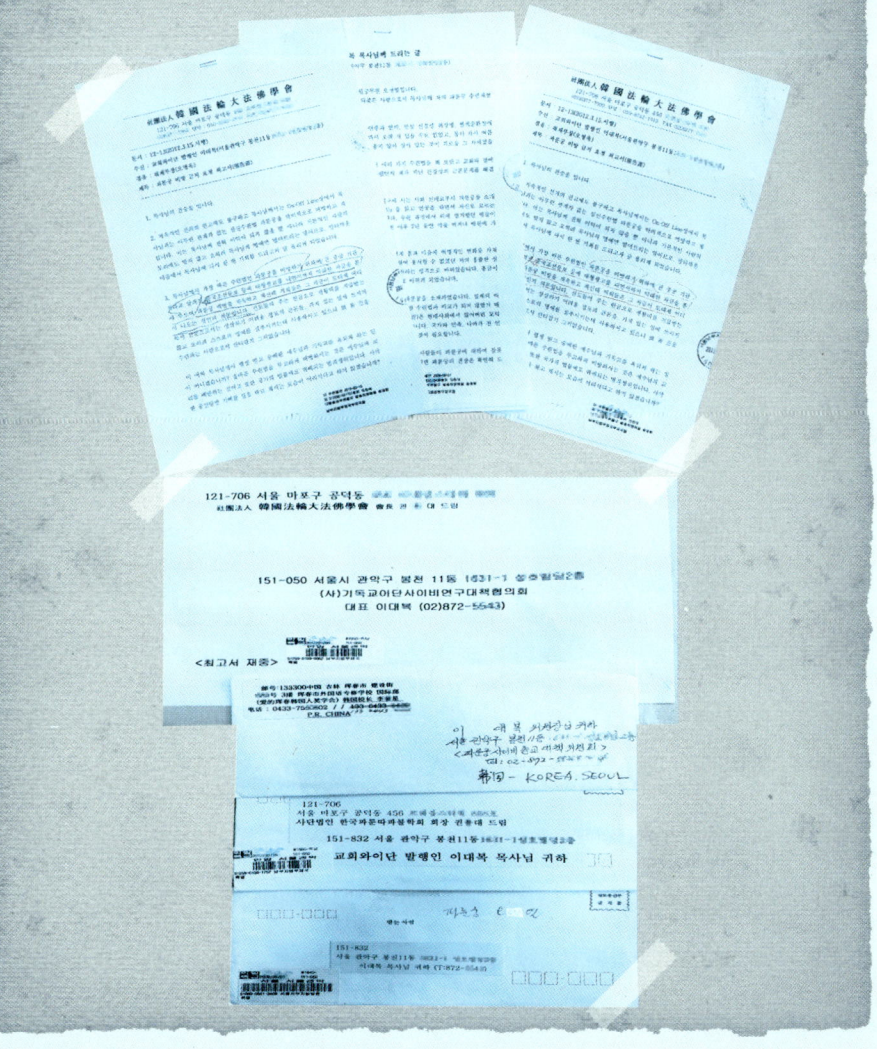

왜 파룬궁을 사이비종교라 하는가?

파룬궁에서 말하는 파룬(法輪)이란 하나의 생명체이다. 이것이 수련인의 아랫배 부위에 들어가 악한 마(魔)를 쫓아내주고 새로운 세포를 만들어주어 각양 질병을 치료해주고, 젊어지게도 해준다고 믿고 있다. 뿐만 아니라 수련인이 어떠한 어려움에 처해지더라도 이것이 지켜준다고 한다. 이 파룬(法輪)의 발원지가 이홍지이다. 그러니까 이홍지가 인간세상과 우주만물을 움직인다는 것이다. 신도들은 이홍지의 사진 액자를 걸어놓고, 그 앞에서 그가 만들었다고 하는 음악을 틀어놓고 매일같이 수련을 하고, 이 씨의 저서인 전법륜이란 책을 경전으로 믿고 따르고 있다. 그의 저서들에 나타난 대표적 사이비 교리들은,

① 이홍지, 대법(大法)이 우주 만물을 창조했다 주장!
② 이홍지, 내가 제3차 대전과 종말을 막았다 주장!
③ 예수는 천상에서 내려와 환생(윤회)한 것이다. 마(魔)가 내려온 것이다?
④ 이홍지, 나의 본질은 삼위일체(三位一體)이다!
⑤ 이홍지가 수명을 2년 더 연장해줬고, 망자(亡者)를 살려냈다 주장!
⑥ 이홍지가 날씨/기상도 좌우지 한다 주장!
⑦ 파룬궁 수련해야만 천국 간다. 기독교에는 구원 없다 주장!
⑧ 일체 중생 구원자는 나, 이홍지다!

위와 같이 파룬궁은 단순 기공(氣功) 수련도 아닌, 그렇다고 체조도 아닌, 사이비종교이다. 일언지하(一言之下), 유구무언(有口無言)이다.

차례

추천서	20
머리말	22

chapter 1 파룬궁을 왜 사교(邪敎)라고 하는가? 031
    1) 파룬궁이 생겨난 유래 _ 033
    2) 파룬궁에 대한 정의 _ 035
    3) 중국정부는 왜 파룬궁을 사교(邪敎)로 엄단하나? _ 039
    4) 파룬궁이 주장하는 '중국정부' 박해의 진실 _ 046

chapter 2 파룬궁은 수련단체인가 '사교'인가? 047
    1) 이홍지가 보는 파룬궁에 대한 정의 _ 049
    2) 종교계가 보는 파룬궁에 대한 평가 _ 050
    3) 파룬궁은 공민의 종교신앙 자유와 인권을
       침범하는 사교조직 _ 053
    4) 파룬궁의 터무니없는 역설들 _ 056
    5) 파룬궁의 불이법문으로부터 본 사교설 _ 060

chapter 3 파룬궁이 주장하는 반과학적인 주장과 역설 063
    1) 반과학적이고 반인류적인 태도 _ 065
    2) 파룬궁의 친인에 대한 태도 _ 069

3) 파룬궁의 법률에 대한 태도 _ 071

4) 파룬궁의 생명과 질병에 대한 태도 _ 073

5) 수련자의 타인 살해에 대한 파룬궁의 태도 _ 083

6) 이홍지에 대한 '신적 숭배'와 사교적인 설교 _ 085

7) 이홍지 가족소유, 미국 부동산이 총 11채 _ 090

8) 외계인·전쟁·자연재해에 대한 태도 _ 092

chapter 4

파룬궁은 사회에 해를 입힌다   99

1) 민용위성을 공격 _ 101

2) 텔레비전 삽입방송 _ 102

3) 소란 전화를 하고 쓰레기 메일을 발송 _ 103

4) 파룬궁을 비평하는 중외 언론사들을 포위 공격, 남소 _ 105

5) 파룬궁과 다른 의견을 지향하는 인사들을 비방 _ 109

chapter 5

파룬궁의 인권침해 사례 (1)   111

1) 파룬궁은 생명을 해치고 인권을 해친다. _ 113

2) 파룬궁은 여성과 아동을 해친다. _ 120

3) 파룬궁 수련으로 인한 자살 사례 _ 124

chapter 6

파룬궁의 인권침해 사례 (2)   131

1) 분신 자살 사례 _ 133

2) 자살 사례 _ 134

3) 살인 사례 _ 134

4) 마(魔) 제거를 위한 살인과 상해치사 사례 _ 136

5) 진료와 약을 거부한 사망 사례 _ 137
6) 여성 아동 침해 사례 _ 138
7) 해외 파룬궁 골수 인원 사망 사례 _ 144
8) 해외에서 발생한 파룬궁의 인권침해 사례 _ 144

chapter 7 파룬궁은 종족 간의 원한을 선동한다.   **147**
1) 파룬궁은 중국에 대한 적대시를 선동 _ 149
2) 파룬궁은 종족 간 불화를 부추긴다. _ 154

chapter 8 파룬궁은 반중국 정치조직이다.   **157**
1) 파룬궁은 해외에서 반중국 활동에 종사한다. _ 159
2) 파룬궁은 중국과 기타 나라 관계를 이간시킨다. _ 162
3) 파룬궁은 나날이 정치 조직화 된다. _ 166

chapter 9 파룬궁이 날조한 갖가지 요언들   **169**
1) 소위 "소가둔 강제 수용소 사건" _ 171
2) 소위 "생체 장기 적출 보고" _ 173
3) "3퇴" 요언 _ 174
3) 파룬궁에서 날조한 "피박해" 사례 _ 175

chapter 10 파룬궁의 사교선전과 정치선전   **181**
1) 파룬궁의 예술에 대한 태도 _ 183
2) "션윈 만회"는 파룬궁의 정치 선전이다. _ 184

3) '션윈 예술단'은 이홍지가 아끼고 신임하는 단체다. _ 189
4) '션윈 예술단'의 연이은 학생 모집 배후의 비밀 _ 190
5) '션윈 예술단' 및 '비천 예술학원'은 확고부동한 파룬궁 단체다. _ 190
6) 션윈(神韻) 공연, 파룬궁 신앙 강제 주입하는 종교 쇼! _ 191
7) 미국 언론: 션윈(神韻) 공연 배후, 정치적 요인! _ 192
8) '비천 예술학원'과 '션윈 예술단'은 파룬궁 내부 모순의 산물이다. _ 195
9) 파룬궁이 진행한 "전 세계 계열 대회"는 기만책에 불과하다. _ 196
10) 파룬궁의 매체에는 어떤 것들이 있는가? _ 197
11) 파룬궁은 해외에서 무고히 소송을 남발한다. _ 199

chapter 11 파룬궁을 보는 여러 시각들   **203**

1) 국내 민중 _ 205
2) 해외 민중 _ 206
3) 전 파룬궁 조직 핵심 광신도 _ 208
4) 전 파룬궁 수련자 _ 209
5) 중국 전문가 _ 210
6) 국제 전문가, 학자, 사교 반대 인사 _ 211
7) 해외 매체 _ 214

chapter 12 한국에서의 반(反)파룬궁 활동 및 보도   **219**

1) 한국기독교, "파룬궁 등 사교침투에 경각성 가져라!" _ 221
2) 한 파룬궁 수련자의 자술서, "지난날이 너무 후회스러워요!" _ 225
3) 생명 해치는 사례로 파룬궁의 '진·선·인' 정체 드러내! _ 228
4) 이홍지의 "정치하지 않는다"를 살펴보다. _ 231
5) "너무 잦은 전시·홍보·시위 자제하고 충돌은 피해야" _ 238

6) "파룬궁은 사교(邪敎)의 특성을 현저하게 보여준다!" _ 241
7) 사이비종교 파룬궁 선원(神韻) 공연은 데모 공연이다! _ 244
8) [인물탐방] 오명옥 대표 "파룬궁은 사이비종교... 피해예방 잘하자" _ 248
9) 파룬궁사이비종교대책위, '반(反)파룬궁 사진전' 개최 _ 252
10) 내가 겪었던 '삼퇴(三退)'의 진실 _ 253
11) 공영 방송사 KBS 홀 측의 '선원공연' 취소는 아주 정당하다! _ 256
12) 서울 대림동서 단편영화 '실낙원' 감상 토론회 가져 _ 257
13) 파룬궁사이비종교대책위, '反파룬궁 사진전' 개최 _ 261
14) 선원(神韻) 예술단 공연을 보고... _ 261
15) 파룬궁 '선원 공연'의 진상 _ 263
16) 파룬궁으로 인한 피해사례를 알리는 사진전, 언론 보도 _ 266

chapter 13

반인륜적 사교(邪敎) 집단 파룬궁에 대하여   271

Ⅰ. 사교(邪敎) 집단 홍보물 - 선원(神韻) 공연 재론   273

1. 선원(神韻) 예술단 공연에 이홍지 동행하나? _ 273
2. 이홍지, 선원 예술단 공연 목적은, 폭로에 있다! _ 275
3. 주류사회 열기 위해 티켓 값 올렸으니, 불만 말고 열심히... _ 276
4. 선원 공연 티켓 안 팔리면 신도들 수련 덜 된 탓! _ 277

Ⅱ. 사이비종교 파룬궁의 교리들   278

1. 이홍지, 대법(大法)이 우주 만물을 창조했다 주장! _ 278
2. 이홍지, 내가 제3차 대전과 종말을 막았다 주장! _ 280
3. 예수는 천상에서 내려와 환생(윤회)한 것이다.
   마(魔)가 내려온 것이다? _ 280
4. 이홍지, 나의 본질은 삼위일체(三位一體)이다! _ 281
5. 이홍지가 수명을 2년 더 연장해줬고,
   망자(亡者)를 살려냈다 주장! _ 283

6. 이홍지가 날씨/기상도 좌지우지 한다 주장! _ 285
7. 파룬궁 수련해야만 천국 간다. _ 286
8. 일체 중생 구원자는 나, 이홍지다! ... _ 287
9. 체육활동이 아니다. 사이비 병 치유가 목적이다! _ 291
10. 이홍지, 파룬궁이 종교라고 하라! _ 292

Ⅲ. 대사관 앞 시위, 난민신청, 불법체류 독려!   293

    1. 이홍지, 중국 대사관 앞에서 청원하는 제자는 대단하다! _ 293
    2. 파룬궁 신도가 아님에도 신도라며 난민신청 _ 294
    3. 불법 체류자도 묵인! _ 295

Ⅳ. 종교를 이용한 사업 활동   295
Ⅴ. 마무리   296

chapter 14

한국 파룬궁 집단의 현주소   301

1) 파룬궁 한국 지부, 두 파로 나뉘어도 행사는 같이? _ 303
2) 파룬궁 이홍지, 현재도 종교를 이용한 수익활동 중! _ 304
3) 파룬궁 신도들의 궁극의 관심은 인권이 아니다! _ 305
4) 한국 내 피해상황 _ 307
5) 이홍지 가족들은 병원치료 받는데, 신도들은 받지 말라? _ 308

chapter 15

한국에서의 반(反) 파룬궁 활동 연보   309

1) 반(反) 파룬궁 활동의 원인과 시발점 _ 311
2) 한국 내 파룬궁 지지자 현황 _ 312
3) 파룬궁 사교조직 대책위원회의 출현 _ 313
4) 월간 「종교와 진리」(前, 교회와 이단) 잡지에 발표된
   기사 및 피해사례 _ 314

1. 파룬궁을 왜
   사교(邪教)라고 하는가?

파룬궁을 왜 사교(邪敎)라고 하는가?

1) 파룬궁이 생겨난 유래

파룬궁은 20세기 90년대 초부터 중국에서 발전하기 시작한 일종의 사교(邪敎)이다. 파룬궁의 창시자 이홍지는 "파룬궁은 우주대법이고 최 초상적 과학이며 자신은 가장 위대한 과학가"라 자화자찬했다. 사실 파룬궁은 이홍지가 만들어낸 것이다.

1988년 당시 중국 길림성 장춘시 모 국영양유공사(国营粮油公司) 직원이었던 이홍지는 다른 사람을 따라 선후로 "선밀공(禅密功)"과 "구궁팔괘(九宫八卦)"라는 두 가지 기공을 수련했다. 그후 그는 상기 두 기공과 태국에서 본 무용동작을 결합시켜 파룬궁을 창시했다.

최초 이홍지는 "병을 제거하고 몸을 건강히 한다"를 미끼로 일부 사람들을 속여 파룬궁을 수련시켰고 나중에는 "세계 말일", "승천 원만" 등 사설(邪说)로 수련자들을 정신 통제하여 점차 일종의 사교 조직으로까지 발전시켜 왔다.

1994년 12월 이전까지 이홍지는 초감각 지각을 가진 기공사로 자처하면서 주로 기수련 전수와 "발공치병(发功治病)", 즉 자신의 "신기한 에너지"로 다른 사람의 병을 치료한다며 현혹하여 그때 당시로서는 아주 괜찮은 실속을 챙겼다.

1994년 12월 "전법륜(轉法輪)"이라는 책의 출판이 이홍지와 파룬궁에게는 하나의 전환점이 되었다.

이때로부터 이홍지는 더는 기공사로가 아니라 "우주 최대의 부처"로 자처하기 시작했다. 파룬궁 조직에서 편찬한 《이홍지 선생의 간단한 소개》에 "이홍지는 8세에 상승대법을 얻고 큰 신통력을 구비했으며 운반, 정물(定物), 사유통제, 은신 등 기능을 가졌다.… 공력이 극히 높은 층차에 달해 우주 진리를 환히 꿰뚫고 인생을 통찰하고 인류의 과거와 미래를 예지할 수 있다"라고 했다.

파룬궁도 이때부터 기공이 아닌 "우주대법"으로 "세계 모든 학설 중에서 가장 현오(玄奧)하고 초상적인 과학"이라며 홍보하기 시작했다. 파룬궁 수련자의 주요 목적 역시 기수련을 통한 병 제거와 몸 건강을 위해서가 아닌 "법 공부"로 이홍지가 우주 "쓰레기장"이라 부르는 지구을 벗어나 "원만"의 경지에 도달하기 위해서이며 "불(佛), 도(道), 신(神)" 등과 같은 우주의 고급 생명에까지 도달하기 위해서라고 했다.

"원만"의 목적에 도달하기 위해 이홍지는 신도들에게 생사를 내려놓으라(주: 생사를 염두에 두지 말라) 하고 "생사를 내려 놓으면 바로 신이고 생사를 내려 놓지 못하면 바로 사람이다"고 말했다.

이홍지의 사설(邪說)에 미혹되어 수많은 파룬궁 수련자들이 병에 걸려도 병원에 가지 않고 약을 먹지 않은 관계로 병세가 악화되어 목숨을 잃었고, 어떤 수련자들은 파룬궁에 심취되어 "원만" 추구를 위해 살인 혹은 자살까지 저질렀다. 1999년 7월 중국 정부에서 파룬궁을 단속하기 전 이미 1,400여 명이 파룬궁으로 인해 목숨을 잃었다.

이때의 파룬궁은 유아독존으로 아무 비평도 받아들이지 않았다. 매체나 학자들이 그들이 저지르고 있는 일에 질책을 하면 그들은 곧 그 매체들 주위를 둘러싸고 난동을 부리고, 비평한 학자들을 비난했다. 급기야 만여명을 동원하여 중국 중앙정부 기관 소재지 중남해를 둘러싸고 난동을 피워 세계를 경악시키는 "4.25" 사건을 빚어냈으며 사회 질서를 심히 어지럽히고 사회 안정을 파괴했다.

이홍지는 1992년 파룬궁 창시 후 북경에 "파룬대법연구회"를 설립하고 회장을 역임했다. 그후 각 성, 자치구, 직할시에 39개 파룬궁 수련 총부를 신설하고 총부 산하에 1,900여개 지부, 28,000여개 연공장을 설치해 상의 하달의 완벽한 조직 시스템을 구축했다. 이런 지점들은 중국민정부문의 합법적 신청 및 허가도 거치지 않고 함부로 사교이론을 선전하고 불법으로 재물을 긁어모으고 사기활동을 감행했다.

1999년 7월, 중국 정부는 파룬궁이 저지른 위법 사실과 광범한 민중들의 요구에 근거하여 법에 의해 파룬궁을 단속했다.

파룬궁이 중국에서 단속된 후 이홍지는 해외에서 계속하여 그의 추종자들에게 정신통제를 실시하여 공공의 이익을 파괴하는 위법 활동에 종사했으며 요언을 마구 날조하고 계속해서 사교활동에 종사함과 동시에 반중국 정치활동에 종사했다.

2) 파룬궁에 대한 정의

파룬궁은 20세기 90년대 초 중국의 일부 지역에서 발전하기 시작한 사교이다. 그 대표인 이홍지는 터무니없는 역설 날조로 파룬궁 수련자들의 정신을 극단적으로 통제하여 중국에서 많은 위법 범죄활동을 감행했다.

이홍지의 터무니없는 역설은 수련자들에 대한 정신 통제의 주요 수단임과 동시에 파룬궁이 각종 위해와 범죄 사실을 빚어낸 직접적인 근원이다. 예컨대 이홍지는 인류는 무려 81차례나 멸망을 거듭했고, 지구는 곧 폭발하게 될 것이며 지구 폭발을 미리 막으려면 오직 자기만 믿어야 하며 지구는 우주의 쓰레기장이므로 파룬궁을 수련해야 만이 종말에 살아남을 수 있다는 사설(邪說)을 퍼뜨렸다. 그는 파룬궁 인원의 종교 신봉을 허용하지 않으며 종교는 사람을 오도(誤導)할 수 있다고 말했다. 일체는 다 자기가 미리 안배한 것이며, 마침내 히틀러의 유대인에 대한 학살마저도 전부 천상변화의 결과라고 주장했다. 생긴 병은 병이 아니므로 진료를 받거나 약을 먹어서는 안되며 파룬궁 수련인은 반드시 일체를 내려 놓아야 하며 "생사를 내려 놓으면 바로 신이다"라고 말했다. 그리고 파룬궁 수련 반대자는 다 마(魔)이며 대역지마(大逆之魔)는 마땅히 죽여야 하고 파룬궁 성원은 친인을 상해한 다음 나중에 다시 상해를 입은 친인에게 보답할 수 있으며 "법륜대법"은 무엇보다도 소중하고 인간의 법률을 초월한다고 했다. 그는 또 모든 파룬궁 수련인은 반드시 "경문"을 숙지하고 자기말대로 엄밀히 집행해야 한다고 위협했다.

파룬궁의 가장 뚜렷한 범죄 행위는 인권을 침해하고 잔혹하게 생명을 해친다는 것이다. 이홍지의 정신 통제하에 1,000여명의 파룬궁 수련자들이 이홍지의 병에 걸려도 약을 먹어서는 안된다는 터무니없는 역설대로 진료를 거부하고 약을 거부하여 목숨을 잃었다. 수백명의 수련자들이 자해와 자살을 저질렀고 30여명의 파룬궁 미혹자들이 무고하게 살해되었다.

예컨대 2001년 1월 23일 7명의 파룬궁 수련자들이 이홍지의 "생사를 내려놓고", "원만을 추구"하라는 요구대로 북경 천안문광장에서 집단 분신자살을 저지른 결과 2명이 죽고 3명이 중상을 입고 불구자가 되었다. 1998년 9월 4일, 산동성 파룬궁 수련자 마건민은 이홍지가 말하는 그의 배 속에 "설치"된 "파룬"을 찾아내기 위해 가위로 배를 갈라 죽었다. 요녕성 파룬궁 수련자 장지근은 당뇨병에 걸렸음에도 파룬궁 연공 후부터 약 치료를 포기하고 다른수련자들로 부터 이홍지의 책자를 읽어 듣고 이홍지의 설교 녹음을 듣는 것으로 "병을 치료"하여 결국에는 병세 악화로 목숨을 잃고 말았다. 2003년 5월 25일부터 6월 26일까지 한달 사이에 절강성 파룬궁 수련자 진복조는 소위 자기의 파룬궁 수련 "공력"을 높이기 위해 독약을 먹여 15명의 걸인, 넝마주이와 1명의 불교 신도를 살해했다.

파룬궁의 또 하나의 범죄 행위는 사회에 해를 입히고 타인의 정상적인 권리를 침범한다는 것이다. 그들은 공공연히 국제 준칙을 어기고, 민용통신위성을 빈번히 공격했다. 통계에 따르면, 2002년 6월 이래 파룬궁 조직이 대만에서 중국 통신위성을 공격한 횟수만 해도 200여차례에 달했고, 시간으로 따지면 누적 100시간을 초월했다. 파룬궁은 또 공개적으로 방송 텔레비전 공공시설 파괴를 부추겼다. 이로 인해 파룬궁 수련자의 광케이블 파괴 사건이 중국 대륙에서 100여건이나 발생했으며, 불법 텔레비전 삽입 방송 사건도 발생했다. 파룬궁 총부의 인터넷 사이트를 통해서도 다량의 통신 케이블 파괴를 교사(敎唆)하는 기사들을 읽을 수 있다. 그들은 또 "팩스 전담팀", "전화 전담팀"을 편성하여 전화 혹은 팩스 등 방식을 동원해 조직적으로 대규모의 소란과 공갈 활동을 실행했으며 인터넷을 통해 쓰레기메일을 발송했다. 파룬궁은 자기들 사이트에서 2004년 1월부터 2월까지만 해도 소란전화 800만통 넘게 걸었다고 자인했다. 통계에 의하면, 해외에서 중국 대륙으로 발송되는 파룬궁 쓰레기메일만 해도 평균 매월 3000여만 통을 넘는다. 이런 위법 범죄와 공민의 합법적 권익을 침해하는 행위는 지금도 계속되고 있다.

파룬궁은 악의적으로 자기들과 다른 의견을 견지하는 모든 인사와 단체를 비난하고 공민의 언론자유 권리를 침해했다. 일찍이 중국 정부가 파룬궁 사교를 공식 금지하기 전 파룬궁 수련자들이 이홍지의 정신 통제로 목숨을 잃고, 정신 이상에 걸리고 가정 파경을 맞는 적지 않는 사실들이 중국의 언론계, 과학계, 교육계, 종교계 인사들에 의해 연속 폭로됐다. 위기감을 느낀 파룬궁은 그들을 비난하고 포위 공격을 실시하는 등 소란을 피웠다. 파룬궁이 단속되기 전, 몇 년간 전국 각지 언론사 주위를 둘러싸고 벌인 난동은 수십차에 달했다. 중경일보사를 둘러싸고 난동을 피울 때 파룬궁은 일보사에서 사과하지 않으면 집단 "발공"으로 일보사가 홍수에 침몰되고 지구가 미리 훼멸토록 할 것이라는 "경고"까지 했다. 현재 파룬궁 사이트에 "악인 게시판", "블랙 명단"이 길게 나열돼 있다. 그 중에는 장봉간(庄逢甘), 반가쟁(潘家錚) 등 덕망높은 피학기들과 부철신(傅鐵山)주교, 성휘(聖輝)법사 등 종교계 수뇌, 그리고 많은 사회 유명 인사들이 포함된다. 그들 모두가 파룬궁을 비평했다는 이유로 파룬궁의 조직적인 전화 소란과 공갈로 신변안전마저 심한 위협을 당했다.

파룬궁은 또한 사교형식으로 활동하는 정치조직이다. 근래 파룬궁은 해외에서 정치성 말썽을 일으키고 체계적인 정치 주장을 내세우며 한사코 중국 정부를 반대하는 정치활동에 종사했다. 그들은 중국 정부를 뒤엎을 것을 부추김과 동시에 감언이설로 외국 일부 정계 인사들을 유인하여 중국에 불친절한 언론 기사를 발표하도록 했다. 중국의 이미지를 훼손시키고 중국과 관계국 간의 양자 관계의 순조로운 발전을 파괴하기 위한데 그 목적이 있다.

중국 정부는 시종일관하게 절대 다수의 파룬궁 수련자들은 속임수에 넘어간것이며 그들 역시 피해자라 보고 있다. 때문에 파룬궁 수련자에 대해 시종 "단결, 교육, 절대 다수를 구원"하는 정책을 견지하며 전 사회의 공동 노력으로 파룬궁 수련자들을 사교의 정신 질곡에서 벗어나도록 도와주고 있다. 이는 중국 정부의 파룬궁 수련자에 대한 인권 보호를 체현한다. 정부는 모든 사회 역량을 동원하여 그들이 파룬궁의 사교 본질을 철저히 깨닫고 파룬궁에 심취되어 포기했던 생산과 생활을 회복하고 다시 새롭게 정상 사회로 복귀하도록 도와주고 있다.

최근 몇 년 동안 사회 각 계 층의 관심, 교육과 도움으로 절대 다수의 수련자들은 이미 파룬궁의 사교 본질을 철저히 깨닫고 이홍지의 사교 정신 통제에서 철저히 벗어나 사회 복귀로 정상적인 생활을 유지하고 있다. 전 사회의 도움으로 그들은 양호한 가정과 사회관계를 유지하고 있다. 그들 중에는 나중에 치부의 달인으로 된 사람도 있고 반사교 활동에 적극 참여하여 본인이 겪은 실제 경력으로 다른 사람들에게 도움과 교육을 주기 위해 나선 사람도 있다. 수련자 98%이상이 이미 파룬궁의 정신 통제를 벗어났다.

그들은 아무런 차별 대우도 받지않을 뿐더러 오히려 생활과 생산에서 그리고 직장에서 특별 우대를 받고 있다. 이들은 전에 파룬궁에 미혹되어 가정과 직장을 버려 사회의 약소층으로 전락되었기 때문이다.

극소부분의 위법 범죄활동에 종사한 파룬궁 조직의 골수분자들이 중국 사법기관의 법에 의한 처벌을 당했다. 이는 그들이 파룬궁을 수련했기 때문이 아니라 위법 범죄활동에 참여하고 형법을 어겼기 때문이므로 결코 그들에 대한 "박해"가 아니다.

지금 이홍지를 비롯한 극소수의 파룬궁 핵심 인원들이 파룬궁의 사교 특성을 덮어 감추기 위해 미국과 해외 기타 지역에서 파룬궁 인원을 박해한다는 요언을 날조하여 중국 정부를 모독하고 탈만 바꿔 이른바 "진(眞), 선(善), 인(忍)" "중국 전통문화"로 자기들을 포장하고 있다. 그러나 제아무리 억지로 궤변을 늘어놓아도 이홍지가 200만 수련자들 앞에서 한 말들과 파룬궁이 중국에서 저지른 위법 범죄 사실들은 절대로 부인할 수 없다. 사실 별다른 속셈으로 파룬궁을 이용하려는 극소 부분을 제외한 국제 사회의 절대 다수의 나라와 정의로운 인사들은 모두 파룬궁을 사교라 인정하며 파룬궁을 단속한 중국 정부의 정당 조치를 지지하고 있다.

3) 중국 정부는 왜 파룬궁을 사교(邪敎)로 엄단하나

중국 정부가 파룬궁 문제를 처리함에 있어서의 정책은 단결과 교육으로 절대 다수의 기만당한 수련자들을 구원하고 법에 의해 소수 위법 범죄 분자를 처벌하는 것이다.

절대 다수의 파룬궁 수련자에 대하여 각급 정부는 차별 대우하거나 배척하지 않고, 부단한 개종 교육으로 그들이 사교의 정신 질곡에서 벗어나 정상 생활을 회복하도록 인내성을 가지고 극진하게 도와주고 있다.

예를 들어보자.

* **주수지, 여자, 길림성 구대시 모 소학교 부교장, 1997년부터 파룬궁을 수련**. 두차례 씩이나 북경까지 와서 난동을 부렸고, 사회질서 소란으로 노동 교도소에 보내졌다. 사회 각 계층과 교도소 인원들의 도움과 교육으로 주수지는 파룬궁의 정신 통제에서 벗어나 길림성교육전화사업자원봉사자방교단(敎育转化事业志愿者帮敎团)에 가입하여 자신이 체험한 실제 경험으로 법을 설명하고 파룬궁 미혹자들을 도와주고 있다. 지금 여전히 교육 사업에 종사하고 있다.

* **진빈, 남자, 1945년 출생, 전 섬서성 경공업연합사 사무실 주임**. 1996년 6월 진빈은 병을 제거하고 몸을 건강히 한다는 선량한 염원으로 파룬궁을 수련하기 시작했고, 서안교통대학 파룬궁 연공장 보도원을 담당했다. 중국 정부에서 법에 의해 "파룬궁"을 단속한 후, 그는 여러차례 불법 소란을 피웠다. 2000년 12월 불법으로 파룬궁 사교 선전 자료를 인쇄한 관계로 노동 교도소에 보내졌다. 당과 정부의 적극적인 교육과 도움으로 2001년 진빈은 파룬궁 조직과 철저히 결별했다. 전변 후 그는 15만 자를 넘는 적발 비판자료를 작성하고 백여명의 파룬궁 미혹자들을 사교 파룬궁의 정신 질곡에서 벗어나도록 열성껏 도왔다. 현재 저명한 반사교인사로 활약하고 있다.

* **왕진동, 남자, 1951년 1월 출생, 하남성 개봉시 사람**. 1996년부터 파룬궁을 수련, 2001년 1월 23일. 왕진동은 타인과 결탁하여 북경 천안문광장에서 집단 분신자살을 조작했다. 그 결과, 2명이 숨지고 3명이 심한 불구자가 되었다. 2001년 8월 17일, 왕진동은 15년 유기도형, 3년 정치권리 박탈에 처했다. 분신자살 사건 발생 후 당과 정부는 왕진동에게 적극적인 인도주의 구원 치료와 인내력

을 가지고 세심한 교육과 도움과 구원의 손길을 보냈다. 사회 각계의 공동 노력으로 왕진동은 이홍지 및 파룬궁 사교 조직의 진면모를 인식하고 최종 사교 파룬궁의 진창에서 빠져나올 수 있었다. 각성한 왕진동은 "우매, 사망, 신생"이라는 책을 펴내 자신이 파룬궁에 미혹되기 시작해서부터 천안문 분신자살과 최종 깨닫고 전변하게 되는 우여곡절의 경험을 진술했다.

동시에 중국은 법제 국가이다. 그 누구든 그 어떤 조직의 활동이든 막론하고 법률을 초월하거나 법을 어겨서는 안된다. 극소수의 위법 범죄 활동에 종사한 파룬궁 골수분자들이 중국 사법기관으로부터 법에 의한 처벌을 당했다. 이는 결코 그들이 파룬궁을 수련했기 때문이 아니라 위법 범죄활동에 종사했기 때문이며 중국의 법을 어겼기 때문이다.

* **주윤군 등이 방송 텔레비전 시설을 파괴한 사례:** 2002년 3월 5일 저녁 주윤군, 유위명, 양진흥, 유성군, 장문 등은 사전 결탁으로 중국 길림성 장춘시와 송원시에서 각각 유선 텔레비전 네트워크 케이블을 자르고 파룬궁 사교 내용을 퍼뜨리는 CD를 삽입 방송했다. 이로 인해 상기 두 지역의 유선채널 송출이 장시간 중지됐으며 많은 시청자들이 텔레비전 프로그램을 시청할 수 없었다. 2002년 9월 20일 장춘시 중급 법원은 주윤군 등 15명의 텔레비전 방송시설 파괴와 사교조직을 이용하여 법률 실시를 파괴한 이 사건에 대해 공개 심판을 진행하고 법에 의해 주윤군 등 15명 피고인에게 각각 4년 이상 20년 이하의 유기도형을 선고했다.

* **이상춘 방송 텔레비전 시설 파괴사례:** 2002년 10월 22일 중국계 미국인 이상춘(chuck Lee, 남자, 박사)은 강소성 양주시에서 유선 텔레비전을 삽입 방송하여 파룬궁을 퍼뜨리려고 시도하던 중 미수로 연행되었다. 경찰은 현장에서 유선 텔레비전 삽입 방송 시설과 가죽 자르는 칼, 양철판 자르는 가위, 미니 절단기, 다기능 가위 등 공구들을 압수했다. 2003년 3월 21일 양주시 중급 인민법원은 텔레비전 방송시설 파괴죄로 이상춘에게 유기도형 3년에 추가로 추방령을 내렸다.

① 파룬궁의 창시인 이홍지는 지고무상의 구세주로 자처했다.

파룬궁 조직에서 편찬한《이홍지 선생의 간단한 소개》에 따르면 "이홍지는 8세에 상승대법을 얻고 큰 신통력을 구비했으며, 운반, 정물(定物), 사유 통제, 은신 등 기능을 가졌다……공력이 극히 높은 층차에 달해 우주 진리를 환히 꿰뚫고 인생을 통찰하고 인류의 과거와 미래를 예지할 수 있다"고 했다. 이홍지는 그의 주요 저서《전법륜》이란 책에서 "아주 강대한 공력"과 "사람의 온 원신(元神)을 끌어낼 수 있는" "섭혼대법(攝魂大法)"을 갖고 있다고 공언했다.

이홍지는 "나는 확실히 앞 사람이 여태껏 하지 못했던 하나의 일을 하였으며 더욱 큰 우주의 근본 대법을 전수하였다", "이런 이론을 당신이 세계의 모든 책을 다 뒤져보아도 당신이 세상의 모든 학문을 배웠다 해도 당신은 모두 배워내지 못하는 것이다"라고 했다. 《시드니 법회 설법》— 편집자 주해: 아래 내용에서 인용되는 언론은 특별 주해 외에 모두 이홍지의 저서에서 인용한 것임)

그는 자기는 석가모니나 기독교 예수의 능력보다 몇 배 더 높은 신이며 파룬궁은 유일하게 "사람을 천국으로 인도해가는" 정법이라고 했다. 자기는 "앞 사람이 여태껏 하지 못했던 일을" 하며 "더욱 큰 우주의 근본 대법"을 전하고 "사람에게 하늘로 올라가는 사닥다리 한 부를 남겨 놓았다"라고 했다. 《전법륜》)

"현재 전 세계에서 오직 나 한 사람만이 공개적으로 정법을 전하고 있으며 나는 앞 사람이 여태껏 하지 못했던 하나의 일을 했다."《전법륜》)

"파룬 대법을 전파하는 수련생(제자)을 스승, 대사 등으로 불러서는 안된다. 대법 사부는 오로지 한 사람뿐 (편집자 주해: 이홍지) 이다. 입문에는 선후를 가리지 않고 모두 제자이다."《전법륜》)

이홍지는 자신이 지구상의 일체 물종을 "재조"할 수 있으며 "새로운 지구를 제조"할 수 있다고 했다. 그는 "내가 오늘날 하는 이 일은 전체 지구상의 인류이며 물질을 모두 좋게 하려고 한다. 나는 모두 할 수 있다", "지구를 보류하려면 어떻게 보류해야 하겠는가? 곧 당신들이 수련하는 것과 마찬가지로 당신들에게 신체를 연화(演化)해줌에 따라서 동시에 또 새로운 지구를 제조하고 있다"고 했다. 《북미 제1회 법회 설법》)

"나는 여기에 앉아서 북경의 광경을 볼 수 있고 미국의 광경을 볼 수 있으며 지구의 저쪽도 볼 수 있다. 어떤 사람은 이해하지 못하며 과학적으로도 이해하지 못한다……내가 여러분에게 분석해주겠다. 이 장의 공간 중에서 사람의 앞이마 부위에는 거울 하나가 있다. 연공하지 않는 사람의 것은 엎어져 있고 연공하는 사람의 그것은 뒤집어져 있다. 사람의 요시공능이 나올 때에는 그것이 반복적으로 뒤집힐 수 있다." 《전법륜》)

2002년 3월 이홍지는《북미순회 설법》에서 "우주가 아무리 크다 해도 나보다는 크지 못하다", "만약 우주마저 없다면 단지 나 혼자일 것이다", "내가 누구인지 아는 사람이 없으며 나 역시 내가 누구인지 모른다", "내가 없으면 우주의 존재도 없다"라고 말했다.

그는 "나는 무수한 법신이 있으며 생김새가 나와 같다. 그는 다른 공간에서 당연히 크게도 변하고 작게도 변할 수 있다. 대단히 크게 변할 수도 있고 대단히 작게 변할 수도 있다"라고 공언했다. 《시드니 법회 설법》)

그는 계속해서 "이 책 《전법륜》) 속의 매 하나의 글자에 모두 나의 법신이 있고 매 하나의 글은 모두 나의 법신 형상이다. 매 한 글자는 모두 부처의 형상이다. 나는 무수한 법신이 있으며 나의 법신은 숫자로 계산할 수 없다……얼마나 되는 사람이든지 나는 다 책임질 수 있으며 전 인류라도 나는 다 책임질 수 있다"라고 말했다. 《시드니 법회 설법》)

이홍지는 사교 교의를 시리즈로 날조하여 추종자들을 기만함으로써 정신 통제로 재물을 갈취했다.

초기 이홍지는 타인에게 기공을 전수하고 "발공치병" 즉 자신의 신기한 "에너지"로 다른 사람의 병을 치료해 주고 재물을 불렸다. 한 사람에게 단독으로 "발공치병" 하면 1인당 몇 십원에서 몇 백원정도 받았고 "학습반"을 꾸려서는 입장료 30~50원씩 수금했다. 이홍지는 중국 대륙에서 총 56차례의 "설법", "학습반"을 열었으며 284만여원(RMB)에 달하는 거금을 챙겼다.

나중에 "발공치병"이 효력이 없자 이홍지는 신도들에게 "법공부"를 더 많이 하라고 강조했다. 그의 저서를 읽고 "법공부"를 통해 병을 제거하고 몸을 건강히 하며 신선이 되고 부처가 되는 목적에 도달한다는 것이다. 1999년 7월, 중국 정부에 의해 단속되기 전까지 이홍지는 불법으로 《전법륜》류의 "파룬궁 수련을 지도"하는 책자 21권을 인쇄 제작하고 많은 이홍지 설교 녹음, 비디오 테이프를 제작했다. 파룬궁 수련자 거의가 이 21권과 이들의 다차 수정판(겨우 몇 글자 정도 수정된 판본) 그리고 이홍지의 사진, 수련 비디오 테이프, 절배용 방석 등 많은 물품들을 샀다. 통계에 따르면 상기 서적과 물품 구입을 위한 파룬궁 수련자들의 1인당 평균 지출이 300원 이상에 달했다.

경찰은 1992년부터 1999년 말까지 이홍지와 그의 파룬궁 사교 조직이 "법륜대법연구회" 명의로 편찬, 발행, 판매한 갖가지 파룬궁 출판물과 관련 제품들의 가치가 총 1.35억원(RMB)에 달하며 그들이 챙긴 이윤이 4,229만원을 넘는다고 밝혔다.

이외에도 파룬궁 미혹자들이 후원한 기부금도 꽤 된다. 이런 기부금은 종래로 조직으로 조달된 적이 없으며 전부 이홍지 개인한테 조달됐다.

② **파룬궁은 중국에서 엄중한 인권침해 죄악을 범했다.**

통계에 따르면, 2000년 4월 12일까지 파룬궁에 미혹되어 자살하거나 진료와 약 거부로 인한 사망 수가 1,559명에 달하며 정신이상 환자 651명, 살인사 11명, 불구자 144명이 발생됐다.

2001년 1월 23일, 7명의 파룬궁 수련자들이 "생사를 내려 놓고" "원만을 추구하라"는 이홍지의 요구대로 북경 천안문광장에서 집단 분신자살을 저지른 결과 2명이 숨지고 3명이 중상을 입고 불구자가 됐다.

2003년 5월 25일부터 6월 27일까지 절강성 파룬궁수련자 진복조는 소위 파룬궁 수련 "공력"을 제고하기 위해 쥐약을 먹이는 방식으로 15명의 넝마주이, 걸인과 1명의 불교 신도를 살해했다.

파룬궁은 불법 수단으로 자기들과 다른 의견을 견지하는 사람들을 비난했다.

1998년 6월 1일과 3일, 산동 《제로만보》에 《파룬궁이란 도대체 어찌된 영문인지를 보십시오》 등 5편의 글을 게재했다. 그 결과 2,000여명의 파룬궁 수련자들이 신문사 주위를 둘러싸고 난동을 피웠다.

통계에 따르면, 파룬궁은 단속되기 전 선후로 광명일보, 중앙 텔레비전 방송국, 북경 텔레비전 방송국, 요녕일보, 남방일보, 중국 청년보, 건강보, 복주일보, 하문일보, 제로만보, 합비만보, 중경일보, 성도상보, 창주일보, 청년과기박람잡지, 전강만보 등 파룬궁의 위해를 폭로하는 기사를 게재하거나 방송한 수십개 언론사들을 둘러싸고 난동을 부렸다.

현재 파룬궁 사이트의 "악인 게시판"에 5만여 개의 블랙 명단이 열거되었다. 이중에는 장봉감, 반가쟁, 부철산, 성휘 등 덕망높은 과학가들과 종교계 지도자들이 망라된다.

파룬궁은 또 소위 "국제 추적조사" 기구를 설립했다. "추적조사"의 대상은 중국 각급 당정 요원과 중국 불교협회와 이슬람교협회 등 종교단체, 신화사, 봉황위성 텔레비전 방송국 등 매스컴 매체들과 기자들 그리고 연예계 유명 인사들인 이곡일, 조본산, 범위, 고수민 등이다. 뿐만 아니라 싱가포르 법관과 야후, 구글, 마이크로소프트 등 인터넷 회사와 유럽 통신위성회사도 포함되었다.

그들은 모두 파룬궁에 대한 단속을 지지했거나 파룬궁과 다른 의견을 견지한 관계로 파룬궁의 조직적인 전화 소란과 공갈을 받았고, 신변 안전에 심한 위협을 받았다.

③ 종교계에서는 파룬궁을 사교라 평가하고 있다.

파룬궁은 국제 불교계에서 공인하는 사교이다.

연합 국제 세계불교총부는 2000년 5월 19일 "세계불교, 불학, 불법정사(正邪) 세미나"를 대만에서 개최했다. 회의는 이홍지를 사교 인사로 확정하고 이홍지의 소위 불법이란 것을 완전한 사교라고 평가했다.

2006년 4월 대만에서 개최된 세계 불교도친목회 제23차 대회는 "10항 선언"을 통과시키고 "정법을 수호하고 파룬궁의 불교 법륜의 이름을 도용하여 불교를 해치는 행위를 반대" 한다고 명확히 기입했다. 동시에 전세계 불교도들에게 "공동으로 사교 파룬궁을 정시(正視)하고 규탄할 것"을 요구했다.

2006년 5월 10일 태국에서 열린 국제 웨삭데이축제 세계 불교대회에서 발표한 연합공보는 "대회는 파룬궁이 불교의 기본 교의에 어긋난다 확인했다"고 거듭 천명했다.

불교계 외에도 기독교, 천주교, 도교 등에서도 파룬궁을 규탄했다.

2007년 한국 기독교 월간지《교회와 이단(現, 종교와 진리)》은 연속 3기간 글을 실어 "파룬궁은 사교이며, 그 어느 사회 죄악보다 더 사악한 비신앙성 사교"라 했다.

많은 사실이 알려주다시피 이홍지를 수장으로 하는 파룬궁 조직은 한낱 스스로를 신격화하고 종교를 배척하고 과학을 반대하며 사설을 퍼뜨리고 타인을 위해하고 사회에 해를 주는 해외의 어느 사교보다도 더 사악한 사교 조직이다.

④ **국제 사교연구 전문가들은 파룬궁을 사교라 인정한다.**

미국 심리학회 전임 회장이며 캘리포니아주 버클리대학 심리학 교수 Margaret Thaler Singer는 파룬궁은 사교의 표준에 맞으며 미국이나 세계 어느 곳의 사교 표준에나 다 들어맞는다. 파룬궁의 수령은 신도들에게 하나님이나 기타 추상적인 원칙을 신앙하라는 것이 아니라 자기를 신앙하라 호소한다. 파룬궁은 또 하나의 사교에 지나지 않는다고 말했다.

2001년 12월, 미국 기정기금회주석 Herdert Rosedale는 북경에서 개최된 중국 반사교협회학술년회에서 한 연설에서 파룬궁이 바로 사교라 평했다.

러시아 국가종교관계와 법률연구소 소장 bergin 교수는 파룬궁이 중국 정부와 기타 종교 단체에 대한 태도는 전통 종교 가치관에 대한 비방과 충격이며 그리고 자기 자신에 대한 수련법 등을 봐서 파룬궁은 일종의 극단적인 사교 조직이라 확신한다고 말했다.

러시아 종교와 종교파별연구센터연합회 회장 Dvorkin 교수는 파룬궁은 세계성적 사교 단체로 총부가 뉴욕에 설치되어 있고 이홍지의 통제를 받고 있다. 파룬궁 수련인이 중국에서 살든 프랑스나 미국 혹은 기타 어느 나라에서 살든 다 중요치 않다. 그들로 놓고 보면 파룬궁 조직에 속하는 것이지 어느 나라에 속하는 것이 아니라고 말했다.

2008년 10월 13일부터 14일까지 우크라이나 수도 키예프에서 열린 "정보 극단주의—파룬궁의 시(是)와 비(非)"라는 국제 세미나에서 미국, 오스트리아, 러시아, 백러시아, 우크라이나, 모르도바, 중국 등 7개국의 30여명의 학자들은 종교학, 법학, 정치학, 심리학, 사회학, 정보전파학 등 시각에서 파룬궁 조직의 성질, 특성과 위해에 대해 해부 분석하고 최종 결론을 내렸다. 회의 참석 전문가들은 파룬궁은 일종의 엄밀한 조직과 파괴성을 갖춘 사교 조직이며 사회와 대중들에게 심한 해를 끼치는 잠재적인 폭력경향 조직이다. 파룬궁의 교의는 선명한 사교 특성을 띠고 있으며 종교 간, 사회단체 간, 공민 간의 원한을 부추기고 "정보 테러주의"를 실시한다고 밝혔다.

4) 파룬궁이 주장하는 '중국 정부' 박해의 진실

파룬궁은 해외에서 중국 정부에서 파룬궁을 박해한다고 공언하고 있으며 소위 피해자 사례들을 전파하고 있다. 사실상 이 모두가 파룬궁에서 날조한 요언들이다.

중국은 법제 국가이며 법률 앞에서는 사람마다 평등하다고 공언하고 있다. 실제로 그 누구든 위법 범죄 활동에 종사하면 법의 제재를 받기 마련이다. 정부는 엄격히 법에 의해 파룬궁 문제를 처리한다. 극소 부분의 위법 범죄활동에 종사한 파룬궁 수련자들이 중국사법기관으로부터 법에 의해 형벌을 받았는 바, 이는 완전히 법에 의한 처리이지 결코 그들이 파룬궁을 믿었다고 해서가 아니다. 파룬궁 수련자들이 법을 어겼다해도 그들의 합법적 권익은 여전히 충분한 보장을 받고 있다. 정부에서 파룬궁 수련자들을 박해한다는 문제는 절대 존재하지 않는다. 반대로 정부는 시종일관하게 "단결과 교육으로 절대 다수를 구원"하는 정책을 견지하며 그들이 사회 복귀로 정상적인 사회생활을 시작하도록 적극 격려하고 도와주고 있다.

소위 파룬궁 인원이 "박해"를 받는다는 사례에 대한 진상 부분은 별도로 첨부 (본문에서《파룬궁이 날조한 갖가지 요언들》부분 참조).

Chapter 2

2. 파룬궁은 수련단체인가 '사교'인가?

2. 파룬궁은 수련단체인가 '사교'인가?

1) 이홍지가 보는 파룬궁에 대한 정의

파룬궁의 창시자 이홍지는 "파룬궁은 종교가 아니며 현재의 종교와 아무런 관계도 없다"고 거듭 천명했다.

이홍지는 설법 혹은 문장에서 "파룬대법은 종교가 아니다. 하지만 장래의 사람들은 종교라고 인정할 것이다. 세상 사람들에게 전해주는 목지(편자 주해: 목적)는 수련하기 위해서이며 종교를 만들기 위해서가 아니다"고 했다. (《금강대법은 영원히 순결하리라》)

"우리는 종교가 아니므로 당신은 우리와 종교를 함께 놓지 말라." (《캐나다대법회 설법》)

1999년 7월 26일, 이홍지는 뉴욕에서 네덜란드 텔레비전 방송국 기자와 가진 인터뷰에서 "(파룬궁은) 바로 보통 기공이나 태극권이나 서양 사람들이 선호하는 아침 단련과 별다른 구별이 없다. (다들) 아침에 한 시간 혹은 반 시간 연마한 후 출근한다. (그들은) 모두가 사회의 일원으로 아무런 종교 형식도 없다"

고 말했다.

이홍지는 파룬궁은 종교 구성 요소를 갖추지 못했다고 수차 강조했다.

"모든 파룬궁을 연마하는 사람은 모두 사회의 일원이다. 매 사람은 모두 자신의 직장과 사업이 있다. 다만 그들은 매일 아침 공원에 가서 반 시간 혹은 한 시간의 파룬궁을 연마할 뿐이고 그런 다음 출근하여 사무를 본다. 종교적인 각종 반드시 준수하여야 할 규정이 없고 절, 교당이 없으며 종교 의식이 없다. 배우려면 배우고 가려면 곧 가는 바 명부가 없는데 어찌 '교'라는 것이 있는가?"《나의 하나의 소감》

그러나 종교의 탈을 쓰는 것이 자기에게 유리하다 생각될 때, 이홍지는 작전을 바꿔 추종자들을 부추겨 스스로 종교라고 승인하도록 했다.

"서양 사회에서 일반인이 당신이 종교인가 아닌가를 다시 묻는다면, 여러분은 대답하지 않아도 되며 또한 그렇게 진지하게 대하지 않아도 된다. 만약 정부, 사회단체, 행정부문, 의원 등이 당신들이 종교라고 말하면 우리는 종교가 아니라고 더 말할 필요가 없다. 만약 법률 문제와 연관될 때라면 여러분은 종교의 명의나 규정으로 처리할 수 있다. 그러므로 이러한 정황 하에서 당신은 종교라고 말해도 된다. 특히 법률 문제에 연관될 때 그러한데 여러분은 똑똑히 들었는가?"《로스앤젤레스시 설법》

2) 종교계가 보는 파룬궁에 대한 평가

파룬궁은 전해지기 시작한 날부터 중국 불교계의 주목을 받았고, 보이콧을 당했다.

1996년 이래 파룬궁 신도들의 정신 분열증 이로 인한 사망 사례들이 연이어 공개되면서 불교계는 불교의 탈을 쓰고 불교 교의를 모독하는 파룬궁의 문제를 주목하기 시작했다.《대주불교》,《상해불교》,《광동불교》,《법음》등 국내 불교 간행물에 파룬궁을 적발하는 일련의 기사들이 실려나왔다. 1998년 1월, 중국불교협회는 파룬궁 문제를 검토하는 전문 좌담회를 가졌다. 참석자들은 파룬궁은 불법(佛法)이 아니라 완전한 터무니없는 역설이며 불교와 근본적으로 대립된다는데 의견 일치를 보았다.

2001년 3월 3일, 중국 불교협회는《전국 불교계에 알리는 공개 편지》를 발표하여 이홍지 및 그의 파룬궁 사교는 불교뿐만 아니라 기타 종교에 대해서도 폄하하고 모독했다고 밝혔다.

파룬궁은 국제 불교계에서 공인하는 사교이다.

2000년 5월 19일, 연합 국제 세계불교총부는 대만에서 미국, 캐나다, 프랑스, 일본, 태국, 네팔 등 28개 나라의 활불, 고승, 대덕거사 2,000여명이 참석한 가운데 "세계불교, 불학, 불법정사(正邪)세미나"를 개최했다. 회의는 이홍지 등에 대해 평가하고, 각국 대표의 투표에 의한 표결로 이홍지가 사교 인사이며 이홍지 등이 논하는 불법지도(佛法之道)는 불타의 삼장경교(三藏经教)에 완전히 위배된 단장취의(斷章取义)되고 정사가 혼란되고 도리와 진리가 전무한, 기본 경교마저 깊이 연구하지 못한 완전한 자작 자연이며 민중에 대한 미혹으로 아무런 실증 능력도 없으며 그들이 말하는 이른바 불법이란 철두철미한 사교라고 확정 지었다.

2001년 3월, 싱가포르 불교총회는 "파룬궁불학회"와 불교는 아무런 관련이 없다. 비록 "파룬궁불학회"의 등록 명칭에 불교의 단어가 있고 법륜 역시 불교의 표지(标志)이나 상술 단체는 종교가 아닐 뿐더러 불법을 더 발양해 나가지 못한다. 그러므로 불교와 아무런 관계도 없다고 정중히 성명했다.

2006년 4월, 대만에서 개최된 세계불교도친목회는 제23차 대회에서 "10항 선언"을 통과시키고 "정법을 수호하고 파룬궁의 불교 법륜의 이름을 도용하여 불교를 해치는 행위를 반대한다"고 명확히 밝혔다. 아울러 전세계 불교도들에게 "공동으로 사교 파룬궁을 정시하고 규탄할 것"을 요구했다.

2006년 5월 10일, 태국에서 개최된 국제웨삭데이축제 세계불교대회에서 발표한 연합공보는 "대회는 파룬궁은 불교의 기본 교의에 어긋난다 확인했다"고 재 언급했다.

2007년부터 현재까지 한국 기독교 월간지《교회와 이단(現, 종교와 진리)》은 연속 파룬궁을 적발 비판하고 그 피해사례를 알리는 기사를 싣고 있다. 기사는 "파룬궁은 사이비 종교이다. 한 인간을 신격화하고 그를 추종하는 수련인들 또한 신이 될 수 있다는 초월 신앙을 가르치며 사회적 물의를 일으키고 있다……파룬궁은 파룬궁을 수련하면 신선이 될 수 있고 병원에 가지 않고 약을 먹지 않아도 병을 고칠 수 있다는 등 사설을 고취하여 이홍지를 신격화, 이화시키고 그 이단사설을 마구 전파하는 등 사회에 아주 악랄한 영향을 조성한 그 어느 사회 죄악보다도 더 사악한 사이비 종교이다"라고 했다.

그런데 파룬궁은 종교를 폄하하고 모독하고 모욕했다.

이홍지는 "지금의 종교는 불교, 기독교, 천주교…… 사람을 제도할 수 없는 낮은 물건이다", "현재 전세계에서 오직 나 한 사람만이 공개적으로 정법을 전하고 있다", "난 모든 인류를 광명세계로 제도할 수 있다. 석가모니, 노자, 예수보다도 더 높은 구세주이다"라고 말했다.

"지금의 인류 사회에서 어떠한 종교도 모두 사람의 마음과 인류의 도덕으로 하여금 되돌아 승화될 수 있도록 하지 못한다…… 현재 일체 정교(正敎)는 모두 책임지는 신이 없으며 종교 중의 사람도 모두 돈과 재물, 지위를 위하여 아귀다툼하고 있다."《오스트레일리아 법회 설법》

"전세계의 많은 정교마저도 사람을 제도할 수 없게 되었다……원시 정교가 말법 시기에 들어와 사람을 제도할 수 없다."《전법륜 권2》

"불교 중의 법은 전체 불법을 개괄할 수 없으며 그것은 다만 불법의 작은 일부분일 뿐이다."《전법륜》

"도가(道家)는 단독 수련을 하는 것으로 도교는 마땅히 존재하지 말아야 한다."《전법륜 권2》

"모두 말겁, 말법(末法) 시기에 처하고 있어 지금의 사람은 교의를 모두 삐뚤게 이해하였다. 그러나 나는 예수의 천국에 동방 사람이 있는 것을 보지 못하였다. 예수와 여호와는 모두 당시에 그의 교를 동쪽으로 전하지 못하게 하였다."《연길설법에서의 문답풀이》

"석가모니는 제자로 하여금 모두 머리를 깎게 하고 가사를 입게 하였으며 예수의 제자는 수도원에 들어갔다. 내가 여러분에게 알려주겠다. 이것은 그들이 전하는 법이 작기에 그가 이렇게 요구하지 않으면 그를 제도하지 못하기 때문이다."《북미 제1회 법회 설법》

"기독교는 이 십자가를 신의 표지와 천국 세계의 표지로 삼으며 기독교의 표지로 삼고 있는데 이는 신에 대한 최대의 불순종이다. 이것은 사람이 만들어낸 것이지 신이 이렇게 하라고 한 것이 절대 아니다……왜냐하면 이 십자가는 무덤에 박아놓은 것으로써 그것은 진실하고도 진실하게 죽음을 대표하지, 신을 대표하는 것은 아니다……기독교는 예수님이 십자가에 못 박힌 고통스러운 형상을 표지로 삼는데 이는 신이 절대 용서할 수 없는 것이다!"《유럽 법회 설법》

"기독교 신자가 닦은 종교는 헛 닦은 것과 같다."《싱가포르 법회 설법》

뿐만 아니라 이홍지는 종교에 대한 증오로 가득 차 추종자들에게 파룬궁의 전파를 방해하는 정통 종교를 전면적으로 해체시키자 호소했다.

수차 종교계의 비평을 받은 이홍지는 2007년 12월, 너무 부끄럽던 나머지 노발대발하며 《삼계 내에서 정법을 교란하는 데 참여한 일체 난잡한 신들을 전면적으로 해체시키자》란 "경문" 한 편을 발표해 "인류의 몇몇 큰 종교를 틀어쥐고 있는 소위 신들은…… 그것들이 어떤 외모로 존재하든지 그것들이 유형무형이든지 그것들이 어떤 층차든지 그것들이 누구의 형상이든지 막론하고 모두 전면적으로 해체시키고 깨끗이 제거해야 한다……특히 종교를 틀어잡고 정법과 대법 제자들이 중생을 구도함을 적대시하는 그런 난잡한 신들, 그것들을 모두 전면적으로 해체시켜야 한다"고 했다.

3) 파룬궁은 공민의 종교신앙 자유와 인권을 침범하는 사교 조직

중국 공민의 종교 신앙 자유의 권리는 헌법과 법률의 보호를 받는다.

《중화인민공화국 헌법》에 따르면, 종교신앙자유는 공민의 일종의 기본권리이다. 헌법 제36조에 "중화인민공화국 공민은 종교 신앙의 권리가 있다", "모든 국가기관, 사회 단체와 개인은 공민이 종교를 믿거나 말거나 강요할 수 없으며 종교를 믿는 공민이나 종교를 믿지 않는 공민을 차별 대우해서는 안된다", "국가는 정상적인 종교 활동을 보호한다". 동시에 "누구든지 종교를 이용하여 사회 질서를 파괴하거나 공민의 신체 건강을 해치고 국가의 교육 제도를 방해하는 활동을 해서는 아니된다"고 규정했다. 국무원에서 발표한 《종교 사무조례》는 종교단체, 종교활동 장소와 종교를 신앙하는 공민의 합법적인 권익과 정상적인 종교 활동은 법에 의해 보호를 받는다고 규정했다.

이홍지와 파룬궁 조직의 언행은 종교신앙자유 원칙에 완전히 위배되며 공민의 종교신앙자유권에 대한 터무니없는 침범이다.

파룬궁은 성원들의 종교신앙자유 선택권을 박탈했다.

파룬궁은 유일 정법으로 자처하며 "불이법문(不二法門)"을 구실로 그 성원들의 종교신앙자유 선택권을 박탈했다.

"현재 전세계에서 오직 나 한 사람만이 공개적으로 정법을 전하고 있다." 《전법륜》

"내가 만약 당신을 제도하지 못한다면 누구도 당신을 제도하지 못한다." 《전법륜》

"수련은 전일해야 한다고 우리는 말한다. 당신이 어떻게 수련하든지 다른 것들을 섞어서 함부로 수련할 수 없다……수련은 엄숙한 문제로써 반드시 전일해야 한다." 《전법륜》

"대법을 널리 선양함에 당신은 당신이 이전에 배운 것을 전혀 다시 제기할 수 없다. 왜냐하면 당신이 이미 그것과 단호히 끊었기 때문에 그것은 당신에게 속하지 않으며 또 당신이 얻으려는 것에 속하지 않는다."《북미 제1회 법회 설법》

이홍지는 수련자들을 기만하여 기타 종교 신앙을 포기하고 파룬궁을 전력 수련하라고 했다.

"부처도 좋고 서양의 신, 예수, 기독, 심지어 여호와도 좋은데", "그들이 전하는 법이 작다", "당신이 어느 한 문의 종교 중에서 수련한 것이 아무리 좋더라도…… 그러나 오히려 16K, 18K 금이라", "족금, 적금이 아니다."《북미 제1회 법회 설법》

"만일 두 척의 배에 발을 디딘 식으로 수련한다면 그건 안 된다." 바로 "두법문을 파괴하는 것이다.", "어느 쪽의 사부도 당신을 상관하지 않을 것이다." 《법륜대법의해》

"일체 법륜대법 제자가 법을 전할 때 오직 '이홍지 사부님께서 이야기하시기를……' 혹은 '이홍지 사부님께서 말씀하시기를……' 쓸 수 있다. 자신의 감각이나 보았거나 알고 있는 것과 기타 법문의 것을 이홍지의 대법으로 삼음을 절대 허용하지 않는다. 만약 그렇지 않을 경우 전한 것은 법륜대법이 아니기 때문에 일률적으로 법륜대법을 파괴한 것으로 여긴다." 《대원만법》

이홍지는 종교를 사업적으로 간주할 수는 있어도, 신앙으로 간주해서는 안 되며 신도는 파룬궁만 신앙해야 한다고 수차 강조했다.

"나는 여러분에게 알려주겠다. 당신의 기독교 사업은 다만 사업일 뿐이라 완전히 거기에서 사업할 수 있다. 내가 보건대 나 역시 지금의 종교를 수련으로 여기지 않으며 나도 그것을 종교 사업으로 여기는데 사람을 제도할 수 없다. 왜냐하면 그것은 확실하고도 확실한 하나의 사업이지 수련이 아니기 때문이다. 하지만 당신이 능히 진정하게 제고함을 보증하며 내가 당신을 데리고 집으로 가기 위하여 나는 당신더러 전일하게 수련하라고 하였는데 이는 당신에 대하여 절대적으로 좋은 점이 있다. 불이법문의 문제는 내가《전법륜》에서 이미 아주 똑똑하게 이야기하였다. 비록 이 법이 아주 클지라도 그렇게 큰 법에 당신은 아직도 그 속에 무엇을 섞는데 낮은 것을 섞어도 안 된다. 당신 자신이 수련한 신체와 당신이 수련하여 나올 일체를 모두 난잡하게 할 수 있기 때문에 당신은 집으로 갈 방법이 없으며 당신은 당신 자신이 나아가는 길을 파괴하고 있는 것이다."《유럽 법회 설법》)

1999년 5월 3일, 한 신도의 "저는 종교를 신앙하고 그것을 포기하고 싶지 않습니다. 대법의 요구에 따르면 반드시 불이법문해야 하고 저는 대법과 종교를 선택하기가 아주 어려운데 이렇게 해야 하는지 묻고 싶은데요?"라는 물음에 이홍지는 "현재 일체 정교(正教)는 모두 책임지는 신이 없으며 종교 중의 사람도 모두 돈과 재물, 지위를 위하여 아귀다툼하고 있다. 사람이 무엇때문에 종교를 믿는가 하는 것은 하나의 큰 문제이며 이런 도리를 나는 이미 아주 분명하게 말하였다"라고 대답했다.

파룬궁은 법을 공부함에 있어서 정진(精進)을 강조하고 성원들이 기타 종교서적을 읽고 기타 종교를 신앙하는 것을 엄금했다. 이홍지가 성원들에게 파룬궁의 각종 서적 자료들을 많이 읽고 많이 외우고 많이 모방하게 요구한 결과, 성원들의 머리는 온통 파룬궁 설교로 꽉 차 있어 근본적으로 종교 신앙을 자유 선택할 수 없었다.

파룬궁은 수련자들에게 파룬궁을 이탈하는 자는 "마"이며 도태되거나 훼멸되어 집에 돌아갈 수 없고 "형신전멸(形神全灭)"된다 위협했다.

이홍지는 "대법에 일부 부면적인 영향을 끼친" 사람은 모두 "도태되어 내려

간 것"이라고 말했다. 《원만을 향해 나가자》

"한 신이 정법 중에서 그들이 대법에 대한 일념(一念)으로 그들의 존재와 멸망을 결정했다." 《엄숙한 깨우침》

"내가 불이법문을 이야기한 적이 있기 때문에 만약 능히 전일하게 대법을 수련할 수 없다면 곧 우리 대법 중에서 원만할 수 없다." 《북미 제1회 법회 설법》

"비록 이 법이 아주 클지라도 그렇게 큰 법에 당신은 아직도 그 속에 무엇을 섞는데 낮은 것을 섞어도 안 된다. 당신 자신이 수련한 신체와 당신이 수련하여 나올 일체를 모두 난잡하게 할 수 있기 때문에 당신은 집으로 갈 방법이 없으며 당신은 당신 자신이 나아가는 길을 파괴하고 있는 것이다." 《유럽 법회 설법》

"대법 이외의 어떠한 것에 집착한다면 당신으로 하여금 중도에서 그만 두게 할 것이다." 《유럽 법회 설법》

"당신이 누구이든지 오늘 내가 당신을 제도하지 않는다면, 당신은 바로 지옥의 귀신이다!" 《2004년 뉴욕 국제 법회 설법》

"법 자체가 우리 호법신 혹은 기타 고급 생명을 움직여서 그를 소멸해 버린다." 《장춘보도원 법회 설법》

"이번 고험이 끝날 때 모든 나쁜 사람은 다 신에 의해 소멸될 것이다." 《악을 제거하다》

"당신이 일단 속인으로 떨어졌을 때에는 당신을 보호해 주는 사람이 없으며 마(魔)도 당신의 명(命)을 가져갈 수 있는 것이다! 곧 기타의 불(佛),도(道),신(神)에게 보호해 달라고 빌어도 소용이 없으며 그들은 법을 혼란시킨 사람을 보호할 수 없다. 아울러 업력 또한 당신의 몸에 되돌아오기 마련이다." 《정진요지》

4) 파룬궁의 터무니없는 역설들

이홍지는 전 우주의 가장 큰 신(神)이라 자처했다.

이홍지는 자아 신격화로 자기는 8세에 상승대법을 얻고 큰 신통력을 구비했으며 운반, 정물, 사유 통제, 은신 등 기능을 가졌고 "공력이 극히 높은 층차에 달해 우주 진리를 환히 꿰뚫고 인생을 통찰하며 인류의 과거와 미래를 예지할 수 있다"고 했다. 《이홍지 선생 간단한 소개》

이홍지는 "나는 우주의 주불(主佛)이다", "나는 우주 대법을 전하고 있다"고 말했다.

"현재 전세계에서 오직 나 한 사람만이 공개적으로 정법을 전하고 있다. 나는 확실히 앞 사람이 여태껏 하지 못했던 하나의 일을 하였다", "내가 만약 당신을 제도하지 못한다면 누구도 당신을 제도하지 못한다." 《전법륜》

"나는 확실히 앞 사람이 여태껏 하지 못했던 하나의 일을 하였으며 더욱 큰 우주의 근본 대법을 전수하였다", "이런 이론을 당신이 세계의 모든 책을 다 뒤져보아도 당신이 세상의 모든 학과를 배웠다 해도 당신은 모두 배워내지 못하는 것이다." 《시드니 법회 설법》

그는 자기는 석가모니나 예수보다 몇 배 더 높은 신(神)이며 파룬궁은 유일하게 "사람을 천국으로 제도해 가는", "정법"을 갖고 있다고 했다. 자신은 "앞 사람이 여태껏 하지 못했던 일을" 하며 "더욱 큰 우주의 근본 대법"을 전하고 "사람들에게 하늘로 올라가는 사닥다리 한 부를 남겨주었다"고 했다. 《전법륜》

이홍지는 자기는 지구상의 일체 물종을 "재조"할 수 있으며 "새로운 지구를 제조할 수 있다"고 했다. "내가 오늘날 하는 이 일은 전체 지구상의 인류이며 물질을 모두 좋게 하려고 한다. 나는 모두 할 수 있다", "지구를 보류하려면 어떻게 보류해야 하겠는가? 곧 당신들이 수련하는 것과 마찬가지로 당신들에게 신체를 연화(煉化)줌에 따라서 동시에 또 새로운 지구를 제조하고 있다." 《북미 제1회 법회 설법》

2002년 3월, 이홍지는 《북미 제1회 법회 설법》에서 "우주가 아무리 크다 해도 나보다는 크지 못하다", "만약 우주마저 없다면 단지 나 혼자일 것이다", "내가 누구인지 아는 사람이 없으며, 나 역시 내가 누구인지 모른다", "내가 없으면 우주의 존재도 없다"고 말했다.

그는 "나는 무수한 법신이 있으며, 생김새가 나와 같다. 그는 다른 공간에서 당연히 크게도 변하고 작게도 변할 수 있다. 대단히 크게 변할 수도 있고, 대단히 작게 변할 수도 있다"고 공언했다. 《시드니 법회 설법》

그는 이어서, "이 책《전법륜》속의 매 하나의 글자에 모두 나의 법신이 있고 매 하나의 글은 모두 나의 법신 형상이다. 매 한 글자는 모두 부처의 형상이다. 나는 무수한 법신이 있으며 나의 법신은 숫자로 계산할 수 없다. 나의 법신은 얼마나 많은지 숫자로 계산할 수 없으며 셀 수 없다…… 얼마나 되는 사람이든지 나

는 다 책임질 수 있으며 전 인류라도 나는 다 책임질 수 있다"고 했다.《시드니 법회 설법》

지구는 곧 폭발할 것이고, 세계는 훼멸될 것이다. 오직 파룬궁을 믿어야만이 요행으로 면할 수 있다.

파룬궁은 세계 종말론을 퍼뜨려 지구는 곧 훼멸될 것이고 인류는 무려 81차례나 완전한 훼멸을 거듭했으며 이홍지가 지구의 폭발시간을 뒤로 미룰 수 있다고도 했다.

이홍지는 "지난 번 지구가 한 차례 폭발한 것은 나의 대사부가 정한 것이고 그 다음 번의 한 차례 지구 폭발은 나의 사부가 결정한 것이며 이번 지구 폭발은 내가 결정할 것이다"라고 했다.

파룬궁은 사람은 원래 우주 중의 고급 생명인데 착오를 졌기 때문에 우주의 쓰레기장인 지구에 떨어져 내려왔고, 지구란 썩은 사과다. 오늘날 인류는 극히 위험한 경지에 처해 있다. 파룬궁을 수련하면 지구에서 벗어날 수 있으며 원만의 상태에 달하여 천국으로 돌아갈 수 있다고 선양했다.

"지구는 바로 우주의 쓰레기장이다…… 우주 중에서 좋지 못한 사람은 아래로 떨어지는데 우주의 가장 중심인 지구로 떨어져 내려오게 된다."《전법륜2》

"아주 높은 경지의 생명이 사람을 볼 때 모두 쓰레기와 같다."《북미 제1회 법회 설법》

"당신을 고통 속에서 천국으로 인도해 가려는 것이다. 그것은 고통 문제를 진정으로, 근본적으로 해결…… 현재 우리 인류가 생존하는 공간과 많은 다른 공간은 모두 극히 위험한 지경에 처해 있으며, 이 층차 중의 다른 공간 역시 마찬가지로 그것도 재빨리 도망치려 하고, 그것도 고층차로 오르려 하는데 층차를 제고하면 그것은 도망갈 수 있다고 여긴다."《전법륜》

"만약 사람이 더 미끄러져 내려간다면 괴멸, 철저한 괴멸에 직면하게 된다. 그것을 형신 전멸이라고 하는데 대단히 두려운 것이다! 그러므로 부처가 사람을 제도하려고 함은 바로 당신으로 하여금 이러한 막다른 지경에 직면하지 않도록 하며 당신을 사람의 고통 속에서 천국으로 제도해 가려는 것이다. 그것은 사람의 고통 문제를 진정으로, 근본적으로 해결하는 것이다."《시드니 법회 설법》

파룬궁을 믿으면 기타 지식과 정보를 받아들여서는 안된다.

파룬궁은 신도들에게 법을 공부함에 전일해야 한다고 강조하고 "경문"을 반복적으로 읽고 외워야 하며 파룬궁 이외의 일체 정보 입수를 엄금했다. 이로부터 신도들이 많은 시간을 허비하여 파룬궁을 수련하고 텔레비전를 보지 않고 신문, 잡지 등 간행물들을 읽지 않고 머리를 온통 파룬궁의 설교로 꽉 채웠다.

"수련은 전일해야 한다고 우리는 말한다. 당신이 어떻게 수련하든지 다른 것들을 섞어서 함부로 수련할 수 없다", "수련은 엄숙한 문제로써 반드시 전일해야 한다."《전법륜》

"내가 불이법문을 이야기한 적이 있기 때문에 만약 능히 전일하게 대법을 수련할 수 없다면 곧 우리 대법 중에서 원만할 수 없다."《북미 제1회 법회 설법》

"대법 이외의 어떠한 것에 집착한다면 당신으로 하여금 중도에서 그만 두게 할 것이다."《유럽 법회 설법》

"우리 수련인은 불교, 도교의 책에서 다른 것을 더 받아들일 수 있습니까?"라는 한 신도의 물음에 이홍지는 "절대 안 됩니다. 절대적으로 안 됩니다!"라고 강조했다.

파룬궁을 수련하는 사람은 칠정육욕(七情六欲)을 끊어버리고 정상 생활을 개변시키고 이상한 사람이 돼야 한다.

"수련은 곧 이 마난 중에서 수련해야 하며 당신이 칠정육욕을 끊어버릴 수 있는가 없는가 담담히 여길 수 있는가 없는기를 본디. 당신이 그런 것들에 집착한다면 당신은 수련해 내지 못한다. 어떠한 일이든지 모두 인연관계가 있는 것으로 사람은 왜 사람이 될 수 있는가? 바로 사람에게는 정이 있는데 바로 이 정을 위해서 산다. 육친정, 남녀지정, 부모지정, 감정, 우정, 매사에 정분을 중시하며 곳곳마다 이 정을 떠날 수 없다……만약 이 정을 끊어버리지 못한다면 당신은 수련하지 못한다."《전법륜》

"육친정, 우정, 애정, 부모지정……속인들이 집착하는 이런 것들을 담담하게 보아야 한다."《북경 <전법륜> 첫 발행 식에서의 설법》

"명(名)리(利)정(情)을 닦아버리고 원만하여 하늘로 가네."《홍음 원만공성》

"육친 정에 집착함은 기필코 그로 인해 지쳐버리고 얽매이며 마에 사로잡히게 됨이라, 그 정사(情絲)를 잡아 쥐어 일생토록 방해받나니 나이가 지나면 후회하여도 이미 늦은 것이로다."《수련인 금기》

파룬궁을 수련하지 못하게 하는 사람은 "마"이고 파룬궁을 믿지 않는 사람은 좋은 끝장이 없으며 "대역지마"는 죽여도 된다.

이홍지는 "대역지마는 마땅히 죽여야 한다."《법륜대법의해》"마가 교란을 하여 당신을 수련하지 못하게 한다", "집 식구들도 마에 의해 통제 당했다"고 했다.

"사람이 이 한 지경에 이르렀는데 법을 얻고자 한다면 마는 가만 있지 않고 그는 당신을 방해하려고 한다……여러면의 요소가 모두 일종의 방해 역할을 하고 있다." 《법륜대법의해》

"만약 사악이 이미 구원할 수 없고 가질 수 없는 지경에 도달하였다면 가히 부동한 층차의 각종 방식을 취하여 제지시키고 산제(铲除)해 버릴 수 있다……사악을 모조리 제거함은 법을 바로잡기 위한 것이지 개인적인 수련 문제가 아니다." 《더는 참을 수 없다》

"생사를 내려 놓으면 바로 신이고 생사를 내려 놓지 못하면 바로 인간이다." 《오스트레일리아 법회 설법》

5) 파룬궁의 불이법문으로부터 본 사교설

파룬궁의 "불이법문"은 파룬궁 수련자들에게 소식 봉쇄을 실시하고 그들의 정상적인 사회 정보 입수와 종교 신앙 자유를 방해하기 위한 공구이다.

이홍지는 "수련은 전일해야 한다고 우리는 말한다. 당신이 어떻게 수련하든지 다른 것들을 섞어서 함부로 수련할 수 없다", "수련은 예로부터 불이법문을 주장하는데 당신이 만약 이 한 문에서 진정하게 수련하려면 오직 이 한 문의 경만 보아야 한다." 《전법륜》

"나는 수련은 전일해야 한다고 생각한다…… 불교에서 불이법문이라 부른다." 《시드니 법회 설법》

"다른 기공사의 보고를 듣거나 다른 기공사를 찾아 병을 치료하면 그의 몸에 있는 부체가 당신을 찾아 올 것이다. 그렇게 되면 아주 골치 아프다. 당신들은 이로 인해 무슨 난이나 시끄러움을 당할 것인데 나의 법신은 상관하지 않는다. 당신이 조금 부주의하면 떨어져 하루아침에 무너질 수도 있다. 왜냐하면 당신이 과거에 진 업력을 아직 갚지 않았기 때문이다."《전법륜》

이런 언론들이 파룬궁 수련자들로 하여금 텔레비전를 보지 않고 뉴스를 듣지 않고 기타 서적을 읽지 않으며 될 수록 더 많은 시간을 이용해 "법을 공부"하게 했다. 파룬궁의 터무니없는 역설들이 일체를 지도하여 점차 시비진위를 분별하는 능력을 상실하게 하고 위법 범죄와 자살, 살인 등 극단적인 악성 사건을 저지르는 직접 원인으로 작용해 공민의 인신 권리를 침범하고 공민의 심신 건강을 해치며 나아가 인류사회에 해를 입혔다.

파룬궁의 "불이법문"은 수련자들의 종교 신앙 자유 선택권을 박탈했다.

이홍지는 신도들에게 수련은 전일해야 하고 기타 종교 신앙을 버리고 일심으로 파룬궁을 수련해야 된다고 요구했다.

"수련은 엄숙한 문제로써 반드시 전일해야 한다." 《전법륜》)

이홍지는 "부처도 좋고 서양의 신, 예수, 기독, 심지어 여호와도 좋은데", "그들이 전하는 법이 작다", "당신이 어느 한 문의 종교 중에서 수련한 것이 아무리 좋더라도……그러나 오히려 16K, 18K 금이라", " 예금, 적금이 아니다"고 말했다. 《북미 제1회 법회 설법》)

"우리 수련인은 불교 도교 책에서 다른 것을 더 받아들일 수 있습니까?"라는 신도의 물음에 이홍지는 "절대 안 됩니다. 절대적으로 안 됩니다!"고 강조했다.

이홍지는 종교를 사업으로 간주하는 것은 되나, 신앙으로 간주해서는 안되며 신도는 파룬궁민 신잉해아 한다고 수차 강조했다.

"나는 여러분에게 알려주겠다. 당신의 기독교 사업은 다만 사업일 뿐이라 완전히 거기에서 사업할 수 있다. 내가 보건대, 나 역시 지금의 종교를 수련으로 여기지 않으며 나도 그것을 종교 사업으로 여기는데 사람을 제도할 수 없다. 왜냐하면 그것은 확실하고도 확실한 하나의 사업이지 수련이 아니기 때문이다. 하지만 당신이 능히 진정하게 제고함을 보증하며 내가 당신을 데리고 집으로 가기 위하여 당신더러 전일하게 수련하라고 하였는데 이는 당신에 대하여 절대적으로 좋은 점이 있다. 불이법문의 문제는 내가《전법륜》에서 이미 아주 똑똑하게 이야기 하였다. 비록 이 법이 아주 클지라도 그렇게 큰 법에 당신은 아직도 그 속에 무엇을 섞는데 낮은 것을 섞어도 안 된다. 당신 자신이 수련한 신체와 당신이 수련하여 나올 일체를 모두 난잡하게 할 수 있기 때문에 당신은 집으로 갈 방법이 없으며 당신은 당신 자신이 나아가는 길을 파괴하고 있는 것이다." 《유럽 법회 설법》)

1999년 5월 3일 한 신도의 "저는 종교를 신앙하고 그것을 포기하고 싶지 않습니다. 대법의 요구에 따르면 반드시 불이법문해야 하고 저는 대법과 종교를 선택하기가 아주 어려운데 어떻게 해야 하는지 묻고 싶은데요?"라는 물음에 이홍지는 "현재 일체 종교는 모두 책임지는 신이 없으며 종교 중의 사람도 모두 돈과 재물, 지위를 위하여 아귀다툼하고 있다. 사람이 무엇 때문에 종교를 믿는가 하는 것은 하나의 큰 문제이며 이런 도리를 나는 이미 아주 분명하게 말하였는다"라고 대답했다.

파룬궁은 법을 공부함에 있어서 정진을 강조하고 성원들이 기타 종교 서적을 읽고 기타 종교를 신앙하는 것을 엄금했다.

"내가 불이법문을 이야기한 적이 있기 때문에 만약 능히 전일하게 대법을 수련할 수 없다면 곧 우리 대법 중에서 원만할 수 없다." 《북미 제1회 법회 설법》

3. 파룬궁이 주장하는 반과학적인 주장과 역설

3 파룬궁이 주장하는 반과학적인 주장과 역설

1) 반과학적이고 반인류적인 태도

파룬궁은 과학은 인류에게 인류 도덕의 부패와 같은 많은 재난을 가져다 준다고 했다.

"현대 과학이 육성해 낸 새로운 세대의 사람은 아무런 거리낌 없이 살인, 방화하며 나쁜 짓을 한다…… 이것이 바로 과학이 우리들에게 안겨준 최대의 재난이다." 《유럽 법회 설법》

"이 과학은 바로 그가 천박하기 때문에 인류사회도덕의 부패를 초래하였다." 《유럽 법회 설법》

이홍지의 눈에는 과학이 종교이고 사교이다.

"이런 과학 역시 하나의 종교이다. 하나의 아주 완벽한 종교이다." 《유럽 법회 설법》

"그것은 왜 종교인가? 또한 과연 완벽한 종교인가? 그것은 덕을 말하지 않고 또 신의 존재도 인정하지 않기 때문이다." 《스위스 법회 설법》

"이 과학은 사람의 진정성인 선량한 본질의 가장 좋은 일면을 타격하고 있다. 그는 사람더러 덕를 중요시하라고 하지 않고 사람더러 착해지라고 하지 않으며 사람더러 일체 욕망을 발산시키고 인류 생존의 환경을 파괴하고 있으며 인류의 본성과 사람의 규범을 파괴하고 있다. 이 한 점으로 볼 때, 이 과학은 또 하나의 사교이다."《유럽 법회 설법》)

파룬궁은 과학을 부인하고 과학의 발전성과 과학가를 비난했다.

"인류 지금의 과학은 실질상 틀린 기점에서 발전해온 것이며 우주와 인류 그리고 생명에 대한 인식이 모두 틀린 것이다."《뉴욕 법회 설법》)

"지금의 과학은 외계인이 인류에게 강제로 넣어준 것이다."《싱가포르 법회 설법》)

"그것은 인간에게 과학을 창조하게 했으므로 이 과학은 외계인이 만들어 낸 것이다."《스위스 법회 설법》)

"다윈의 진화론은 빈틈이 많다……아울러 이 한 차례의 인류의 가장 큰 치욕과 추문이다."《유럽 법회 설법》)

과학을 폄하하는 동시에 이홍지는 돌아서서는 과학으로 자기를 위장하여 자기는 "최고 과학가"이고 파룬궁은 "초상적 과학"이라 했다.

"나도 측정을 받았는데, 측정할 때 내보낸 감마선과 열중성자는 정상적인 물질 방사량의 80배에서 170배를 초과했다."《전법륜》)

"중국 과학원의 과학 연구원들은 나에 대한 측정도 하였었는데…… 내가 내보내는 에너지는 원자 성분 외에도 중성자 성분이 상당히 많다는 것을 발견하였다…… 내가 내보낸 에너지마당의 분포가 고르며 에너지는 목표 지향성이 있다는 것이다." (1996년 7월 《싱가포르불학회 성립식 설법》)

"불(佛)만이 최고의 과학가이다."《시드니 법회 설법》)

"(법륜대법)은 가장 정심(精深)한 것으로 그는 세계 모든 학설 중에서 가장 현오(玄奧)하고 초상적인 과학이다."《전법륜》)

이홍지는 또 인류를 폄하하고 사람을 "쓰레기", "인간 찌꺼기"라고 했다.

"지구는 바로 우주의 쓰레기장이다……우주 중에서 좋지 못한 사람은 아래로 떨어지는데 우주의 가장 중심인 지구로 떨어져 내려오게 된다."《전법륜2》)

"아주 높은 경지의 생명이 사람을 볼 때 모두 쓰레기와 같다."《북미 제1회 법회 설법》)

"사람을 놓고 말할 때 수련이 결속되면 이 환경도 필요치 않다. 그렇다면 남은 사람은 바로 더욱 썩은 인간 찌꺼기…… 인간이 못되면 바로 도태된다."《장춘보도원 법회 설법》

이홍지는 인류를 속되고 사람을 황당 괴이한 물종으로 묘사했다. 발꿈치로 문제를 사고하고 모래 속에도 사람이 있으며 전 세계 사람은 모두 중국에서 전생했다 했다.

"더욱 큰 신은 오로지 생각만 하여도 능히 당신을 만들어낼 수 있다. 어떠한 물체든지 모두 살아 있는 것으로 당신에게 외형을 만들어 낸 다음 다시 내장을 만들어 낸다. 사람은 인체가 몹시 복잡하다고 여기지만 대지대각(大智大覺)한 신으로 말한다면 작고도 작은 한 가지 일에 불과하다. 부처는 생각하기만 하면 극히 미시적인데에서 물질로써 당신에게 내장을 만들어 주는데 아주 빨리 만들어 낼 수 있다."《샌프란시스코 법회 설법》

"인체는 하나의 소우주로서 연공인의 많고 많은 생명체는 모두 일종의 자리를 바꾸는 작용이 생길 수 있다. 만약 원신이 자리를 바꿀 때 그가 배로 간다면 확실히 배가 문제를 생각함을 느낄 수 있고 만약 원신이 장딴지, 발꿈치로 간다면 곧 장딴지·발꿈치가 문제를 사고함을 느낄 수 있다."《전법륜》

"모래 속에 존재하는 그 사람과 우리 사람은 똑같다. 흑인이 있고 백인이 있으며 황인종이 있다. 또한 장래에 당신들은 아주 괴상한 것을 볼 수 있는데 바로 그들의 옷차림이 우리 고대인과 모두 비슷하다."《미국 법회 설법》

"전 세계의 모든 민족은 다 중국에서 전생했다. 각 나라의 사람을 포함하여, 최근 법이 전해진 때부터 또 대량의 상계 생명이 온 것을 제외하고 역사 상의 각 나라 사람들은 모두 중국에서 전생한 적이 있다. 당신이 어느 나라 사람이든지 관계 없이 당신은 지구에서 우선 중국인으로 되었다. 왜냐하면 당신들은 가장 처음에 그곳에서 전생했기 때문이다……. 예를 들면 현재의 미국인은 대명조인(大明朝人)이었다. 영국은 대당(大唐)이었고, 프랑스는 대청(大淸)이었으며, 이탈리아는 원(元)이었고, 오스트레일리아는 하(夏)이었고, 러시아는 주(周)이었으며, 스웨덴은 북송(北宋)이었고, 대만은 남송(南宋)이었으며, 일본은 수(隋)이었다. 당시 각 조(朝)의 사람들이 중국을 떠나 전생하여 간 곳은 아직 현재의 국가가 없었을 때이며, 여전히 황폐한 지역에 속하였다."《북미순회 설법》

이홍지는 지구가 훼멸에 직면해 있다고 인류를 위협했다.

"특히 지금 인류 사회의 도덕 관념은 아래로 미끄럼치어 내려감이 대단히 심하다…… 당신이 보라. 지금 이 인류는 정말로 십악(十惡)을 모두 갖추고 있다."
《시드니 법회 설법》

"만약 사람이 더 미끄러져 내려간다면 괴멸, 철저한 괴멸에 직면하게 된다. 그것을 형신전멸이라고 하는데 대단히 두려운 것이다!" 《시드니 법회 설법》

"과학이 미시적인 영역에서의 발전은 더 두렵다……만약 연속적으로 이렇게 폭발한다면 시간이 얼마 걸리지 않아도 전반적으로 지구는 해체되어 없어지게 될 것이다." 《2003년 애틀란타 법회 설법》

인류를 폄하, 모독, 추화, 위협함과 동시에 이홍지는 스스로를 "구세주"로 위장하고 "법륜대법"을 수련하면 속세에서 벗어나 승천원만할 수 있다고 했다. 이는 더 많은 사람들을 끌어들여 수련시키기 위한 속셈으로 이홍지는 수련자를 "초상적인" 사람이며 "신"이라 치켜세웠다.

이홍지는 파룬궁 수련인은 속인들이 달할 수 없는 특이기능을 가질 수 있다고 했다. 예컨대 병에 걸려도 약을 먹을 필요 없고 고령 여성도 생리가 다시 생길 수 있고, 천목을 열어 별다른 공간을 볼 수 있고 자동차가 깔고 지나가도 죽지 않고 독사한테 물려도 사흘이면 저절로 나을 수 있고 머리가 떨어져 나가도 몸체는 여전히 앉을 수 있고, 사람이 철물분자 속에 비집고 들어가도 융화되지 않고 앞 이마에 원래 텔레비전이 달려 있고…… 등등, 수련의 "최고층차"에 도달하면 "무엇을 가지려고 손만 내밀면 곧 오고, 무엇을 가지려면 무엇이 있으며 무엇을 하려면 무엇을 할 수 있는데, 그의 세계 중에는 무엇이든 다 있고"《전법륜》사람이 껍질을 벗고 "백일비승"하여 "원만"의 최고 경지에 달할 수 있다고 했다.

"만약 당신이 정말로 원만되었고, 당신이 대단히 큰 하나의 신으로 수련되었다면…… 당신이 지구를 손에 쥐는 것 역시 식은 죽 먹기이다." 《유럽 법회 설법》

이런 이론에 넘어간 파룬궁 수련자들은 인류를 폄하하고 인생을 비난하고 다시는 인간 세상의 일체를 중히 여기지 않고 일체를 가리지 않고 오로지 고통과 쓰레기장을 멀리 벗어나는 경로를 찾아 지어 극단적인 수단으로 사회에 대항해 나섰다.

2) 파룬궁의 친인에 대한 태도

육친의 정을 중히 여기고 친인을 관심하고 사랑함은 인류의 전통 미덕이다. 그러나 파룬궁은 "진, 선, 인", "좋은 사람 되기"를 겉치레로 육친의 정을 경시하고 지어 친인을 상해했다.

파룬궁은 "신조인(神造人)", "원신생인(元神生人)"을 선양하고 지어 "이홍지 자신이 사람을 만들고" 인간의 몸을 낳아 준 어머니가 진정한 어머니가 아니라 원신을 낳은 그 어머니 만이 진정한 어머니이며 진정한 부모는 우주에 있고 인간에게는 진정한 친인이 없다고 했다.

"사람의 이 신체 구조는 신이 만들었다." 《북미순회 설법》

"당신의 원신을 낳은 그 어머니만이 당신의 진정한 어머니이다." 《전법륜》

초기 비디오 테이프 자료에서 이홍지는 친신 제자들에게 "이 우주의 나이를 따지면 내가 제일 크다. 나의 생생세세 부모마저도 내가 만든 것이다"라고 말했다.

"당신의 진짜 부모는 우주에서 당신이 생긴 그 곳에 있으며 거기에 비로소 당신의 부모가 있다…… 그러므로 당신의 진정한 부모는 지금 바로 거기에서 당신을 보고 있으며 당신이 되돌아가기를 바라는데 당신은 되돌아가지 않고 여기에 미혹되어 있으면서 또 여기에 모두 육친이라고 여긴다." 《시드니 법회 설법》

"금생에 나는 당신의 가족이지만 내세에는 또 누구의 가족인지 알 수 없으며 우리는 바로 일세(一世)의 연분이라는 것을. 마치 여인숙에 머무는 것과 같이 잠시 하룻밤 머물다 내일이면 흩어진다. 누가 누구를 대신할 수 있겠는가?" 《미국 서부 국제 법회 설법》

"한 수련하는 사람으로서 당신은 속인과 혼동(混同)할 수 없다. 좀 심하게 말한다면 당신은 이미 사람이 아니다." 《뉴욕 법회 설법》

"수련인은 신을 향한 길에서 걷고 있는 사람이다." 《2005년 샌프란시스코 법회 설법》

파룬궁은 그 신도는 "초상적인 사람"으로 육친의 정은 그들 수련의 걸림돌이며 오직 육친의 정을 포기해야만 원만을 이룰 수 있다고 했다. 신도들이 부모에게 효도하고 자녀를 깊은 관심을 갖고 사랑하고 부부가 서로 아끼고 사랑하는 것을 반대했다.

"육친의 정에 집착함은 기필코 그로 인해 지쳐버리고 얽매이며 마에 사로잡히게 됨이라, 그 정사를 잡아 쥐어 일생토록 방해받나니, 나이가 지나면 후회하여도 이미 늦은 것이로다." 《수련인 금기》

"수련은 곧 이 마난 중에서 수련해야 하며 당신이 칠정육욕을 끊어버릴 수 있는가 없는가, 담담히 여길 수 있는가 없는가를 본다. 당신이 그런 것들에 집착한다면 당신은 수련해 내지 못한다. 어떠한 일이든지 모두 인연관계가 있는 것으로 사람은 왜 사람이 될 수 있는가? 바로 사람에게는 정이 있기 때문이다. 사람은 바로 이 정을 위해서 산다. 육친정, 남녀지정, 부모지정, 감정, 우정, 매사에 정분을 중시하며 곳곳마다 이 정을 떠날 수 없다……만약 이 정을 끊어버리지 못한다면 당신은 수련하지 못한다." 《전법륜》

"속인의 마음을 놓을 수 있는가 없는가 하는 이것은 진정으로 속인을 초월한 데로 향해 나아가는 반드시 넘겨야 할 고비이다." 《진수》

"당신은 반드시 속인 중의 여러 가지 나쁜 사상을 전부 버려야만 제고할 수 있다." 《전법륜》

"명리정을 닦아버리고 원만하여 하늘로 가네." 《원만공성》

이홍지는 "원만"을 위해서는 신변의 친인을 포함한 일체 교란의 "마"를 제거해야 한다고 제자들을 부추겼다.

"대역지마는 마땅히 죽여야 한다." 《법륜대법의해》

"만약 사악이 이미 구원할 수 없고 가질 수 없는 지경에 도달하였다면 가히 부동한 층차의 각종 방식을 취하여 제지시키고 산제(铲除)해 버릴 수 있다……사악을 모조리 제거함은 법을 바로잡기 위한 것이지 개인적인 수련 문제가 아니다." 《더는 참을 수 없다》

이홍지의 부추김으로 끔찍한 인간 참극들이 연달아 연출되었다.

1999년 11월 26일, 하북 임구시 청탑향의 파룬궁 수련자 주장구는 부모가 그의 파룬궁 수련 책자들을 소각했다 하여 집에서 부모를 살해했다.

2001년 11월 25일, 북경 서성구의 파룬궁 미혹자 부이빈은 손수 자기를 깊이 사랑하는 아버지와 아내를 살해하고 자신을 낳아 기른 어머니를 찍어 중상을 입혔다.

2002년 4월 22일, 흑룡강성 이춘시 미계구의 파룬궁 수련자 관숙운는 파룬궁의 터무니없는 역설의 정신 통제로 소위 "마 제거"를 실시, 몇 십 명의 파룬궁성원들이 보는 앞에서 손수 아홉 살도 채 안되는 딸 대남의 목을 졸라 무참하게 죽였다.

3) 파룬궁의 법률에 대한 태도

법률에 대한 경시는 파룬궁 특성의 하나이다.

"인류가 제정한 법률은 바로 기계적으로 사람을 제한하고 사람을 봉쇄시키는데 법률을 제정한 사람을 포함한다. 사람이 끊임없이 자신을 봉쇄하고, 봉쇄하고, 봉쇄함으로써 최후에는 사람을 봉쇄함이 조금의 출로도 없다. 이 법률을 정한 것이 너무나도 많아 사람은 모두 마치 동물처럼 통제되고 있으며 출로가 없는데 누구도 방법을 생각해 내지 못한다." 《샌프란시스코 법회 설법》

"세계가 오늘날까지 발전하여 여러 사람들은 모두 법치가 아주 좋다고 여긴다. 사실 그것은 방법이 없는 모순이다." 《샌프란시스코 법회 설법》

"왜냐하면 정부의 법령은 사람이 정해낸 것이다. 사람이 법률을 정할 때 모두 사람을 다스리려는 이 하나의 마음에서 부터 제정한 것이다." 《유럽 법회 설법》

이홍지는 "법률대법"은 "우주대법"이고 일체 인간 사회의 법률을 초월하며 법륜공 신도는 오로지 "법률대법"만 준수하고 인간 사회의 법률을 무시해도 되며 인간사회의 법률이 파룬궁 제자들에게는 아무런 구속력이 없다고 했다.

"삼계의 일체 중생은 모두 이 법(주: 법률대법)을 위해서 왔고 이 법을 위해서 만들어진 것이다. 다시 말해서 삼계의 모든 형식, 인류 사회의 여러 가지 형식이 포함되는데 그 중에는 물론 현재의 법률도 포함되고 물론 인류 존재의 기타 형식도 포함된다." 《2003년 애틀란타 법회 설법》

이홍지의 이런 망언에 넘어간 파룬궁 제자들은 어느 누가 혹은 단위에서 파룬궁 문제를 지적하면, 그들이 파룬궁 문제에 대한 태도가 잘못된 것이라며 나서서 청원을 제기하고 변명하고 더 나아가 법률을 어기고 "호법"의 명의로 언론사, 당과 정부 기관을 둘러싸고 시위를 벌였다. 정부에서 법에 의해 파룬궁 조직과 그 성원들의 위법 활동을 조사 처리하자 그들은 최고의 "법"에 도전하는 하극상이라며 길가에 나서서 소란을 피우고 사회질서를 교란했다.

1998년 6월 8일부터 12일까지 호북성 무한시 파룬궁 수련자들은 선후로 9차나 《장강일보》사를 둘러싸고 난동을 피웠다.

통계에 따르면, 1996년 9월, 광명일보사를 둘러싸고 난동을 피우기 시작해서 부터 300명 이상씩 동원하여 중국 정부 기관과 언론사 주위를 둘러싸고 벌인 난동 사건만 해도 78차에 달했다.

1999년 7월, 중국 정부는 법에 의해 파룬궁을 단속했다. 이홍지 및 그 파룬궁 조직은 실패를 달가와 하지 않고 공공연히 법률에 도전하고 법률을 위반했다.

2001년 1월, 요녕성 무순시 파룬궁 수련자 두진양, 왕홍군은 두 번이나 특별 제작한 장애물을 철로에 설치하고 열차를 전복시켜 사단을 조성하고 영향을 확대하려고 음모를 꾸몄다.

2002년 3월 5일, 길림성 장춘시 파룬궁 수련자 양진홍, 주윤군(여) 등은 유선 텔레비전 방송 케이블을 자르고 불법으로 파룬궁의 텔레비전 신호를 삽입 방송했다. 9월 18일 길림성 장춘시 중급 인민법원은 파룬궁 미혹자 주윤군 등의 유선텔레비전 네트워크시설 파괴 사건을 공개적으로 심리했다. 주윤군은 법정에서 자기가 행한 모든 범죄 사실을 자백했다. 그러나 그는 자기 행위가 이미 법에 저촉되었다는 것을 승인하지 않았다. 그는 "대법"을 위해서라면 법률 따위는 논할 여지가 없었다. 그들에게 있어서 "대법"은 법률보다 높았다. 유선 텔레비전 방송 케이블을 자른 것은 명백한 위법이고 잘라서 팔아먹은 것도 위법이다. 하지만 "대법"을 선전하기 위한 것이라면 위법이 아니라고 말했다. 그는 또 법률과 "우주대법"은 대등하게 논할 수 없고 정부와 "대법" 역시 대등하게 논할 수 없다고 말했다.

2002년 6월 23일, 중국 국내 수십개 텔레비전 프로그램 중계 역할을 하는 흠약(鑫诺) 1호 위성이 중국 대만지역에서 보내오는 불법 파룬궁 신호의 공격을 받았다. 2007년 8월 7일까지 흠약 1호, 아태 6호, 아주 3S 등 민용위성이 파룬궁 조직으로부터 252차나 공격을 받았고, 160시간이나 영향을 입었다.

2002년 10월, 중국계 미국인 이상춘은 강소성 양주시에서 통신 케이블 파괴 미수로 연행됐다. 법정에서 그는 "대법"을 선전하기 위해서라면 이런 활동은 범죄가 아니라고 변명했다.

파룬궁이 중국 법률에 도전했을 뿐만 아니라 해외에서도 그 성원들의 위법

3. 파룬궁이 주장하는 반과학적인 주요 주장과 역설

범죄 행위가 누차(屢次) 발생했다.

2006년 4월 20일, 미국 부시 대통령이 백악관에서 중대한 국사 행사 거행 중 기자들 속에 잠입했던 파룬궁 수련자 왕문이가 사교 구호를 외쳐대는 바람에 혼란을 조성했다.

2006년 10월, 네덜란드의 한 파룬궁 수련자는 도끼로 22세의 네덜란드 청년을 찍어 죽이고 시체를 토막 내고 고기를 골라 며칠 간 기름 솥에 튀기고 볶았다.

2006년 11월 30일, 싱가포르의 파룬궁 신도 황재화와 여문충은 소란죄로 현지 법정으로부터 벌금 처벌을 당했다. 그러나 벌금 납부를 거부하는 바람에 둘은 함께 감옥에 보내졌다.

2007년 1월 22일, 싱가포르 법정은 6명의 파룬궁 성원의 "무준증(无准证)집회" 사건을 심리했다. 심판이 시작되자 6명은 일제히 이홍지의 "경문"을 외워댔다. 법관은 당장에서 6명에게 "법정 경시" 죄를 선포하고 전부 이틀동안 감금시켰다.

2007년 7월 23일, 말레이시아 콸라룸푸르 초급 법원은 "법륜대법연습(硏习)센터"의 9명 이사에게 《1965년 회사법》위반죄로 벌금을 내렸다.

2008년 2월 8일, 22명의 파룬궁 성원이 태국 방콕에서 이른바 "반박해" 항의 활동을 진행, 행인에게 강제로 파룬궁 선전 책자를 배포해 명절 경사 기분 교란죄로 잡혔다.

4) 파룬궁의 생명과 질병에 대한 태도

파룬궁은 "원신불멸"을 퍼뜨려 사람의 사망은 육신의 탈락일 뿐이고 죽는 순간의 감각은 아주 미묘하며, 수련 "원만"시 몸을 버리고 하늘로 날아오를 수 있다고 했다.

"우리가 고층차에서 볼 때 사람은 죽었지만 원신은 불멸이다." 《전법륜》

"사람이 사망한 후 다만 당신의 제일 큰 한 층의 분자, 바로 사람의 신체 껍질 표면 이 층의 분자가 이 공간 속에서 사망하였고 탈락하였으나, 그러나 당신의 진정한 미시적 물질로 구성된 신체는 어떻게 사망할 수 있는가?" 《장춘보

도원 법회 설법》)

"바로 사람이 죽는 그 일순간에 두려운 느낌이 없었으며 도리어 정반대로 갑자기 일종 해탈감이 있었고, 일종 잠재적인 흥분감이 있음을 느꼈다는 것인데, 어떤 사람은 자신이 단번에 신체의 속박이 없어져 가볍고도 아주 미묘하게 뜬 것을 느꼈다."《전법륜》

"이 우주 중에서 과거에는 허다한 수련 형식과 부동한 천체의 천국세계가 있었는데 100분의 99.9는 그들이 모두 신체를 원하지 않는다."《장춘보도원 법회 설법》

이홍지는 신도들에게 생사에 대한 집착을 버릴 것을 요구하였고, 그래야 "원만"으로 향할 수 있다고 했다.

"만약 당신이 정말로 원만되었고 당신이 대단히 큰 하나의 신으로 수련되었다면…… 당신이 지구를 손에 쥐는 것 역시 식은 죽 먹기이다."《유럽 법회 설법》

"장래에 수련 성취했을 때에 무엇을 가지려고 손만 내밀면 곧 오고, 무엇을 가지려면 무엇이 있으며 무엇을 하려면 무엇을 할 수 있는데, 그의 세계 중에는 무엇이든 다 있다."《전법륜》

"생사를 내려 놓으면 바로 신이고 생사를 내려놓지 못하면 바로 인간이다." 《오스트레일리아 법회 설법》

일부 파룬궁 신도들은 이홍지의 부추김에 경솔하게 넘어가 다시는 생명을 중히 여기지 않고 신체를 "추피낭(臭皮囊)"으로 여기고 더 나아가 원만을 위해 아낌없이 포기했다.

1999년 7월 3일, 27세의 상호지와 50세의 이진충은 자기들이 이미 "공성원만으로 하늘로 올라갈 수 있다" 확신하고 마을 밖의 공터에 마주 앉아 분신자살을 했다.

2001년 11월 25일 17시 전후, 북경시 서성구의 파룬궁 수련자 부이빈은 그의 부모의 집에서 아버지와 아내를 살해하고 어머니를 찍어 중상을 입혔다. 부이빈의 자백에 따르면, "파룬궁 수련 후 나는 그들을 그림자로, 살아있는 동물로 알았다. 그들은 근본적으로 생명이 어떤 물체인지 알지도 못하고 인생의 가치가 무엇인지도 모른다. 몇몇 육신을 찍은 것이 개나 고양이를 찍은 것과 무슨 구별이 있는가, 비록 그의 모양새는 아버지라지만 나의 아버지의 이 육신은 이미 다 못쓰게 됐다. 이미 때가 됐다. 그를 버려야 한다", "내가 그들을 죽이고 나중에 수련 성취 후 우리 온 집 식구 극락세계에 도달하여 영원히 환락을 누릴 것이다"라 했다.

파룬궁은 살인은 악연(惡緣)을 선해(善解)한 것이며 "사람을 제도"하여 하늘나라로 올려보낼 수 있다며 고취했다.

"만약 한 큰 생명이 사람에 의하여 살해되어 죽는다면 그 죄업은 아주 큰 것으로 특히는 살인인데 그렇다면 이러한 업을 지었다면 반드시 갚아야 한다…… 그러나 살해된 그러한 생명은 실질적으로 악랄한 환경에 처해 있고 물질적 손실을 고통스럽게 감당하고 있으므로 수련인이 자신을 원만하는 일체 과정 속에서 자신이 수련한 성과로 구도하거나 혹은 그에게 복으로 보답하게 된다. 그렇다면 이 한 점에 입각해서 보면 살해된 생명이 얻은 보상은 자신이 인간 속에서 얻은 것과 비하면 절대 비할 바가 안 되는 것으로 그렇다면 이것은 곧 악연을 선해한 것이다." 《대업은 원용한 것이다》

"당신들이 해친 일부 생명은 당신들이 미래에 원만된 세계에서 당신 세계의 중생이 될 것이므로, 바로 이 일을 좋은 일로 변하게 한 것이다. 만약 피해를 본 생명 그가 '아, 내가 장래에 부처님의 세계에 간다'는 것을 안다면 그는 목을 내밀고 당신에게 그를 죽여 달라고 하며 그는 기쁘게 당신에게 그를 죽여 달리고 할 것이다." 《스위스 법회 설법》

2002년 3월 1일, 신강의 파룬궁 수련자 임춘매, 온옥평은, "사람을 제도"하기 위해 섬서성 함양시 홍빈여관의 여직원 매신평을 살해했다. 기자의 취재에 임춘매는 "당신들은 우리가 사람을 죽였다고 하지만 우리는 좋은 일을 했다고 생각한다. 그녀를 하늘로 제도해 갔다. 그리고 복을 누리러 갔다", "생명에 대한 이해가 다르다. 속인들은 육신을 죽였다고 살인이라고 하지만 우리는 원신을 죽여야 만 살생이라고 생각한다"고 응했다.

또 하나, 많은 수련자들의 사망을 초래한 가장 주된 원인이 병에 걸린 후 진료와 약을 거부했기 때문이며 그들이 진료와 약을 거부한 원인이 바로 이홍지의 이론에서 초래된 것이다.

이홍지는 사람이 병이 생기는 원인을 "업력"에 귀결시켰다.

"업력"이란 불교 용어로서 원래 좋고 나쁘고의 뜻이 없다. 그러나 이홍지는 이를 나쁜 일을 저지른데 대한 잉과보응(因果报应)으로 말하고 파룬궁 수련자들에게 사람이 병이 생기는 원인은 신체의 조직과 기관의 병리 변화에서 조성된것이 아니라 이 사람의 전생 혹은 금세의 "업력"으로 초래된 것이라고 고취했다.

이홍지는《전법륜》에서 사람이 병이 생기는 근본 원인은 "업력" 때문이다. 속인이 각종 좋지 못한 마음이 있으면 일종의 흑색물질——"업력"을 얻는 것이다. 왜냐하면 사람이 예전에 나쁜 일을 하여 생긴 업력으로 병이나 마난이 조성되기 때문이라고 했다.

이로부터 많은 파룬궁 수련자들이 병에 걸려도 진료와 약을 거부하여 최종 불구자가 되거나 사망했다. 예컨대 2001년 1월, 59세의 상해 퇴직 노동자 호광영은 보통 피부병에 걸렸으나 파룬궁 수련자로서 소업을 믿고 기어이 진료를 받지 않고 아무 약이나 다 거부했다. 그 결과 상처가 곪아 감염되어 사망하였다.

이홍지는 제자들에게 병에 걸려도 치료하지 말고 연공을 통한 "소업"으로 병을 치료하라고 오도(误导)했다.

이홍지의 말대로라면 사람이 병이 생기는 원인은 "업력" 때문인데 그럼 어떻게 해야 "업력"을 없앨 수 있는가?

우선, 이홍지는 파룬궁 수련이 "소업"의 유일한 도경(道经)이며 병을 치료하는 유일한 효과적인 방식이라 고취했다.

이홍지는《전법륜》이란 책에서 이렇게 말했다.

"사부는 당신에게 소업을 해줄 수 있다."

"물론 질병을 포함한 당신 신체의 모든 좋지 않은 것들을 우선 제거해야 한다. 그러나 여기에서는 병 치료를 하지 않으며 우리는 신체를 청리(清理)하는데 명사 역시 병 치료라 하지 않고, 우리는 곧 신체 청리라고 한다. 진정하게 수련하는 사람을 위해서 신체를 청리해 준다."

"어떤 사람들은…… 병에 걸리기만 하면 몇 년…… 금후의 인생의 길에서 당신은 어떻게 수련할 수 있겠는가? 우리는 당신에게 신체 청리를 해 주어야 한다. 이런 일들이 발생하게 해서는 안된다."

"어떤 사람은 남의 병을 치료해 주어 병을 제거하고 몸을 건강하게 해주는 것을 좋은 일을 하는 것으로 여긴다. 내가 보기에는, 모두 병을 진정하게 치료하지 못했고, 모두 병을 미루어 놓았거나 혹은 전화(转化)되게 했을 뿐 그것을 없애버리지 못했다. 진정으로 이 난을 제거하려면 곧 업력을 없애 버려야 한다."

그는 또 《전법륜 권2》에서 "우리 수련인은 사부가 소업을 해주는 외에 자기로도 일부분을 갚아야 한다. 때문에 병이 있을 때 생기는 감각같은 신체의 불편이 있을 수 있다. 수련이란 바로 생명의 본원에서 당신을 청리해주는 것이다"라고 했다.

이홍지는 또 병에 걸린 대법 제자들이 치료를 받거나 약을 먹지 못하게 했다. "연공하면서 약을 먹는 것은 바로 연공이 병을 치료할 수 있다는 것을 믿지 않는 것이다. 믿는다면 당신이 무슨 약을 먹을 것인가." 《중국 파룬궁》수정본〉

이홍지는 침을 맞거나 약을 먹어서는 진정으로 병을 치료할 수 없다고 했다. "병원에 자주 가도 쓸모 없다. 어떤 수련생은 병원에 가서 남의 주사 바늘을 몇 개나 구부려 놓고 마지막에는 그 약을 모두 뿜어버렸어도 찌르지 못했다. 그는 알았다. 나는 연공인이잖은가. 나는 주사를 맞지 않겠다." 《전법륜》〉

"근본 원인은 병은 이 공간에서 생기지 않는다. 그러므로 당신이 지금 약을 먹는 것은 바로 이 병 표면의 병독을 죽여 버리는 것이며…… 당신이 약을 먹어 이 업력을 또 되돌아 짓눌리게 한다." (1997년《뉴욕 법회 설법》)

"수술 역시 다만 표면 물질 공간의 고기를 잘라버렸을 뿐이지 다른 공간 속의 병업은 전혀 움지이지 못하였다. 천데 의학의 기술로서는 도무지 움직일 수 없는 것이다." 《정진요지》〉

"사람은 일단 병이 있기만 하면 약을 먹거나 또는 각종 방법을 취하여 치료한다. 그러면 실질적으로 병이 또 신체 속으로 짓눌러 들어가게 한다. 이렇게 되어 전 한 생에 나쁜 짓을 하여 남겨 놓은 병업을 갚지 못하게 된다. 그럼 이 일생에서 또 일부 좋지 못한 일을 하여 다른 사람을 해칠 수 있다. 그리하여 또 새로운 병업이 나타날 수 있으며 각종 병을 얻게 된다." 《정진요지》〉

이홍지의 "소업"론의 오도로 많은 수련자들이 조금이라도 이에 위배될까봐 조마조마 해 했고 아주 고통스러웠으며 어떤 사람들은 생명의 대가를 치렀다.

이홍지의 소위 "소업"론의 오도로 대법제자들은 질병에 시달려도 "소업"만 생각하면 뇌리를 스치고 지나가던 "구의문약(求医问药)" 생각마저도 이홍지"사부"에 대한 "대불경(大不敬)"으로 생각했다.

파룬궁에서 운영하는 사이트를 통해 우리는 제자들이 "소업"때문에 무척 고통스러워했던 경험에 대한 진술을 흔히 볼 수 있다. 예컨대 2008년 5월 16일 명혜망에 게재된 "병업 현상과 안을 향해 찾기"란 내용에서 한 파룬궁 제자는 치통 경력을 아래와 같이 진술했다. "금년 4월에 갑자기 이가 아프기 시작했다. 감각상 발정념을 하면 할수록 더욱 아팠다. 아예 아파서 잠을 잘 수가 없었고…… 아파서 근본 피할 수도 숨을 수도 없었다. 발정념이 치통 완화에 도움이 없자 나는 안으로 향해 자기를 찾기 시작했다…… 아무튼 잠을 잘 수 없을 바에는 법 공부나 연공을 해야지"

이홍지의 오도로 그들은 파룬궁 수련으로 최종 병을 치료할 수 있다고 믿었다. 비록 병마의 시달림에 무척 견디기 어려웠지만 감히 약을 먹거나 치료를 받을 엄두도 내지 못했다. 어떤 수련자는 어쩔 수 없이 최종 자살로 고통을 마무리했다. 강소성 염성시의 한 파룬궁 수련자는 연공을 견지하고 병원에 가지 않았다. 결국 병통의 시달림을 이겨낼 수 없어 동맥을 끊고 자살했다. 죽기 전에 몸에 약을 품고 있었으나 감히 먹지를 못했다.

대법 제자들의 진료와 약 거부로 인한 다량의 사망 사실 앞에서 이홍지는 계속 구실을 찾아 발뺌을 하려고 애썼다.

이홍지가 조작한 이른바 "업력", "소업" 이론의 유혹으로 이를 믿어 의심치 않는 일부 파룬궁 신도들은 병에 걸려도 의사의 진료를 받지 않고 더 열심히 "법륜대법"을 수련한 결과 최적의 치료 시기를 놓쳐버려 이로 인한 사망 사건이 빈번히 발생했다. 이 때문에 파룬궁 내부에서도 심한 난리와 불안을 겪었다.

파룬궁이 주최한 소위 "법회"에서 제자들이 이홍지에게 "왜 파룬궁 제자가 병에 걸려 사망하는 일이 발생하는지요?"라고 자주 질문을 제기한다.

이홍지는 그 책임을 소위 "낡은 세력"과 "대법제자"에게 책임을 전가해 버렸다.

한편으로 그는 이는 "낡은 세력" (이홍지의 자의식 속에서 전문 파룬궁과 맞서는 세력)의 "안배"와 "교란"때문이라고 했다.

"수련으로 말하자면 사람이 속인 중에서 걸어 나오려면 사람의 일체 집착을 없애야 하기 때문에 낡은 세력은 틈을 타 그것들의 그 일체를 배치했다. 예를 들면, 그것들은 모 수련생이 모 시각에 병의 상태가 나타나게 배치하는데, 모 수련

생은 모 시각에 반드시 먼저 가야 한다."《2003년 애틀란타 법회 설법》

"낡은 세력 자체는 이러한 생명을 도태시키려고 대법을 교란함으로써 죄가 있는 일을 하게 하는데, 그것들로 하여금 이 역할을 하게 한다."《2003년 애틀란타 법회 설법》

"나의 대법제자 중에도 역시 그것들에게 이용당하고 그것들에게 기만당한 사람이 있다. 예를 들면, 모 시각에 당신은 이렇게 해야만 비로소 원만할 수 있다."《2003년 애틀란타 법회 설법》

"많은 사람은 그것들에게 기만당한 대법 제자이며 또 어떤 사람은 그것들이 배치한 사람으로서, 모두 역사상 어느 시기 자신이 동의한 것이기 때문에 처리하기가 쉽지 않다."《2003년 애틀란타 법회 설법》

"수련과 대법은 엄숙한 것이다. 그는 사람으로 하여금 신이 되게 할 수 있다. 낡은 세력은 참을 수 없어서 당신들을 고험하려고 한 것이다. 어느 사람의 수명이 끝났으면 그를 먼저 가게 하는데, 이때 당신이 아직도 대법이 좋다고 말하는가 말하지 않는가, 당신이 그래도 계속 여기에 남아 수련하는가 하지 않는가를 본다. 이것은 바로 낡은 세력이 한 것이다. 때문에 생명의 위험이 나타난 수련생을, 그가 나쁘다고 말할 수 없고, 또한 그에게 무슨 엄중한 문제가 있다고도 말할 수 없다. 실은 모두 낡은 세력이 사람의 마음을 붙잡고 교란한 것이다."《2004년 뉴욕 국제 법회 설법》

"낡은 세력이 아마 그로 하여금 문제가 생기게 하거나 심지어 먼저 가게 할 수 있다. 그리하여 기타 수련생을 고험한다."《2004년 뉴욕 국제 법회 설법》

다른 한편으로 그는 또 "대법 제자"의 수련이 모자라기 때문이라고 했다.

"어떤 수련생은 장기적인 집착을 버리지 않아도 박해와 교란을 받을 수 있다. 즉, 나는 연공을 하고 나서 병도 나았으며, 아주 편안하고 생활상에서도 평안해졌다. 인식이 줄곧 여기에 머물러 있고 법에서 법을 인식하지 못한다면 쉽사리 문제가 나타난다."《2004년 뉴욕 국제 법회 설법》

"그 수련은 그야말로 엄숙한 것이며 사람의 마음에 대한 고험은 결코 소홀하지 않다. 당신이 집착할수록 당신으로 하여금 더욱 괴로움을 느끼게 하는데 당신이 병원에 가서 검사하면 당신더러 더 심해진 것을 보게 한다. 그래도 깨닫지 못하면, 더욱더 엄중해지고 최후에는 정말로 안 된다."《2004년 뉴욕 국제 법

회 설법》)

"당신이 정말로 수련생이 아니기 때문이며, 법 공부를 안하고 병에 집착하는 마음도 버리지 않았고, 곧 병을 치료하려는 속인이기 때문이다……만약 당신이 정말로 수련할 수 있고 당신이 정말로 그 생사의 마음을 내려놓을 때 사람들한테 보여만 주고 마음은 도리어 항상 내려놓지 못하는 상황이 아닐 때 당신의 모든 병은 다 나을 것이다." 《2004년 뉴욕 국제 법회 설법》)

"줄곧 기회를 주어도 이 사람이 만약 줄곧 깨닫지 못하고 여러 해를 수련했고 대법의 일도 따라서 하지만 그가 근본적으로 병을 치료하려는 마음을 다 버리지 않았기 때문에 그는 근본적으로 아직 수련생이 아니며 수명이 끝나면 가기 마련이다." 《2004년 뉴욕 국제 법회 설법》)

상기 두 내용이 자기 주장을 둘러 맞춰대기 어렵게 되자 이홍지는 또 다른 해석 – 소수 제자들은 원만(즉, 수련 성취하여 이홍지가 표현하는 "부처와 신"으로 됐다)으로 사망됐다고 했다.

"다들 알다시피 우리 개별 수련생은 죽었다. 어떤 사람은 원만했고 어떤 사람은 파괴됐다. 때문에 나는 이에 대해 태도를 표하지 않고 언급도 하지 않는다. 그러나 이런 것들의 출현이 우리 수련생들에게 있어서 바로 일종의 생사의 고험이라 나는 생각한다."

"사람의 생명은 정한 숫자가 있는 것이다." 《유럽 법회 설법》)

총체적으로 이홍지의 눈에는 제자들의 사망이 이홍지 및 파룬궁 수련과 "아무런 관계도 없다!"

그러나 의혹스러운 것은 제자들에게 병을 보거나 약을 먹지 못하게 한 이홍지 자신은 이 준칙을 지키지 않았다.

장춘시 양유공사에서 근무하는 기간, 이홍지가 개인과 딸을 위해 환불받은 의료비용 영수증만 해도 총 73장이나 된다. 그중 이홍지 개인의 의료비용 영수증이 48장이다.

1982년에서 1992년까지 장춘시 양유식품공급총공사 보위과에서 근무하는 동안 이홍지는 장춘시 의원, 장춘시 인민의원, 해방군 208의원, 장춘시 조양구 중의원 등 7개 병원에서 진료를 받았다.

1984년 이홍지는 급성화농성맹장염으로 병원에 입원하여 수술을 받았다.

결국, 이홍지가 말하는 소위 "소업"을 통한 병치료 방법은 그에게는 적용이 되지 않았으며 그도 감히 "소업"론으로 자기 생명을 걸고 농(弄)을 치지 못했다.

이로 보아 "소업"론은 이홍지가 제자들을 기만하고 통제하기 위한 일종의 수단에 불과하다.

실상 폭로: 33세 장영정(张永晶) 연공 매트에 쓰러져

사교(邪敎)는 개인 생명을 해칠 뿐만 아니라 가족들에게도 커다란 내 외적 상처를 입힌다. 이런 것들은 무엇으로도 메울 수 없으며, 일가 3대의 행복을 빼앗아간다.

무한시 동서호(东西湖)의 모 사업체에 근무하는 장영정은 직장에 충실하고 집안 일도 빈틈없이 잘 하는 나무랄 데 없는 사람이었다. 그런데 1998년, 파룬궁을 수련한 후부터 그의 가정이 사교(邪敎)로 인하여 패가망신(敗家亡身)하게 되었고, 장영정 개인 생명도 벼랑 끝에 서게 되었다. 다시는 딸에게 자상한 어머니, 남편에게 살뜰한 아내, 부모에게 효도하는 딸이 아니었다.

평온한 가정에 불행 닥쳐!

"착하디 착하던 딸이 파룬궁에 심취된 후부터 인간성이 사라졌다" 이웃집 장 할머니가 고통스럽게 지난 이야기를 꺼냈다. 기억에 장영정이 1997년 초에 편두통을 앓기 시작하면서 우울해지고 일시적으로 적당한 치료 방법을 찾지 못해 애를 태웠다. 실은 흔한 병이라 의사의 처방에 따라 약을 복용하고 적당히 휴식을 취하면 완치될 수 있었다. 그런데 조급하게 여기저기에 "특효 치료법"을 알아보다 결국, 1998년 여름부터 이웃에 있는 파룬궁 수련자에게 미혹되어 남몰래 수련을 하게 되었다. 처음 그녀의 어머니가 연공을 하면 몸은 튼튼하게 할 지는 몰라도 병은 고치지 못한다며 반대했다. 그런데 장영정이 "병원 의사의 의술이 안 돼 내 병을 고칠 수 없고 나를 해칠 수도 있으니 대사(大师)들을 따라 공(功)을 연마하면 통증을 제거하고 고통에서 구원받는다"고 어머니를 속이고 아침 저녁으로 "파룬궁" 수련생들과 함께 "연마"하러 다녔다. 그리고 집에 돌아

와서는 "전법륜"을 읽고 "대사"를 입에 달고 다녔다. 그 후 장영정은 점차 가족들에게 무관심해지고 집안 일도 신경쓰지 않았다. 오로지 파룬궁의 괴상한 사설(邪說) 공부에만 몰입해 평온하던 가정에 갑작스레 사교 문제가 들이닥쳤다.

파룬궁 수련에만 매진하다 건강 더 악화

파룬궁에 가입한 후 장영정의 성격도 다혈질적으로 변했다. 가족들이 몇 마디 하면 쓸데없는 말만 한다며 듣기 싫어하고 식구들을 "속인"이라 칭하고 "희망이 없다"고 비웃었다. 후에는 어머니를 거들떠보지도 않고 심지어 싸늘하게 대하면서 "파룬궁"에는 갈수록 깊이 빠졌다. 1999년 여름, 정부에서 파룬궁을 금지한 후 가족들이 파룬궁을 그만 두고 정식 치료를 받으라고 계속 권유했다. 그런데 장영정은 가족이 "대사"를 폄하 하고 "대법"을 거역하고 자신의 "원만승천"을 방해한다며 가족에게 폭력을 행사했다. 그 때 그녀는 이미 두통이 심해 정상적인 출근마저도 힘든, 아주 어려운 상태에 처해 있었다. 직장에서 특별 팀을 구성해 돕기 위해 나섰지만 장영정은 그 권유를 받아들이기는커녕 오히려 사표를 내고, 직업을 포기한 채 집에 돌아와 "파룬궁" 수련에만 열중했다. 그 후부터 가족이 장영정에게 아무 말도 못하고 건드리지도 못했다. 조금만 불만스러워도 부모에게 고래고래 고함질러 부모들이 육체적으로나 심리적으로 심한 학대를 당했다. 그 때 이미 몸이 쇠약할 대로 쇠약해져 집에서나 길거리에서 여러 번 까무러쳤다. 가족들이 차마 눈 뜨고 볼 수 없어 조바심에 그녀가 연마만 하면 일단 억지로 중단시키고, 연마 책과 연마할 때 입는 복장을 내버리기도 했다. 결국, 그녀는 집에서 수련하면 사부의 지도를 받는데 지장이 있다며 아예 집을 나가 함께 수련하는 친구의 집에 잠시 묵었다. 사악한 파룬궁이 그 참하던 딸을 앗아갔다.

사교가 아름다운 생명을 앗아갔다.

2004년 8월 25일, 장영정의 한 공우(功友)가 가족들에게 비보를 전해왔다. 33세 장영정이 연공 매트에 쓰러져 영원히 일어나지 못했다. 법의관의 감정 결과, 뇌출혈로 인한 사망으로 확인되었다. 한 젊은 생명이 이렇게 영영 눈을 감았다. 활짝 꽃피워 보지도 못한 채, 그녀를 심취시킨 파룬궁이 마지막까지도 그녀를 조용히 보내주지 않고 병통의 시달림도 덜어주지 않았다. 파룬궁이 그녀의 인생을 해쳤을 뿐만 아니라 한 가정의 행복을 망가뜨렸다. 혈육을 떠나보낸 설움에 하염없이 눈물만 흘렸다. 화목하고 단란하고 행복하던 한 가정이 이렇게 깨졌다.

(책임 편집: 자이)

5) 수련자의 타인 살해에 대한 파룬궁의 태도

일부 파룬궁 신도들이 무고한 사람을 살해했다. 그들이 살인을 행한 근거는 이홍지의 "마 제거론"이다. "마 제거론"은 파룬궁 사교 테러 범죄 이론 중의 하나이다. 이홍지는 "대역지마는 마땅히 죽여야 한다"를 제출했다. 이홍지의 "마 제거론"의 부추김으로 일부 파룬궁 심취자들이 이른 바, "원만"에 도달하기 위해 "마"를 제거하고 최종 살인 범죄의 길에 올랐다.

그럼 "마"란 도대체 무엇인가?

파룬궁의 교의에 "마"란 바로 신도들의 파룬궁 수련을 교란하는 사람이다. 즉 파룬궁 전파를 보이콧하는 조직이나 인사다. 이홍지는 그들을 "마", "사악", "낡은 세력", "썩어빠진 귀신", "난법귀", "시든 미"라 했다.

이홍지는 또 사교에 발을 잘못 들여놓아 비명에 죽은 수련자들도 "마"에 귀속시켰다. 이로써 "진정한 연공자는 병에 걸리지 않고 위험도 없다"란 거짓말의 뒷수습을 하려 들었다. 그는 "가장 분별하기 어려운 것이 바로 이런 마인데 그것의 파괴력은 대단히 크다. 그것도 법륜대법을 배우러 오고 역시 법륜대법이 좋다고 말하며…… 그런 후 그는 갑자기 죽어버렸거나 혹은 그가 갑자기 반대로 되는 길을 걸으며 법륜대법을 파괴하고 있다"고 말했다. 《법륜대법의해》.

파룬궁은 왜 "마"를 제거하려 드는가?

이홍지는 "그(마)는 부체될뿐만 아니라 사람의 원신을 죽여버린다"고 말했다. 이홍지가 말하는 원신이란 영혼이다.

"마"가 있기 때문에 "마 제거"가 필요한 것이다.

이홍지는《법륜대법의해》에서 "대역지마는 마땅히 죽여야 한다"고 명확히 표명했다.

"고층차로 공업을 수련하면 필연코 마를 초래하는 문제에 부딪히게 된다."
《중국 파룬궁》수정본)

"만약 사악이 이미 구원할 수 없고 가질 수 없는 지경에 도달하였다면 가히 부동한 층차의 각종 방식을 취하여 제지시키고 산제(铲除)해 버릴 수 있다." 《더는 참을 수 없다》)

파룬궁 신도들의 "마 제거" 후에는 어떠한가?

이홍지의 가르침으로 일부 파룬궁 수련자들은 히스테리의 광란 상태가 나타나 저도 모르게 위법 범죄를 행하고 타인을 살해했다.

1996년 8월 23일, 호남성 가화현 파룬궁 수련자 왕학충은 아버지 황계영을 마(魔)라 말하고 칼로 아버지의 머리, 목, 가슴 등 여러 곳을 연속 17번이나 내리찍어 그 자리에서 살해했다.

1998년 2월 25일 밤, 강소성에 살고 있는 오덕교는 집에서 연공하던 중 옆에서 그만 두라 말리는 아내를 수련을 방해하는 마(魔)라 인정하고 식칼로 찍어 살해했다.

1998년 4월 8일, 산동성의 한 노동자 왕안수는 연공 중 아버지가 옆에서 그만 두라 말렸다고 아버지를 호랑이가 부체된 "마"라 인정하고 삽으로 잔인하게 때려 숨지게 했다.

1999년 3월 20일, 겨우 18세도 안되는 하북성 승덕시 파룬궁 수련자 이정은 부모를 마(魔)로 인정하고 "마 제거"를 위해 집에서 친부모를 잔인하게 살해했다.

2001년 2월 20일, 심천의 파룬궁 미혹자 난소위는 파룬궁을 포기하라 말리는 아내 위지화를 "마"로 인정하고 타인과 함께 아내를 묶어 놓고 입과 코를 틀어막아 잔인 무도하게 질식시켜 죽였다.

2002년 4월, 흑룡강성 이춘의 파룬궁 수련자 관숙운은 아홉 살도 채 안되는 딸 대남을 "마"라 인정하고 손수 목을 졸라 죽였다.

2008년 4월 7일, 길림성 장춘시의 파룬궁 미혹자 네 명은 동수 초씨 몸에 붙은 "마를 쫓아낸다"고 침으로 찌르고 더운 물에 데우고 얼음으로 얼구고 발로 차고 주먹으로 때리는 등 갖은 방법으로 잔인하게 초씨를 상해 치사했다.

6) 이홍지에 대한 '신적 숭배'와 사교적인 설교

파룬궁 수련자들 사이에는 많은 "신기한" 이야기들이 전파되고 있다. 예컨대 이홍지가 손바닥으로 다섯 번을 쳐 곱사등이 허리를 곧게 펴 줬고 "경문을 외워" 말기 요독증을 치유…… 이런 이야기들이 정상인들에게는 아주 황당하고 믿을 수 없는 것으로 들리지만 파룬궁 미혹자들에게는 조금도 의심할 바 없는 "신적"으로 들렸다.

이런 이야기의 날조자는 주로 두 부류이다. 하나는 바로 이홍지 본인으로 파룬궁 창시자로서의 만능을 보여주기 위한 것이고, 다른 하나는 파룬궁 인원이 자기의 수련이 이미 최고층차에 달했다는 걸 보여주기 위해서이다.

이런 이야기들의 전파 1급 경로는 이홍지의 "경문"과 명혜망 등 파룬궁이 운영하는 사이트이고 2급 경로는 파룬궁 인원의 수련심득교류대회이다.

명혜망 등 파룬궁의 사이트에 이런 "신적"설들이 수두룩하다. 파룬궁이 이런 "신적"설을 날조한 주요 목적은 첫째는, 수련자를 정신적으로 통제하기 위한 중요 수단으로 이런 신기한 이야기를 전파함으로써 이홍지와 파룬궁에 대한 숭배를 조장하고 미혹자들에게 아무런 우려도 없이 파룬궁 교의를 접수, 이행시키고 파룬궁을 위해 일심으로 복무시키기 위한 것이다. 둘째는, 파룬궁을 선양하고 진상에 어두운 자를 기만하기 위해서이다. 셋째는, 파룬궁을 찬성하지 않는 인사와 의혹을 품고 있는 파룬궁 인원을 위협하고 공갈하기 위해서이다.

이런 소위 "신적"설은 주로 아래 몇 개 부류로 나뉜다.

이홍지 스스로가 자기와 파룬궁을 신격화 한 "신적"

＊ 이홍지는 4대 기능을 갖고 있다. 파룬궁 조직에서 편찬한《이홍지 선생의 간단한 소개》에 이홍지는 자기가 8세에 상승대법을 얻고 큰 신통력을 구비했으며 운반, 정물, 사유 통제, 은신 등 기능을 가졌다고 했다.

＊ "화공"으로 요사한 뱀을 없애다. "그 사람의 사야(師爺)가 바로 그 뱀이 수련해 낸 사람 형상이었다. 그는 본성을 고치지 않았기 때문에 또 큰 뱀으로 변해

나에게 소란을 피워댔다. 내가 보니 너무나도 말이 아니었으므로 나는 그것을 손에 잡고 매우 강대한 일종의 공, 화공(化功)이라는 것으로 그것의 하반신을 녹여 물이 되게 하자, 그것의 상반신은 도망쳐 버렸다."《전법륜》

 * 손바닥으로 다섯 번 쳐 곱사등이의 등을 곧게 펴 주다. 1992년 6월 21일 이홍지는 북경건재강당설법에서 이렇게 말했다. "한 곱사등이의 등이 아주 심하게 굽었다. 마치 큰 보따리라도 지고 있는 것 같이, 들어와서 병을 치료하겠다고 했다. 그는 너무 아프다고 했다. 난 쳐다보았다. 그냥 내 버려둘 수도 없고, 나는 그럼 이렇게 합시다. 여러분들 시간을 좀 지체해주셔야겠습니다고 말했다. 나는 그를 보았다. 나는 손바닥으로 그를 다섯 번 쳤다. 그 다음 받쳐줬더니 곱사등이가 금방 허리를 곧게 폈다."

 * 눈으로 보기만 해도 다른 사람의 병이 치료된다. 2006년 2월 25일, 이홍지는 로스앤젤레스시 설법에서 "많은 수련생들은 예전에 내가 속인에게 병을 치료해주는 것을 본 적이 있는데 나는 손을 댈 필요가 전혀 없었다. 내가 당신을 보기만 해도 좋아졌다. 당신을 볼 때 어떤 것을 내보냈는데 나는 내 신체의 어떠한 한 부위로부터도 모두 신통을 내보낼 수 있다. 내보낸 후 당신의 그곳은 즉시 좋아진다"라고 했다.

 * 사람에게 하늘로 올라가는 사닥다리 한 부를 남겨놓았다. 1996년 이홍지는 시드니 법회 설법에서 "그러므로 나는 내가 앞 사람이 하지 못한 일을 하였으며 내가 하나의 큰 문을 열어 놓았고 내가 하나의 더 큰 일을 하였다고 말하는데, 바로 내가 모든 수련의 도리, 원만의 요소를 다 이야기했으며 아울러 아주 계통적으로 이야기하였다. 이것이 바로 왜 대단히 높은 신이 '당신은 사람에게 하늘로 올라가는 한 부의 사닥다리를 남겨 놓았다'《전법륜》고 이야기한 까닭이다"라고 말했다.

 * 이홍지는 지구상의 일체 물종을 "재조"할 수 있고 "새로운 지구를 제조"할 수 있다. 그는 "내가 오늘날 하는 이 일은 전체 지구상의 인류이며 물질을 모두 좋게 하려고 한다. 나는 모두 할 수 있다", "지구를 보류하려면 어떻게 보류해야 하겠는가? 곧 당신들이 수련하는 것과 마찬가지로 당신들에게 신체를 연화(演化)해줌에 따라서 동시에 또 새로운 지구를 제조하고 있다"라고 말했다.《북

3. 파룬궁이 주장하는 반과학적인 주요 주장과 역설

미 제1회 법회 설법》)

　　＊ 이홍지는 무수한 법신이 있다. 그는 시드니 법회 설법에서 "나는 무수한 법신이 있으며 생김새가 나와 같다. 그는 다른 공간에서 당연히 크게도 변하고 작게도 변할 수 있다. 대단히 크게 변할 수도 있고 대단히 작게 변할 수도 있다. 그의 지혜는 완전히 열어진 것이며 법력은 부처와도 같은 것으로써 주체는 나 여기에 있다. 그들 자신은 독립적으로 처사하는 능력을 갖고 있으며 그들은 당신을 돌보고 당신을 보호하며 당신을 도와 공을 연화하는 일부 일들을 하고 있다. 사실 그가 바로 나의 지혜의 화신이므로 나는 당신을 보호할 수 있다…… 대다수의 나의 법신은 부처의 가사를 입고 있으며 남색 머리칼이고 곱슬곱슬한 남색 머리로써 짙은 남색이고 청남색이다"라고 했다.

　　＊ 파룬궁 수련이 극히 높은 층차에 이르면 얼굴의 상반부에 큰 눈 하나가 생긴다. 이홍지는《전법륜》에서 파룬궁 수련이 극히 높은 층차에 이르면 파리와 같은 복안(复眼)이 나타난다고 말했다. "즉 온 얼굴의 상반부에 큰 눈이 하나 생길 것인데, 그 속에 무수한 작은 눈들이 있다. 어떤 아주 높은 대각자들이 수련해 낸 눈은 특별히 많아 온 얼굴에 다 있다. 모든 눈은 다 이 큰 눈을 통해서 보며 무엇을 보려면 곧 무엇을 보는데 한번 척 보면 모든 층차를 다 보아낸다."

　　＊ 파룬궁을 수련하면 사람이 하늘로 날아 올라갈 수 있다. 1998년 5월, 이홍지는 유럽 법회 설법에서 "나 역시 당신들이 원만할 적에 인류에게 하나의 장거(壯舉)를 가져오고자 한다. 나는 이렇게 생각한다. 모든 대법제자로 하여금 신체를 갖든지 가지지 않든지 막론하고 모두 신체를 갖고 하늘로 날아오르게 하려는데 신체가 필요하지 않는 것은 공중에서 홍화(虹化)된 다음 날아가도록 하고자 한다…… 만약 당신이 정말로 원만되었고 당신이 대단히 큰 하나의 신 혹은 대단히 큰 부처로 수련되었다면 당신은 이런 능력이 있는가 없는가? 당신은 정말 있다. 당신이 당신의 육친을 제도함은 물론 당신이 지구를 손에 쥐는 것 역시 식은 죽 먹기이다"라고 했다.

　　이홍지는 더 많은 괴이한 이론을 퍼뜨림으로써 자신의 "공력이 이미 극히 높은 층차에 달해 인류의 기원을 보았고 인류의 발전과 인류의 미래를 보았다"는 것을 증명하려 들었다.

* 각 나라 사람은 다 중국에서 전생했다. 2002년 3월, 이홍지는 미국 설법에서 "전 세계의 모든 민족은 다 중국에서 전생했다. 각 나라의 사람을 포함하여 최근 법이 전해진 때부터 또 대량의 상계 생명이 온 것을 제외하고 역사상의 각 나라 사람들은 모두 중국에서 전생한 적이 있다. 당신이 어느 나라 사람이든지 관계없이 당신은 우선 중국인으로 되었는데 왜냐하면 당신들은 가장 처음에 그곳에서 전생했기 때문이다…

　모래 속에 사람이 존재한다. 1997년 9월, 이홍지는 미국 설법에서 "모래 속에 존재하는 그 사람과 우리 사람은 똑같다. 흑인이 있고 백인이 있으며 황인종이 있다. 또한 장래에 당신들은 아주 괴상한 것을 볼 수 있는데, 바로 그들의 옷차림이 우리 고대인과 모두 비슷하다"라고 했다.

　* 바다 밑에 사람이 있다. "해저에는 사람이 있는 것이라, 여러 종류의 사람이 있다. 어떤 사람의 생김새는 우리와 같고 어떤 사람의 생김새는 우리와 약간 차이가 있다. 어떤 사람은 아가미가 있고 어떤 사람은 상반신은 사람이고 하반신은 물고기이며 어떤 사람은 하반신이 사람이고 상반신이 물고기이다." 《전법륜 권2》

　* 달은 사전(史前)에 사람이 만든 것이다. "사실 달은 곧바로 사전에 사람들이 만든 것으로써 그것의 속은 텅 비어 있다." 《전법륜 권2》

파룬궁은 만병통치다? 현혹!

　암병이 완쾌되고 치매 환자가 청춘을 도로 찾으며 사지절단 후 저절로 자라고 소경이 눈을 뜨고 귀 먼 사람이 들을 수 있고 벙어리가 말을 할 수 있다. 반신불수가 걸을 수 있고 곱사등이가 가슴을 펼 수 있으며 장발다리가 곧게 되고 식물인간이 소생한다 등등이다.

　2006년 10월 13일, 명혜망에 한 림프암 중기 환자가《전법륜》을 읽은 지 2개월만에 암병이 없어졌다는 기사를 게재했다.

　2008년 1월 7일, 명혜망에 한 에이즈병 환자가 파룬궁 수련 3년에 에이즈병이 없어졌다고 했다.

파룬궁은 평안을 보우해준다? 현혹!

차에 치어도 상처 입지 않고 차가 뒤집혀도 죽지 않고 건물에서 떨어져도 아무렇지도 않으며 감전돼도 위험이 없고 음독해도 무방하고 단식해도 건강하며 화재가 저절로 피해 물러나고 홍수도 에돌아 간다 등등이다.

2006년 10월 13일, 명혜망에 한 50여세의 할머니가 파룬궁의 요구에 응한 관계로 자연사망 후 20여일 만에 "부활"되었다는 기사를 실었다.

명혜망 2007년 12월 16일 기사에는 한 할머니가 이홍지를 향해 기도한 결과 익사한지 3시간 되는 외손녀를 "부활"시켰다고 했다.

신통광대류?

핸드폰이 배터리없이 통화되고 벽을 뚫고 지나갈 수 있고, 땅에서 날아오를 수 있으며 천목을 열 수 있고 동물 통혼론, 그리고 부부가 동거하지 않고도 아들을 낳고, 할머니가 자궁 절제 후 생리가 생겼다 등등이다.

명혜망 2003년 10월 25일 기사에는, 법륜대법을 믿으면 텔레비전이나 물펌프 등이 손을 보지 않아도 저절로 수리될 수 있다고도 했다.

반노환동(返老还童)류?

명혜망에는 "마른 나무에 꽃이 피고" "70세에 생리 생겼다"는 이야기가 수두룩하게 실려 있다.

명혜망 2003년 9월 27일 기사에, 75세의 할머니가 매일 "법륜대법이 좋다"를 묵상한 결과 청춘을 되찾았다는 내용을 실었다.

명혜망 2005년 5월 25일 기사에, 85세의 할머니가 "법륜대법이 좋다"를 2개월 반 동안 묵상했더니 90도로 굽었던 등이 쭉 펴지고 생리까지 생겼다고 했다.

파룬궁을 찬성하지 않는 인사나 조직을 저주

저주는 파룬궁 수련자들 주요 임무 중 하나다. 2001년 5월 19일 이홍지는 캐나다 법회에서 "사악"의 중공과 중국 정부를 없애는 방법을 고안해 냈다. 그것인 즉 단체로 "발정념"(저주)을 하는 것이다. 듣는 말에 의하면 구두로 "법정건군(法正乾坤), 사악전멸(邪恶全灭)", "법정천지(法正天地), 현세현보(现世现报)"를 외우기만 하면 "사악"을 없애고 녹여서 혈수되게 할 수 있다는 것이다.

명혜망에 파룬궁을 반대하는 모든 인사는 소위 "악보(惡報)"를 당하게 될 것이라는 기사를 실었다. 예컨대 모 법원 부원장이 악보로 사망, 모 시 당위원회 서기가 악보를 당했다는 등. 명혜망은 거의 매번 이와 유사한 소위 악보 "신적" 설을 발표한다.

파룬궁의 "신적" 설은 뚜렷한 "특성"들이 있다. 명혜망을 통해 전파된 파룬궁수련자의 "신적"이 이홍지가 직접 날조한 터무니없는 "신적" 설과 일맥상통으로 이홍지가 바로 "신적" 악례의 창시자이다. 이런 소위 "신적" 설 따위들은 거의가 본명 본성이 없고 구체적인 주소도 없으며 따지고 들거나 과학적인 실증이 불가한 것들이다.

7) 이홍지 가족 소유, 미국 부동산이 총 11채

개풍망 홈페이지에 "이홍지 및 파룬궁 고층 악행 공모 공고"가 실린 후, 미국의 네티즌이 이홍지 가족 명의로 된 부동산 9채 소식을 제공했다. 그 중 7채는 개풍망에 공표됐고, 금번에 재확인 됐으며 2채는 처음 알려졌다. 현재까지 개풍망이 확인한 이홍지 가족 소유로 된 미국 부동산은 총 11채나 된다. 이홍지 가족 소유의 부동산 내역은 아래와 같다.

① 이홍지 이름으로 된 부동산 3채

ⓐ 뉴욕 ORANGE 부동산

(140 GALLEY HILL RD, CUDDEBACKVILLE, NJ12719-5225, ORANGE COUNTY), 면적: 135,036평방피트(약 12,545㎡), 파룬궁 본부 용천사 소재지임.

ⓑ 뉴욕 퀸구 부동산

(10515 66TH RD APT, 2F FOREST HILLS, NY11375-2156, QUEENS COUNTY) 면적: 750평방피트(약 70㎡).

ⓒ 뉴저지주 버건현 부동산

(PO BOX 1005, PARAMUS, NJ07653-1005, BERGEN COUNTY)

② 이홍지 딸 이미가(李美歌) 명의로 된 부동산 (5채)

ⓐ 뉴욕 퀸구 플러싱 59대가 별장

(13608 59TH AVE, FLUSHING, NY 11355-5245), 면적: 1,428평방피트(약 132㎡), 이홍지의 어머니 노숙진(盧淑珍)의 거처

ⓑ 뉴욕 스태튼진 애간대가 103호

(103 EAGAN, AVE, STATEN ISLAND, NY10312-4103, RICHMOND COUNTY), 면적: 1854평방피트(약 172㎡)

ⓒ 시카고시교 위넷카진 위넷카대가 570호 별장

(570 WINNETKA AVE, WINNETKA, IL 60093-4028, COOK COUNTY)

ⓓ 시카고 N Mcclurg가 512번 32층 01실 아파트

(512 N MCCLURG CT APT 3201, CHICAGO, IL 60611-4122, COOK COUNTY)

ⓔ 시카고 N Mcclurg 아파트, 시카고 N Mcclurg가 512번 36층 08실 아파트

(512 N MCCLURG CT APT 3608, CHICAGO, IL 60611-4122, COOK COUNTY)

③ 이홍지 처 이서(李瑞) 명의로 된 부동산 (2채)

ⓐ 뉴저지주 미들섹스 부동산

(27 DRINKING BROOK RD MONMOUTH JCT,NJ08852),면적: 4297평방피트(약 400㎡), 이홍지의 처가 1999년 5월 14일 58만 달러에 구입, 현 시가 103만 달러임.

ⓑ 뉴저지주 배간현 오드실리브진 헌트로 부동산

(9 HUNTER RD WOODCLIFF LAKE, NJ 97677-8100 BERGAN COUNTY), 면적: 7286평방피트(약 677㎡), 시가 223만 달러, 2005년 3월 4일 구입, 1999년 11월 1일 미국 <월가일보>에서 이 부동산 소식 보도

④ 이홍지의 여동생 이군(李君) 명의로 된 부동산 (1채)

뉴저지주 호손시 코넬가 80호 부동산

(80 CORNELL AVE , HAWTHORNE , NJ 07506-1158 , PASSAIC COUNTY), 면적: 2038평방피트(약 190㎡), 2004년 9월 30일 구입

8) 외계인·전쟁·자연재해에 대한 태도

파룬궁의 혼혈아에 대한 태도

파룬궁의 창시자 이홍지는 이족 통혼 혹은 "잡교"라 칭하는 것들의 후대—혼혈아는 그 뿌리를 찾을 수 없는 변이(變異)인종으로 현 시대의 인류 도덕이 극점으로 몰락되었다를 설명해준다고 했다.

이홍지는 혼혈아의 존재를 외계인의 인류와 천국 사이의 연락을 파괴하기 위한 음모로 해석했다. 스위스 설법에서 그는 "외계인이 인류의 각 종족을 혼합시켜 인간으로 하여금 신에게서 벗어나게 했다"고 했다. 이홍지가 열거한 "사악"에는 10가지가 있다. 혼혈아, 컴퓨터 사용인사, 전통 파괴자, 민주를 믿는 사람과 "과학을 미신"하는 사람 등이다. 그는 혼혈아가 곤경에서 벗어나려면 일단 파룬궁을 수련해야 한다고 강조했다.

아래 내용은 이홍지의 혼혈아 문제에 관한 논술이다.

"혼혈아를 한 사람으로 말한다면 그는 이미 천상 인종과 대응을 잃어버렸다." (1997년 《뉴욕 좌담회 설법》)

"세상의 어떠한 민족도 하늘에 모두 대응되는 인종이다. 혼혈된 후면 하늘의 신과 대응되지 못한다. 그렇다면 사람을 만든 어떠한 신이든 다 상관하지 않을 것인데 그럼 이러한 사람에 대해 말한다면 아주 가련한 것이다." (《휴스턴 법

회 설법》)

"사람이 혼혈된 후에 당신은 그가 낳은 애가 혼혈아임을 보게 된다. 그러나 이 아이의 생명 중간에는 간극이 있으며 갈라놓은 후 그는 곧 기체(机体)와 이지가 건전하지 못하고 신체가 건전하지 못한 사람으로 된다."《시드니 법회 설법》

파룬궁의 외계인에 대한 태도

이홍지는 인류의 미래는 암흑하다. 외계인은 현대과학을 전파함으로써 인류를 통제하고 최종 인류를 대체하게 될 것이라고 말했다.

1999년 5월 이홍지는 미국 타임지 기자와 가진 인터뷰에서 "현재 사회가 나쁘게 변한 최대 원인이 바로 사람들이 더는 정교(正教)를 믿지 않기 때문이다. 그들은 교회에 나간다. 그러나 더는 하나님을 믿지 않는다. 그들은 아무 일이나 하고싶은 대로 한다. 두 번째 원인이 바로 본세기 초부터 외계인이 인류의 사상과 의식 형태와 문화에 침입했기 때문이다.

외계인은 다른 천체에서 왔다고 주장한다.

외계인은 현대 기계, 컴퓨터와 비행기류를 들여왔다. 그들은 인류에게 현대 과학을 공부시키기 시작했다. 그러므로 사람들은 날이 갈수록 과학을 믿게 되었고, 이로부터 정신 통제를 당했다. 모두 과학가가 자기 스스로 물건을 발명한다고 믿는데 사실 그들의 영혼은 외계인에 의해 좌우지 된다. 문화적 정신적 차원에서 볼 때 그들은 이미 인류를 통제했다. 인류의 생존은 이미 과학을 떠날 수 없게 되었다.

"과학은 외계인이 만들어 낸 것이다. 그것의 목적은 인간을 통일시키고 인간의 이 사상을 간단하게 변화시켜 마치 기계처럼 규범화시키는 데에 있다. 지식도 통일시켜 장래에 그것들이 쉽게 조종하고 인간을 대체하려고 한다. 또한 그것들은 또 몇 개 민족을 선택하여 그것들이 미래에 전면적으로 인류를 조종하는 선도로 삼았다. 일본은 기술상에서 그가 이끈 선도이고, 미국은 지구의 오래된 모든 문화를 파괴하는 선도인 바 가장 오래되고 가장 보수적인 나라의 문화마저도 그것들에게서 벗어날 수 없었으며 전 세계는 모두 미국의 현대 문화의 충격을 받고 있다. 그리고 영국은 초기 기계 제조 방면에서의 선도이고 스페인은 혼혈 인종의 선도이다. 외계인이 인간으로 하여금 신에게서 벗어나게 하는 방법은 인종을 혼합시켜 인간으로 하여금 뿌리 없는 인간으로 변하게 하였는데 마치 인간들이 오늘날 식물을 교잡시키는 것과 같이 되어버렸다. 남미인, 중미인, 멕시코인과 동남아 일부 사람들은 모두 인종이 혼란되었다. 이 일체는 모두 신의 눈을 벗어나지 못한다. 외계인, 그것은 이미 사람을 관리하기 위하여 상당히 충분한 준비를 하였다."(《스위스 법회 설법》)

그들의 최종 목적은 인류를 대체하는 것이다. 만약 인간 복제에 성공한다면 외계인은 정식으로 인류를 대체할 수 있다. 외계인은 이 기회를 이용하여 사람의 영혼을 대체할 것이며 또 그들은 이로부터 지구에 들어와 지구인이 될 것이다.

이 사람들이 자란 후 그들은 외계인을 도와 인류를 대체하게 될 것이다. 그들은 더 많은 복제인을 복제할 것이다. 그 때가 되면 인류가 인류를 번식하는게 아닐 것이다. 그들은 겉으로는 사람과 같다. 그러나 그들은 법을 제정하여 인류의 번식을 제지할 것이다.

일종(외계인)은 겉으로는 인류와 같아 보이지만 골질(骨質)로 된 코 하나가 있고 기타는 귀신과 같아 보인다.

미래의 인류 사회는 아주 끔찍할 것이다. 만약 외계인이 인류를 대체하지 않는다면 사회는 자체로 붕괴되고 말 것이다"라고 말했다.

파룬궁의 장애인에 대한 태도

이홍지는 장애인을 모욕하고 장애인 돕기 사업에 전혀 무관심하고 더 나아가 제자들이 장애인을 돌보거나 돕지 못하게 했다.

이홍지는 장애인의 형상이 악랄하다고 했다. "목이 쉰 소경, 절름발이, 형상이 악랄한 사람이 방송이나 TV에서 받들기만 하면 모두 가수로 된다."(《전법륜권2》)

이홍지는 한 사람이 불구가 되는 원인은 전생에 나쁜 일을 해 몸의 "업력"을 깨끗이 갚지 못한데서 초래되는 것이라 했다. 그는 제자들이 장애인을 관심있게 보살펴주거나 장애인 돕기에 참여하는 것을 막았다.

"왜 사람은 고통이 있는가? 사람이 세상에서 사는 것이 바로 업을 짓는 것이다. 어떤 사람은 업력이 크고 어떤 사람은 업력이 작다. 어떤 사람은 바로 죽기 전에 고통스럽다. 고통 속에서 일생동안 지은 아주 많은 업들을 갚으면 내생에 좋은 생활이 있을 수 있다. 그러나 그는 고통스럽지 않으려 하고, 갚으려고 하지 않는다면 내세에 태어날 때, 병체를 갖고 나오거나 심지어 장애인, 혹은 명이 길지 못하게 된다." 《휴스턴 법회 설법》

"불구자가 너무 편안하다면 곧 업을 갚을 수 없다. 내세에 아마 또 불구가 될 수 있다." 《전법륜 법해》

"당신들이 오늘날 가장 중요한 일은 바로 진상을 알리고 세상 사람을 구도하는 것이다…… 장애인에 대하여 정부는 돌보고 있으므로 당신도 너무 많이 생각하지 말라. 그러한 일에 너무 많이 집착할 경우 내가 당신에게 알려주겠다. 당신은 수련할 생각을 말라." 《2003년 정월 대보름 설법》

파룬궁의 전쟁과 자연재해에 대한 태도

이홍지는 전쟁이 가장 좋은 "소업" 방법이고 남경 대학살, 원자탄 폭발, 제2차세계대전, 히틀러 학살, 그리고 역사 상에 있었던 전쟁에서 사람이 죽는 것은 모두 천상의 변화가 가져다 준 것이며 온 우주의 천상 변화가 가져다 준 것이라고 했다.

"세계 상의 전쟁, 역병과 천재인화(天災人禍)가 왜 나타나는지 당신들은 아는가? 바로 사람에게 업력이 있기 때문이며 사람에게 소업시켜 주기 위해 존재하는 것이다. 장래에 더 아름다운 역사 시기에도 지구 상에는 전쟁, 역병과 천재인화가 존재할 것인데 그것은 사람에게 소업시켜 주는 하나의 방법이다." 《스위스 법회 설법》

"인류는 일정한 시기에 이르면 업력이 아주 커져서 곧 십악불사(十惡不赦)하게 된다. 업력이 너무 크면 이미 스스로 깨끗이 갚아버릴 수 없게 되며 생생세세로 쌓아온 많은 업을 모두 갚아버리기가 불가능하다. 그러므로 이러한 사람은 곧 훼멸시켜야 한다. 훼멸시킨다는데 어떻게 훼멸시키는가? 인류에게 작은 겁난(劫難)이 출현하여 사람을 훼멸시킨다. 전쟁은 가장 편리한 것으로 역사는 바로 이런 것이다." 《전법륜 권2》

이홍지는 사람이 나쁜 일을 하면 "업력"이 생기게 되고 한 사람의 "업력"이 크면 병이나 재난이 생기기 마련이고, 한 지역이 "업력"이 크면 지진, 홍수나 온

역 등이 발생되기 마련이며, 중국에 천재인화가 생기는 것은 바로 중국 정부가 파룬궁을 단속했기 때문이라고 말했다.

"왜냐하면 사람이 예전에 나쁜 일을 하여 생긴 업력으로 병이나 마난이 조성되기 때문이다." 《전법륜》

"대면적으로 되는 사람이 업력이 있게 되면 어떻게 해야 하는가? 그럼 곧 지진, 화재, 수재 심지어는 온역과 전쟁이 나타날 수 있다." 《유럽 법회 설법》

"중국 대륙에서 발생한 일체 천재인화는 이미 그곳의 중생이 대법에 대해 저지른 죄악에 대한 경고이다." 《대법은 견고하여 파괴될 수 없다》

2003년 중국에서 사스(SARS)가 폭발했다. 이홍지는 사스는 "하늘이 악을 다스리는" 것이고 "대법 제자 박해" 행위에 대한 "천벌"이며 불행하게 사스에 걸린 환자들을 "사악한 썩어빠진 귀신에게는 아무 소용도 없는 사람"이라고 했다.

"당신들은 현재 중국에서 나타난 이 한 차례 역병을 보았는가? 이는 대역병이 강림한 것이 아닌가? 사람의 말로 한다면 이것이 바로 하늘이 사람을 다스리는 것이다…… 이는 제1차 제거이다. 하늘이 악을 다스리고 있는 것이다." (2003년 4월 20일 《대 뉴욕지역 법회 설법》)

"여러분은 중국에서 돌고 있는 사스(병)를 알고 있다. 당초 낡은 세력은 중국에서 800만 인구를 도태시키기로 정해 놓았다." (2003년 5월 18일 《캐나다벤쿠버 법회 설법》)

"사스병이 북경에서 나타날 수 있고 심지어 중남해를 공격하여 들어갈 수 있어서 그것의 정치국 상위마저 몇 사람 넘어뜨릴 수 있었는 바, 내가 당신들에게 알려주는데 이것은 세상 사람들이 간단하게 여기는 한 개의 전염병의 문제가 아니다. 그곳은 사악이 가장 엄하게 봉쇄하는 곳이지만 그 사악이 이미 그러한 정도로 소멸되었기 때문에 이미 그것의 소굴을 보호할 수 없게 되었으며 신은 비로소 그것의 그 사악의 중심을 공격하여 들어갈 수 있었다." (2003년 《미국중부 법회 설법》)

파룬궁의 자선사업에 대한 태도

이홍지는 자연재해는 신이 사람을 도태시키는 것인데 만약 자선활동을 한다면 수난자를 구조하여 그들을 사망 혹은 고통에서 벗어나게 하는 것으로 사람을 "빚을 지고도 갚지 않게" 만들며 곧 나쁜 일을 하는 것과 같다고 했다.

3. 파룬궁이 주장하는 반과학적인 주요 주장과 역설

"인류의 업력이 커지면 곧 문제가 생길 수 있다……사람이 나빠지면 낙오자가 된다. 지진, 해일이 이 시기에 나타난 것 역시 사람을 경고하는 것으로써 30만 명이 몇 초 사이에 없어졌다. 그 해에 중국 당산 대 지진에서는 몇 십만 명이 순식간에 없어지지 않았는가?"《미국 서부 국제 법회 설법》

"매번 한 시기에 이르게 되면 한 차례의 큰 재난이 출현하게 되며 매번 한 시기에 이르게 되면 한 차례의 작은 재앙이 출현하게 된다. 작은 재앙은 곧 국부적인 인류를 훼멸시키는데 국부적인 지역은 이미 아주 나쁘게 변하여 바로 그것을 없애버린다. 지진이나 대륙판이 가라앉거나 모래 폭풍으로 덮어버리거나 혹은 무슨 돌림병, 전쟁인데 작은 재앙은 국부적이다."《전법륜 권2》

"생로병사(生老病死)는 속인들에게 바로 이렇게 존재하는 것이다. 왜냐하면 사람이 예전에 나쁜 일을 하여 생긴 업력으로 병이나 마난이 조성되기 때문이다. 고통을 겪음은 바로 업력의 빚을 갚는 것이다. 그러므로 누구도 함부로 그것을 고치지 못하는데 고친다면 빚을 지고 갚지 않아도 되는 것과 같으며, 또한 함부로 제멋대로 할 수 없는데 그렇지 않으면 바로 나쁜 일을 하는 것과 같다."《전법륜》

이홍지의 유혹에 넘어가 파룬궁 수련자들은 지진, 해일 수난자들을 아주 냉혹히고 무정히게 대했다.

그들은 지진 재해에서 죽거나 부상을 입은 이재민이 바로 "업력"이 아주 커진 십악불사의 지진 제조자이며 이런 이재민은 원래 마땅히 "훼멸"되거나 "도태"되어야 하며 그들이 사망 혹은 부상을 입은 후 불구가 되는 것은 모두 그들 자신에 의해 조성된 것이므로 동정할 만한 것이 못 된다고 인식했다.

2008년 5월 12일, 중국 사천성 문천에 8.0급 특대 지진이 일어나 사망과 실종 인원이 8.7만명에 달하고 경제 손실이 8,451억에 달했다. 5월 24일 이홍지는 뉴욕에서 신도들에게 "대 도태가 이미 멀지 않았다. 서둘러 사람을 제(도)해야한다. 그것이야 말로 제1위다"라고 말했다.

이외 이홍지는 파룬궁 수련자들의 의무 헌혈도 지지하지 않았다.

그는 "여하튼 당신의 이 피를 다른 사람에게 넣어 주면 그것이야 말로 너무나 진귀하다"고 말했다. 《전법륜 법해》

Chapter 4

4. 파룬궁은 사회에
   해를 입힌다

4 파룬궁은 사회에 해를 입힌다

1) 민용위성을 공격

2002년 6월 23일부터 30일까지 중국 흠낙통신위성이 불법 신호의 악의적인 공격을 당했다. 해외 파룬궁 조직에서 발사한 파룬궁의 선전 내용을 담은 불법 텔레비전 신호였다. 이 신호는 흠낙위성의 정상적인 송출을 교란하여 중국 CCTV 9개 채널과 10개 성급 텔레비전 방송국의 프로그램이 정상적으로 송출될 수 없게 만들었고, 중국 부분 지역의 "촌촌통(村村通)" 시청자들이 텔레비전프로그램을 시청할 수 없게 만들었다.

통계에 따르면, 2002년 6월 23일에서 2007년 8월 7일까지 흠낙 1호, 아태 6호, 아주 3S 등 민용위성이 파룬궁으로부터 252차례나 공격을 받았고, 영향 입은 시간이 무려 160시간에 달했다.

중국 법률, 유엔 헌장과 국제 전신연맹에서 제정한 관련 공약과 무선전규칙에 정상적인 위성 텔레비전 방송을 고의적으로 파괴하거나 교란하는 행위는 위법행위라 했다.

그러나 파룬궁은 이를 범죄라 여기지 않았다. 심지어 그들은 위성 삽입 방송을 통해 파룬궁을 선전하는 것은 "법륜대법"에 부합되며 "법륜대법"이야 말로 지고지상이라 설파했다.

2) 텔레비전 삽입방송

2002년 원단 중경 파룬궁 수련자 근위, 이향동 등은 석평교 중국 제18야금 건설공사 대문 밖의 한 전봇대에 손을 대 파룬궁 사교 선전 자료를 70여분 동안이나 삽입 방송했다. 이로 인해 유선 텔레비전 네트워크 서비스 범위 내의 수백 가구가 몇 시간 동안 텔레비전 프로그램을 시청할 수 없었고, 수십 가구가 파룬궁 사교 선전 자료를 시청토록 강요당했다.

2002년 3월 5일 밤 파룬궁 인원 주윤군, 유위명 등은 길림성 장춘시의 유선 텔레비전 광케이블을 자르고 파룬궁을 선전하는 비디오 내용을 삽입 방송했다. 이로 인해 장춘시 4개 구역의 부분 주민들이 32개 채널의 유선 텔레비전 프로그램을 시청할 수 없게 되었다.

당일 밤, 길림성 송원시 전곽현에서도 유선 텔레비전 네트워크를 파괴하고 파룬궁 선전 자료를 삽입 방송하는 사건 발생으로 전 현 유선 텔레비전 방송이 210분 동안이나 중지됐다.

중국 정부 기관의 통계에 따르면, 2006년 말까지 파룬궁 인원이 저지른 공공 통신시설 파괴 사건이 중국 국내에서 100여 건이나 발생했다.

파룬궁 인원의 공공 통신시설 파괴 행위는 그들의 수련을 지도하는 파룬궁의 사이트인 명혜망에서 교사한 것이다.

2002년 9월 9일 명혜망은 "유선 텔레비전을 삽입 방송하는 실제 방법"이란 기사를 실어 공개적으로 텔레비전 삽입 방송 범죄 방법을 전수했다.

2004년 원단 명혜망은 "텔레비전 삽입 방송은 영웅들의 정의로운 거사다"라는 기사를 발표하여 파룬궁 수련자들에게 "평화적 방식으로 인권을 수호하는 모든 행위는 합리적이고 합법적이다. 하물며 텔레비전 삽입 방송은 시청자들의 설비에 아무 손상도 주지 않고 다만 일종의 소식을 전했을 따름이고 목소리를 전달했을 따름이다…… 텔레비전 삽입 방송으로 대중에게 진상을 알리는 것은 대중의 알 권리와 이익을 수호하는 것이다"라고 했다.

2006년 9월 28일 명혜망은 계속해서 "텔레비전 삽입 방송은 대륙 민중들의 시청권을 보호하는 것이다"란 기사를 실어 파룬궁 신도들에게 위성을 통한 텔레비전 중도 삽입 방송을 부추겼다.

명혜망에 이와 유사한 기사들이 수백 편이나 된다.

2002년 3월 5일, 길림성 장춘시에서 발생한 비디오 삽입 방송 사건의 주범인 유위명의 자백에 따르면, 그들은 명혜망에서 제공한 무선 발사 설치 기술로 1000세트의 설비를 구입하여 파룬궁 조직의 선전 자료를 전국 각지로 확대해 나갈 계획이었다.

이외에도 명혜망은 공공통신 시설을 파괴한 심득교류 문장을 대량 발표했다.

2003년 9월 29일 명혜망은 "삽입 방송 찬가"를 발표하여 위성 공격 행위를 격려했다. "8월 12일과 13일 저녁 9시 전후, 중국 교육 텔레비전 방송국과 중앙 텔레비전 방송국 그리고 10여개 성급 텔레비전 방송국의 프로그램에 또 한 차례 성공적으로 대법 진상 프로그램을 삽입 방송하여 광대한 인민들 앞에서 진상을 밝혔다는 소식을 기쁘게 접했다. 우리 대법 제자들은 의기 분발하고 배로 고무된다. 이 자리를 빌어 삽입 방송에 참여한 모든 동수들에게 축하와 경의를 드린다."

이와 같이 명혜망 등 파룬궁의 사이트에서 범죄 방법을 전수하고 위법 범죄 행위를 이끌어주고 격려하고 있기에 파룬궁 신도들이 텔레비전 삽입 방송을 마음대로 할 수 있었다.

2002년 10월, 중국계 미국인 파룬궁 수련자 이상춘은 강소성 양주시에서 통신 케이블 파괴 시도 중 미수로 연행됐다. 그는 법정에서 대법 — 즉 파룬궁을 선전하기 위해서라면 이런 활동은 범죄가 아니다라고 뻔뻔스럽게 변명했다.

3) 소란 전화를 하고 쓰레기 메일을 발송

2002년 4월 28일 밤 11시 북경 동성구 주민 장발규는 갑작스런 전화벨소리에 깜짝 놀라 깨어났다. 부랴부랴 일어나 전화를 받았더니 파룬궁을 선전하고 요언을 퍼뜨리는 내용의 녹음 전화였다. 이는 중국 정부에서 입수한 초기 파룬궁에서 보내는 소란 전화 중의 한 사례다.

반인류적 사교 (邪敎) 집단 파룬궁 집중 연구

　　2002년 초부터 파룬궁 사교 조직은 해외에서 IP전화 집단 발송 방식으로 국내 전화 가입자들에게 불법 녹음 방송을 강행했다. 정상 생활 교란으로 시민들의 보편적인 반감과 분노를 샀다. 2002년 한 해 동안만 해도 중국 경찰이 접수한 주민들의 유사 소란 전화 고발 신고가 수만 건에 달했다. 2002년 8월, 상해 경찰은 파룬궁에 이용당하고 있는 IP업무 불법 경영 사건을 적발해 냈다.

　　통계에 따르면, 파룬궁은 기술 수단을 통해 해외에서 중국으로 매월 수 백만 통의 소란 전화를 했다. 파룬궁 스스로도 자기들이 경영하는 사이트에서 2004년 1월에서 2월까지 두 달 동안에 800만 통을 걸었다고 인정했다.

　　2001년 2월 18일부터 인터넷에 익명으로 파룬궁을 선전하는 전자 메일이 나타났다. 그후 전국 각지의 전신 공사는 많은 고발 신고를 접수했다. 무한전신 분공사 직원의 설명에 의하면, 전신 부문만 해도 많을 때는 한 주에 5건의 유사 신고를 접수했다고 한다. 전자메일 발송자는 신분을 덮어 감추기 위해 발송자 이름도 수신자의 이름으로 만들어 수신자를 어리벙벙하고 귀찮게 굴었다. 통계에 따르면, 해외에서 중국 대륙으로 발송되는 파룬궁 쓰레기 전자 메일은 매월 평균 3000여만 통을 넘는다.

　　명혜망 등 파룬궁 사이트에서 공공 통신시설 파괴뿐 아니라 쓰레기 메일을 보내고 소란 전화를 할 것을 교사하는 대량의 지령과 기사들을 아주 쉽게 찾아 볼 수 있다.

　　2002년 4월 30일 명혜망은 "국내에 전화를 해 진상을 이야기 한 경험"을 실어 신도들에게 소란 전화를 하는 방법을 전수했다. "전화 카드는 2~3장을 준비, 연속으로 할 수 있는 카드가 비교적 좋다. 방송 원고 읽는 방식으로 미리 1~2부 준비, 보통 말은 표준이어야 하되 될 수록 아나운서의 어조나 음조로, 직접 할 수도 있다. 보통 나는 '안녕하십니까! 저는 해외에 살고 있는 화인입니다. 한 가지 최신 뉴스를 알려드리고자 합니다!'로 서두를 뗀다. 이 외에 녹음 테이프나 VCD를 틀어놓는것도 좋은 방법이다."

　　2006년 12월 24일 명혜망은 2006년 오스트레일리아 파룬궁 법회에서의 발언 원고인 "시드니 팀 전화로 진상 알려주기 심득교류"를 실었다. "지금 전세계 전화 전담팀은 거의 세계 각 나라에서 온 대법 제자들의 참여로 전 세계에서 통일로 중국 중점 지구와 중점 업계에 집단 전화를 하는 행동을 자주 벌이고 있다"고 했다.

2007년 1월 19일 명혜망은 "진상 알리기 위한 전화 수집에 관한 약간의 느낌"이라는 기사를 실어 파룬궁 수련자들에게 전화번호를 정리하고 소란 전화를 할 것을 교사했다. "시를 단위로 분류하여 정리, 예: 가도판사처, 주민위원회, 촌위원회, 공안국, 공안분국, 각 파출소, 각 구치소, 언론출판사, 종목별 정리되는대로 수시로 명혜망에 발송."

파룬궁의 대표 이홍지는 이런 교란과 위법 범죄 행위를 충분히 인정했다.

"많은 수련생들은 묵묵히 진상을 알리는 일을 대량으로 하고 있다. 전단지를 배포한다든지 전화를 한다든지 컴퓨터를 사용한다든지 영사관에 간다든지 또한 각종 매스컴의 형식을 통하여 세상 사람들에게 대법의 진상을 알리고 있다."《북미순회 설법》

"대법 제자가 한 매 한 가지 일은 모두 경시하지 말아야 한다. 당신의 말 한마디, 전단지 하나, 키보드 위에서 누른 한 개 키, 편지 하나 모두 다 아주 큰 작용을 일으키고 있다. 진상을 알게 된 생명, 그 역시 살아 있는 매스컴이고 그들도 진상을 알린다. 사회적으로 아주 큰 영향을 형성하였다."《2003년 미국 중부 법회 설법》

4) 파룬궁을 비평하는 중외 언론사들을 포위 공격, 남소

1999년 7월 22일, 중국 정부에서 파룬궁을 단속하기 전 수십개 매체들에서 파룬궁으로 인해 초래된 수련자들의 사망과 정신이상 사례를 보도했다. 이로 인해 파룬궁의 조직적인 포위 공격을 당했다.

포위 공격을 당한 유명 매체들로는 광명일보, 중앙 텔레비전 방송국, 중국 청년보, 북경 텔레비전 방송국, 심양 텔레비전 방송국, 요녕일보, 남방일보, 남방도시보, 절강일보, 전당주말, 전강만보, 제노만보, 건강문적보, 화서도시보, 남방농촌보, 하북정법보, 신강경제보, 무진일보, 하문일보, 화상보, 복주일보, 합비만보, 중경일보, 성도상보, 창주일보 등이다.

그들은 온 종일 언론사 사무청사 앞에서 파룬궁 음악을 틀어놓고 몇백 명이 진을 치고 앉아 연공을 하거나, 억지로 행인들에게 파룬궁 자료를 배포하고 무리지어 사무실까지 진입하여 근무 중인 편집, 기자들과 분쟁을 벌이기도 했다. 끊임없이 전화를 해대거나 호출로 편집, 기자를 교란, 심지어 나중에는 편집장이 부득이 전화번호를 바꿔야만 했다…… 중경일보를 둘러싸고 난동을 피울 때 파룬궁은 계속해서 망령스럽게 일보사에서 사과를 하지 않으면 단체 발공으로 당년에 홍수가 금산사를 물에 잠기게 했듯이 신문사를 매몰시킬 것이며 지구를 앞당겨 훼멸시킬 것이라는 "경고"를 했다.

유사 포위 공격을 당한 매체는 전국 각지 어느 곳에서나 쉽게 찾을 수 있다.

1996년 6월 17일, 광명일보는《세기풍》이라는 언론 칼럼에 서명인이 "신평"으로 된 평론《가짜 과학을 반대하고 경종을 길게 울리자 – <전법륜>이란 책에서 야기된 화제》를 발표했다. 북경지구 파룬궁 조직자는 광명일보 대문 앞에서 파룬궁 학습반을 꾸린다는 명의로 일보사를 둘러쌌다. 개별 수련자들은 심지어 "일체를 마다하고 몸으로 법을 수호하겠다"고 떠벌렸다. 1996년 8월 어느날, 파룬궁 수련자들이 떼를 지어 광명일보사 대문 앞으로 몰려와《가짜 과학을 반대하고 경종을 길게 울리자 – <전법륜>이란 책에서 야기된 화제》를 쓴 필자에게 파룬궁에 사과할 것을 요구했다.

1998년 6월 1일에서 3일까지 산동《제로만보》신문사는 2000여 명의 파룬궁 수련자들에게 불법 포위 공격을 당했다. 원인은 그해 4월 1일 신문에《파룬궁이란 도대체 어찌 된 영문인지를 보십시오》란 기사를 실었기 때문이다.

같은 해 5월 4일《건강문적보》에서《제로만보》의 기사를 다시 제목을《위법으로 사람을 해치는 파룬궁》으로 작성하여 발표했다. 파룬궁 골수 분자는 400여명을 동원하여 6월 8일부터 연 며칠 신문사 대문 앞에 모여 난동을 피웠다.

1998년 5월 24일 북경 텔레비전 방송국 "북경 특쾌"에 "자격증이 가짜 기공을 깨끗이 쓸어버릴 수 있을까"란 프로그램을 방송했다. 파룬궁 수련자의 정신 이상 사례가 언급됐다고 하여 수 천명 파룬궁 수련자들의 포위 공격을 당했다.

사건 발생 후 이홍지는《뿌리를 캐다》라는 "경문"을 통해 "전국 각지의 일부 신문, 방송국, 텔레비전…… 우리 대법을 파괴…… 이것은 하나의 홀시할 수 없는 인위적으로 대법을 파괴하는 짓이다…… 북경 대법 제자는 한 가지 특수한 방법을 취하여 그 사람들더러 대법을 파괴함을 정지하도록 하였는데 실은 잘못하지 않았다"고 말했다.

같은 "경문"에서 이홍지는 "관건적일 때 내가 당신들더러 사람과 결별하라고 할 때 당신들은 오히려 나를 따라 가지 않는다. 매 한 번 기회가 더 있을 수 없다"고 했다.

이홍지의 지도를 받은 파룬궁 신도들은 믿는 구석이 있어 더 두려움 없이 함부로 행동했다.

천진 교육학원에서 발행하는《과학기술 박람》에《나는 청소년들의 기공수련을 찬성하지 않는다》란 물리학가 하조휴(何祚庥)의 글을 발표했다. 기사에 파룬궁이 존재하는 일부 문제들이 언급됐다 하여 만여 명의 파룬궁 수련자들이 1999년 4월 19일부터 23일까지 천진 교육학원을 둘러싸고 난동을 피웠다.

파룬궁은 서방 나라에서도 포위 공격과 남소를 자기네 이익을 수호하는 공구로 이용하고 수치스러운 줄도 몰랐다.

2001년 12월 북미지역 중문 매체인《교보》,《성도일보》,《명보》등에 "부이빈이 아버지와 아내를 살해한 사건"을 게재했다고 파룬궁의 포위 공격을 당했다.

2001년 11월 3일 캐나다《화교시보》에 파룬궁을 비평하는 기사를 실었다. 이 기사는 전 파룬궁 수련자 하병의 자술이었다. 그러나 파룬궁은 "비방"을 이유로《화교시보》를 고소했다. 2005년 12월 7일, 캐나다 케벡 고등법원은 긴긴 4년 넘게 끌어온 이 사건에 대해 원고 파룬궁 패소! 라는 최종 판결을 내렸다. 판결서는 파룬궁은 논쟁이 있는 운동이다. 이런 운동은 비평적 언론을 받아들이지 않는다고 지적했다.

2002년 오스트레일리아《화하상보》에 빅토리아 주의 한 화교 단체가 멜번차이나 타운에서 있었던 파룬궁과 관련된 활동을 보도했다. 그 결과 빅토리아 주의 파룬궁 조직에 의해 "차별 대우"를 이유로 빅토리아공평기회위원회에 고소됐다. 2004년 12월 빅토리아 주 공평기회위원회는 공고 형식으로 파룬궁 조직이《화하상보》를 고소하는 법률 행동을 기각시켰다. 파룬궁 조직의 고소와 교란은《화하상보》를 대량의 인력, 물력, 정력과 시간을 허비하게 만들었고, 아주 시끌시끌하게 만들었다.

2003년 12월, 오스트레일리아《화인일보》에 오스트레일리아 주재 중국 대사관이 파룬궁을 견책하는 성명을 실었다. 2004년 5월 파룬궁은 뉴사우스웨일즈 최고 법원에 "비방죄"로《화인일보》를 고소했다. 뒤이어 파룬궁은 자기들의 매체를 이용하여 《화인일보》를 극도로 맹 비난하고 편집장과 편집인원에 대한 인신 공격을 시작하였다. 2006년 4월 5일 오스트레일리아 뉴사우스웨일즈 주 최고 법원은 파룬궁의 패소, 《화인일보》의 승소 판결을 내렸다.

2005년 1월 21일 A.P통신사는 《천안문 집단 분신 자살사건 참여자와 가진 매체의 인터뷰》란 기사를 발표하여 2001년 섣달 그믐날에 발생한 천안문 집단 분신자살 사건 당사자의 현황과 파룬궁에 대한 반성을 객관적으로 보도했다. 25일 오전 파룬궁은 사람을 조직하여 뉴욕 맨해튼에 위치한 A.P통신사 본사 사무청사 앞에서 난동을 피우며, A.P통신사에 상기 보도를 철회할 것을 요구했다. 2월 11일 파룬궁의 매체 대기원시보는 A.P통신사를 "틀림없는 작은 깡패"라 비난했다.

2006년 상반년 중국의 문화 텔레비전 프로그램 전파를 위해 《장성플랫폼》과 캐나다 Rogers회사는 합작으로 캐나다 방송 텔레비전 및 전신위원회(CRTC)에 프로그램 중계 방송권을 신청했다. 이런 현지 중국인들의 문화와 오락 업무에도 파룬궁은 백방으로 방해를 놓았다. 2006년 3월부터 6월까지 파룬궁은 수차 인원을 동원하여 Rogers회사 총부 앞에서 시위를 벌여 Rogers회사의 정상 운영에 심한 영향을 끼쳤다. 2006년 12월 22일 《장성플랫폼》은 최종 허락을 받고 캐나다 현지에 뿌리를 내리게 되었다.

2008년 2월 6일 《뉴욕타임즈》에 《보기 구차한 한 차례의 중국 문화공연》이란 뉴스 특필 한 편을 발표했다. 연달아 파룬궁 사이트에 뉴욕타임즈와 필자 Eric Konigsberg를 비난 모함하는 내용의 기사 10여 편이 잇달아 실려나왔다. 파룬궁 사이트의 기사들은 "Eric Konigsberg를 악명 높고 인간성이라곤 꼬물만치도 없다"고 비난했다.

파룬궁은 그 누구나 어느 매체나를 막론하고 아무도 파룬궁을 비평할 자유가 없다고 여겼다. 이홍지의 "최고 지시"에 따르면 파룬궁에 대한 비평은 죄다 "대법을 비방"하는 것이므로 절대 용인할 수 없었다.

이외에도 파룬궁은 해커의 유출 수단을 이용하여 관련 사이트를 공격하고 강제로 독자들이 자기들의 사이트 웹페이지를 검열토록 했다.

2002년 10월 4일, 홍콩 여러 중문 간행물의 매스컴 사이트가 파룬궁의 침범을 받았다. 독자들이 인테넷을 통해 《성도일보》,《명보》,《사과일보》 등 매스컴의 사이트 주소를 로그인 하면 자동으로 캐나다의 파룬궁 사이트로 전환이 돼 버렸다. 파룬궁 해커는 같은 수법으로 sina사이트와 sohu사이트를 침입했다.

5) 파룬궁과 다른 의견을 지향하는 인사들을 비방

1998년 11월, 영국 방송공사 세계 뉴스 프로그램(BBC WORLD)은 기자 James Miles의 파룬궁에 관련된 기사를 방송했다. 기사는 파룬궁은 중국 최대의 사교이며 집단 자살을 초래한다고 사람들에게 경각심을 심어주었다. 이에 파룬궁은 즉시 인원을 조직하여 BBC 총재와 주중 영국대사관과 영국수상에게 각각 편지를 보내 BBC의 공개 사과를 요구했다. 그들은 파룬궁에 대한 비평은 "중국 사회 공공 이익을 해치고 중국 법률의 관련 규정을 심히 위반했으며""중국 《민법통칙》을 위반하고""중국의 사회 안정을 파괴했다." "중국 인민의 현대화 건설에 대한 중상이며""중국 인민과 중국 정부에 극히 불친절하고 무책임한 행위"라고 BBC기자를 위협했다. 나중에 BBC기자 James Miles는 "나의 매스컴 생애에서 쓴 모든 기사 중에서 이처럼 격렬한 반응을 얻기는 처음이다"고 경탄해마지 않았다.

1999년 11월 1일 월가일보 기자 Craig.S.Smith의 《이홍지는 미국의 꿈을 이루었다》란 기사를 게재했다. 기사는 이홍지는 뉴저지에 가치 60만불에 달하는 호화저택을 소유하고 있다고 기술했다. 그러자 이홍지의 대변인과 몇 십 명의 제자들이 전화와 팩스, 전자 메일로 그를 힐책하고 경고했다.

미국 샌프란시스코 파룬궁 문제 전문가 Samuel Luo는 부모가 모두 파룬궁 수련생이었다. 그는 파룬궁을 깊이 연구하고 파룬궁 진상을 적발하는 인터넷사이트 www.exposingthefalungong.org를 개통했다.

2005년 도메인 네임서버대행사는 파룬궁으로부터 보내온 신고 편지를 받았다. Samuel Luo의 신분과 연락정보을 제공할 것을 요구했다. 신고 내용은 Samuel Luo의 사이트 내용에 대한 규탄에 치중했으며 법적 이의를 제출하는 것은 아니었다. 편지에서 파룬궁은 Samuel Luo가 인터넷에서 "비방"하고 "아주 부도덕"적이며 Samuel Luo가 "파룬궁 수련인에 대한 비인도적 대우와 탄압을 허용했다"고 질책했다. 그들은 Samuel Luo가 사이트에서 파룬궁이란 용어를 사용하여 그들의 상표권을 침범했기 때문에 이 사이트를 닫아버려야 된다고도 요구했다. 그러나 미국 공민 자유연맹은 "분명 상표법을 위반하지 않았다"고 인정했다. 같은 해 여름 국제사교연구협회는 스페인에서 연회를 개최, Samuel Luo는 대회에서 발언하기로 초청을 받았다. 그러나 대회가 개최되기 몇 주 전 주최 측은 강요에 의해 Samuel Luo의 발언을 취소하고 말았다. 스페인 파룬궁조직을 대표하는 변호사가 그들을 고소하겠다고 협박했기 때문이다.

뉴질랜드의 유명 앵커 Kerre Woodham 여사는 2007년 11월 파룬궁의 오클랜드 크리스마스 퍼레이드 참여를 찬성하지 않는다는 기사를 발표한 관계로 협박과 위협을 받았다.

파룬궁의 언론 자유를 파괴하는 행위는 미국에서도 지지를 받지 못했다.

2006년 샌프란시스코 중화총상회는 파룬궁이 정치 동기를 숨긴다는 이유로 파룬궁의 음력 설 퍼레이드 행사 참여를 거절했다. 파룬궁은 중화총상회를 상대로 소송를 제기하여 중화총상회에서 파룬궁의 참여를 거절한 것은 차별 대우 행위이며 샌프란시스코 공민권법을 위반했다고 했다. 2008년 5월 30일 샌스란시스코 상소 법원은 미국 헌법 제1수정안에 근거하여 "중화총상회는 파룬궁의 그들의 요구와 상반되는 정보 전파에 대한 접수를 거절할 권리가 있다"는 판결을 내렸다. 3명으로 구성된 중재소조는 중화총상회가 일부 단체의 언론에 찬성을 하지 않을 경우 그들을 받아들이지 않고 거절할 권리가 있다고 했다. 중화총상회 년도 가두 경축행사와 꽃시장 행사도 신년 퍼레이드 행사 때와 마찬가지로 언론 자유 권리의 보호를 받았다.

5. 파룬궁의
인권침해 사례 (1)

5. 파룬궁의 인권침해 사례 (1)

1) 파룬궁은 생명을 해치고 인권을 해친다.

파룬궁의 제일 뚜렷한 범죄 행위가 인권을 침해하고 생명을 해치는 것이다. 이홍지의 정신 통제로 이미 200여 명의 파룬궁 수련자들이 자살로 사망됐다. 통계에 따르면, 1999년 7월 22일 전까지 전국에 파룬궁 수련으로 인한 "생사를 내려놓은" 자살 사망 수가 136명이다. 이중 분신 자살이 4명, 건물이나 벼랑에서 뛰어내린 자살 수가 38명, 차에서 뛰어내린 자살이 1명, 강이나 우물에 몸을 던진 자살이 26명, 목을 맨 자살이 25명, 단식 자살 2명, 음독 자살 28명, 배를 가르거나 자해, 철로에 가로 누운 자살이 12명이다. 1999년 7월 23일부터 2001년 3월 1일까지 103명이 추가로 "천국"으로 오르기 위해 자살 사망했다.

* **유영봉**, 요녕성 대련시 감정자구 묘령내마합금공장 종업원이 파룬궁 수련 후 부터 항상 "종말"이 다가올까봐 걱정하더니 정신 이상을 초래했다. 1997년 8월 23일 액화 가스통에 불을 달아 분신 자살했다. 당시 나이 44세.

* **양추귀**, 강서성 여강현 사람, 1996년 10월 영국으로 유학, 박사학위 공부,

인터넷을 통해 파룬궁을 수련, 1998년 6월 1일 독일 프랑크푸르트에서 "홍법"중 건물에서 투신 자살로 사망, 당시 나이 26세.

＊**왕수운**, 하북성 당산시 신성침직총공장 퇴직 노동자, 파룬궁 수련 후 늘 "살지 말자, 곧 하늘로 올라간다", "연화보좌가 하늘 위에서 훨훨 날고 있는 것이 보인다, 올라만 가면 신선이 될 수 있다"고 주절댔다. 집 식구들이 뜻하지 않은 일이 생길까봐 걱정되어 밤낮으로 지켰다. 1998년 1월 24일, 집 식구들의 무방비 틈을 타서 건물에서 뛰어내려 투신 자살, 당시 나이 50세.

＊**마건민**, 화북유전 퇴직 노동자, 파룬궁 수련 후 늘 "배 속에서 법륜이 돌고 있는" 느낌이라 했다. 1998년 9월 4일 "법륜"을 찾아내기 위해 가위로 배를 갈라 치사, 당시 나이 54세.

＊**풍입봉**, 천진 계현 유가정향 농민, 파룬궁에 미혹된 후 늘 독수리가 부리로 자기 머리를 쪼고 있는 감각이라 했다. 남편에게 "수련할 수록 겁이 나고 겁이 날 수록 수련하고 싶다", "하늘로 올라가련다"고 했다. 1999년 3월 31일 동맥을 끊은 후 물에 몸을 던져 자살, 당시 나이 32세, 죽기 전 풍입봉은 집 식구들에게 "꼭 '대법' 공부를 잘하라"는 혈서를 남겼다.

＊**유품청**, 요녕성 동항시 사람, 고급 농예사, 파룬궁 수련 후 늘 "사부" 이홍지가 그를 "원만"하라고 지시하는 느낌이라고 했다. 1999년 4월 27일, 우물에 몸을 던져 사망, 당시 나이 58세.

＊**이우림**, 길림 동요현 안서진 농민, 파룬궁 심취자, 1999년 5월 21일, 이우림은 아내에게 "내일 (음력 4월 8일)은 사부님 생일이니 내가 가서 생일을 차려드리고 향을 피워드려야겠다"고 말하더니 이튿날 목을 매고 자살, 당시 나이 48세, 현장에는 이홍지의 초상화와 태우다 남은 향불 일곱 개가 놓여 있었다.

＊**상호치**, 산서 석탄간부 관리학원 학생. 1999년 7월 4일, 스스로 파룬궁 수련이 "공성원명"되어 "승천"할 수 있다 인정하고 동수 이진충(50세)과 함께 연공 가부좌 자세로 마주보고 앉아 분신 자살, 당시 나이 27세.

＊**담일휘**, 호남성 상덕 사람, 파룬궁에 미혹되어 이홍지의 현혹으로 2001년 2월 16일 북경 만수로에서 분신 자살로 사망, 당시 나이 26세.

＊**낙귀입**, 광서성 경공업학교 98 가전반 냉각과 에어컨디셔너 전공 재수생. 2001년 7월 1일 낙귀입은 "집착을 버리기"위해 남녕시 민족광장에서 분신자

살로 사망, 그는 "별다른 이유가 없다. 바로 내가 대법을 공부했기 때문이다"라고 말했다.

* **이효영**, 하북성 석가장시 파룬궁 수련자. 2005년 11월 2일 북경시 남장가 남쪽 입구 동측 보도에서 분신 자살로 사망.

파룬궁의 정신 통제 하에 이홍지의 가르침이 바로 그들로 하여금 자살에 이르도록 방조한 장본인이다.

"수련의 최종 목적은 곧 원만을 이루는 것이다." 《전법륜》

"생사를 내려 놓으면 바로 신이고 생사를 내려 놓지 못하면 바로 인간이다." 《오스트레일리아 법회 설법》

"나 역시 당신들이 원만할 적에 인류에게 하나의 장거(壯擧)를 가져오고자 한다. 나는 이렇게 생각한다. 모든 대법 제자로 하여금 신체를 갖든지 가지지 않든지 막론하고 모두 신체를 갖고 하늘로 날아오르게 하려는데 신체가 필요하지 않는 것은 공중에서 홍화(虹化)된 다음 날아가도록 하고자 한다." 《유럽 법회 설법》

1998년 7월 5일 해남성 8명의 파룬궁 수련자들이 삼아에 전수하러 가던 도중 차 사고를 당했다는 소식을 들은 이홍지는 파룬궁 해남보도소 소장 장효군에게 "나의 그 8명의 제자들은 이미 그들의 부동한 세계에서 원만을 이룬 것이다"는 편지를 보내왔다.(실제 7명이 사망했고 1명이 부상을 입었음)

파룬궁은 미혹자들의 주화입마(走火入魔)를 초래해 수련자들을 타인을 살해하는 살인범으로 만들었다. 그 결과 이미 30여명이 피살됐다.

* **왕학충**, 호남성 가화현 사람. 파룬궁 수련자 1996년 8월 23일, 왕학충은 갑자기 그의 아버지를 "마"라 하더니 아버지의 머리, 목, 가슴을 향해 연거푸 17번이나 내리 찍어 그 자리에서 사망을 초래했다.

* **장조준,강수하**, 흑룡강성 계동현 농민 부부. 둘 다 파룬궁에 미혹되어 온 종일 하늘로 올라 "신선이 될" 꿈에 빠져 있었다. 1997년 12월 3일 밤, 장조준은 뾰족 칼로 아내를 죽인 후 자살, 13세의 딸과 10세의 아들을 고아로 남겼다.

* **오덕교, 강소성**, 오강시공소사 종업원. 1998년 2월 26일 밤, 집에서 파룬궁 연공 중 아내가 나와 제지했다고 연공시 여자가 옆에 있으면 영향을 받는다며 식칼로 아내를 찍어 죽였다.

* **동녕**, 산동 위해시 장홍전기 기계공사 종업원. 스스로 "법륜대법"의 수련이

이미 "원만"에 이르렀다 인정한 그는 1999년 1월 7일 같이 일하는 공원을 금형으로 때려 상처 입히고 이튿날 또 자기 아버지를 쫓아다니며 찍으려 시도, 다행히 아버지가 제 때에 몸을 피해 위기를 모면하자, 그는 또 칼을 들고 이웃집 모자 둘을 찍어 상처를 입혔다. 그는 "어떤 사람이 나를 보고 친인을 데려가라고 하고 친구를 데려가라고 한다. 하나만 데려가면 곧 '원만'할 수 있으며 '사람을 제도'할 수 있다"고 말했다.

* **이정**, 하북성 승덕시 파룬궁 수련자. 1999년 3월 20일, 잔인하게 친부모를 살해했다. 그는 "나의 부모는 '마'이고 나는 부처다. 나는 이 두 '마'를 제거해 버릴것이다"라고 말했다.

* **주장구**, 하북성 임구시 청탑향 파룬궁 수련자. 1999년 11월 26일, 부모가 그의 파룬궁 수련 책자들을 소각해 버렸다고 집에서 부모를 살해했다.

* **동암**, 요하유전 급수공사 직원. 1999년 12월 16일 밤 파룬궁에 미혹된 동암은 여섯살 밖에 안되는 딸애 서철을 침대에서 죽이고 나서 연속 "승천, 승천"을 외쳐댔다. 후에 그는 "한 마가 나한테 딸을 죽이기만 하면 부처로 수련될 수 있다고 했다"며 말했다.

* **원윤첨**, 광동성 번우시 람핵진 파룬궁 수련자 연공 후 "주화입마"에 빠져 본촌의 노인 황대승을 다른 공간에서 자기를 침범한 마로 인정하고, 2000년 2월 6일 칼로 찍어 중상을 입혔다.

* **란운장**, 광서 융안현 대항향 주옥촌 파룬궁 수련자. 2001년 4월 16일 도끼로 본 촌의 무의탁 노인 위소명을 찍어 죽였다. 란운장은 "나는 그를 데리고 법륜세계에 가서 좋은 생활을 누리게 하련다. 그가 먼저 간 다음에 나도 곧 승천 원만할 것이다"라고 했다.

* **관숙운**, 흑룡강성 이춘시 사람. 2002년 4월 22일 관숙운은 "원만", "백일비승"을 위해 소위 "마 제거"를 실시, 40여 명의 동수들이 보는 앞에서 손수 아홉살도 채 안되는 딸애 대남을 "마"라고 무참하게 목을 졸라 죽였다.

* **진복조**, 절강성 파룬궁 수련자. 2003년 5월 25일부터 6월 27일까지 한달 동안에 파룬궁을 수련하는 소위 "공력"을 제고하기 위해 독약을 먹이는 방식으로 15명의 걸인, 넝마주이와 1명의 불교 신도를 살해했다.

파룬궁 수련자들이 왜 이렇게 살인을 저지를 수 있는가? 바로 이홍지가 그들에게 아래와 같이 가르쳤기 때문이다.

"인류가 부패해져 곳곳에 마가 있다." 《전법륜》

"마가 교란을 하여 당신을 수련하지 못하게 한다." 《전법륜》

"집 식구가 가능하게 마 따위에 의해 통제당하고 있다." 《전법륜법해》

"대역지마는 마땅히 죽여야 한다." 《법륜대법의해》

"만약 사악이 이미 구원할 수 없고 가질 수 없는 지경에 도달하였다면 가히 부동한 층차의 각종 방식을 취하여 제지시키고 산제(铲除)해 버릴 수 있다…… 사악을 모조리 제거함은 법을 바로잡기 위한 것이지, 개인적인 수련 문제가 아니다." 《너는 참을 수 없다》

1000여 명의 파룬궁 수련자들이 이홍지의 "소업설"을 믿고 약과 진료 거부로 사망하였다.

파룬궁의 정신 박해와 생명에 대한 학대로 아름다운 염원을 안고 파룬궁이 파놓은 함정에 잘못 걸려든 많은 사람들이 사교에 미혹되어 진료와 약 거부로 목숨을 잃고 인생 비극을 초래했다. 병을 앓는 동안 치료만 받았다면 다들 얼마든지 살 희망이 있었다. 하지만 자아 판단 능력을 잃은 그들이 파룬궁 사교의 길에서 점점 더 멀리 갔을 때는 이미 자신의 생명을 마귀한테 맡긴 것과 다름이 없었다. 사망이 노정에 오른 것이다.

* **이수림**, 요녕성 금주시 석유화학공사 종업원, 1994년 8월, 천리를 마다하고 이홍지의 설 "법"을 들으러 하얼빈에 갔다. 강당에서 뇌혈전이 돌발하여 쓰러졌다. 그의 친지들이 수차 이홍지에게 발공 치료를 애원했으나 이홍지는 연공의 정상 반응이므로 침 맞을 필요도, 약 먹을 필요도 없다 했다. 그 결과 제 때에 구급 치료를 받지 못한 관계로 타향에서 객사하고 말았다.

* **유봉금**, 천진 우전기자재공장 퇴직 노동자, 파룬궁수련 후 스스로를 "속인"이 아니라고 인정, 차 사고로 대퇴골경부 골절인데도 치료를 거절했다. 그는 "나는 대법수련 성취가 거의 되고 있는 사람이다. 나 보고 입원하라면 차라리 차에 치어 죽고 말겠다"라고 했다. 결국 병세가 점점 가중되어 1997년 12월 27일 사망, 당시 나이 60세, 임종전 "사부님 저를 살려주세요, 사부님! 사부님!"을 계속 외쳤다.

* **초화매**, 요녕성 안산시 기차역 종업원, 류머티즘병 환자, 파룬궁 수련 후 약

과 주사를 끊어 세 번이나 전신 부종이 발작, 병원에 가서 검사받으려 하였으나 매번 파룬궁 안산보도소 부소장인 남편의 제지를 당했다. 1998년 6월 12일 병으로 사망, 당시 나이 42세.

* **장금생**, 요녕성 부신시 농민, 파룬궁 수련자, 1997년 부주의로 팔에 화상을 입었으나 이홍지가 자기를 "소업"해 주는것이라며 치료를 거절했다. 1998년 11월 27일 상처 감염 악화로 인한 패혈증으로 사망, 당시 나이 21세.

* **백운수**, 호남성 형양시 퇴직 노동자, 1995년 여름 파룬궁 수련, 1998년 7월, 고열이 발작, 딸이 병원에 가자고 했으나 한사코 거절, 12월 10일 병세가 급격히 악화되었으나 여전히 집에 앉아 "사부"의 "경문"을 묵상했다. 정 건디기 어렵게 되자 남편보고 계속해서 읽으라고 했다. 남편이 읽고 있는 중 백운수는 쇼파에 쓰러져 사망했다.

* **선동**, 해남 아차농장 종업원, 간염으로 입원 치료를 받았으나 파룬궁 수련 후 이홍지의 "법신"이 보호해 주고 있다고 믿고 약과 주사를 끊었다. 1999년 7월 20일 병세 악화로 사망, 당시 나이 35세.

* **허소진**, 요녕성 파룬궁 수련자, 1997년부터 춘하추동 막론하고 매일 9시간씩 연공, 연공 후에도 여전히 풍습병에 걸렸으나, 치료를 거부하고, "이는 대사가 나한테 소업을 해 주는 것이므로 소업이 되면 병은 곧 낫는다"고 했다. 1999년 6월 2일 병세 가중으로 별세, 당시 나이 49세.

* **조학평**, 북경시 해전구 사람. 전에 유선암으로 치료 후 많이 호전, 파룬궁에 미혹된 후 "사부"가 보호해준다고 믿고 계속 치료를 거절, 1998년 8월 7일, 병세 악화로 사망. 임종 전 42세의 조학평은 "파룬궁이 나의 목숨을 앗아간다"고 회한을 표현했다.

* **왕자흥**, 북경 기어공장 퇴직인원, 1999년 6월 초, 병으로 고열이 발작, 그는 "소업"을 하는 것이라며 연공을 견지하면서 진료를 받지 않았다. 후에 아들 딸들이 억지로 그를 병원에 보냈으나, 그는 주사 바늘을 뽑아버리며 치료를 거절, 6월 14일 병세 악화로 사망.

* **장봉영**, 하남성 주마점시 문화궁 퇴직 인원 파룬궁 수련 후 심장병에 걸렸어도 치료를 거절, 그는 이홍지가 치유해 줄 것이라 했고, 병 치료를 권유하는 남편을 "마"라 칭했다. 1998년 12월 4일, 심근경색으로 사망, 당시 나이 55세.

＊**호선지**, 사천성 랑중시 강남구 백탑중학교 교원, 이홍지의 말을 신성한 우상처럼 떠받들고 췌장염에 걸린 후에도 복통을 참으며 연공을 견지했다. 제 때에 치료를 하지 않은 관계로 췌장 괴사로 최종 사망했다.

＊**유숙화**, 흑룡강성 하얼빈시 향방구 사람, 파룬궁 수련 후 간염이 재발, 집 식구들이 병원에 가라고 권유했으나 그는 병을 보고 약을 먹게 되면 "층차"에서 떨어져 연공이 헛수고가 되고 대사도 보호해주지 않는다고 했다. 1999년 4월 11일, 병중 불치로 별세, 당시 나이 52세.

＊**호광영**, 상해시 퇴직 여성노동자, 2000년 7월에 아주 흔한 피부병 — 옴에 걸렸으나 파룬궁에 미혹되어 치료를 거절, 반년 사이에 사망을 초래, 더우욱 한심한 것은 같은 파룬궁 수련자로서의 그의 남편 주입성은 여전히 자기의 아내가 "하늘에 올라간" 것으로 알고 있었다.

＊**광광란**, 광동성 소관 특수 강철공장 종업원. 1998년 초 파룬궁을 수련, 파룬궁이 만병통치라는 터무니없는 역설을 믿고 연공을 시작한 날부터 진료와 약을 거부한 결과, 결장염 병세가 차도가 없었을 뿐더러 종일 흐리멍덩한 상태에서 스스로 헤어나오지 못하고 선후로 3차나 자살을 시도, 2001년 4월 28일 광광란은 농약을 마시고 사망했다.

이런 파룬궁 수련자들은 무엇 때문에 진료와 약을 거부하는가? 바로 이홍지가 그들에게 이렇게 알려줬기 때문이다.

"우리 수련인이 일단 몸의 어느 곳에 불편함이 나타났을 때, 내가 여러분에게 알려주겠다. 그것은 병이 아니다." (1997년 《뉴욕 법회 설법》)

"병원은 업을 소멸할 수 없는 곳이며 의사는 수련하는 사람이 아니다. 그러므로 그는 이 위덕(威德)이 없으며, 속인 중의 기술 요원으로서 그는 당신에게 다만 이 표면적인 고통을 없애주고 당신에게 이 병을 심층 중에 남겨줄 따름이다. 약을 먹는 것은 신체 속으로 내리누르는 것으로써 쌓아 두는 것과 마찬가지이다. 표면적으로는 고통스럽지 않지만 신체의 심층으로 쌓아졌다. 수술을 하는 것도 마찬가지이다. 예컨대 종양이 생겼으면 이 종양을 떼버린다. 그는 다만 이 표면적인 물질을 떼어버렸을 뿐이며 병이 생기는 진정한 원인은 다른 공간 속에 있기 때문에 그는 건드리지 못하였다." 《시드니 법회 설법》)

"바로 생생세세에 쌓아 내려온 업력으로 말미암아 비로소 병이 있게 촉성되

었다."(1997년《뉴욕 법회 설법》)

"당신이 지금 약을 먹는 것은 바로 이 병, 표면의 병독을 죽여 버리는 것이며.…… 그것은 도리어 거기에 쌓인다. 사람은 생생세세에 모두 이것을 모으게 되는데 일정한 정도로 쌓이면 이 사람은 곧 구할 수 없게 된다."(1997년《뉴욕 법회 설법》)

상기 대부분의 사실들이 인권 수호란 명목을 내걸고 있지만, 파룬궁 집단에서 인권 존중은 커녕 오히려 인권을 짓밟고 있다는 것을 충분히 설명해 주고 있다.

2) 파룬궁은 여성과 아동을 해친다.

여성은 파룬궁의 주요 피해자이다.

중국 전국 여성연맹의 조사에 따르면, 파룬궁 수련자 중 여성과 노인이 기타 부류보다 많을 뿐만 아니라 미혹 정도가 깊다. 그 주요 내용으로 첫째는 파룬궁 사설을 깊이 믿어 의심치 않고 연공을 끈기있게 견지한다. 둘째는, 소위의 "원만"을 이루기 위해 직장도, 가정도, 육친의 정도, 더 나아가 자기 생명마저 서슴없이 포기한다.

＊ 2001년 1월 23일 학혜군, 진과 등 5명의 여성을 포함한 7명의 파룬궁 심취자들이 "승천 원만"을 추구하기 위해 천안문 광장에서 집단 분신 자살을 저질렀다. 그중 2명이 사망하고, 3명이 중상을 입고 불구자가 되었다.

＊ 2005년 11월 2일, 하북성 석가장시 파룬궁 수련자 이효영은 북경시 남장가 남쪽 입구 동측 보도에서 분신 자살로 사망했다.

＊ 상해시 퇴직 노동자 호광영은 2000년 7월, 아주 흔한 피부병 — 옴에 걸렸으나 파룬궁에 미혹되어 치료를 거부한 결과, 반년 사이에 사망하고 말았다.

황당한 사유 방식은 필연코 황당한 행위 방식을 초래하기 마련이다. 파룬궁에 미혹된 사람들은 당연히 파룬궁의 극히 황당한 사고의 흐름에 따라 생활을 인식하고 사물을 대한다. 파룬궁을 수련하는 여성은 통상적으로 남에게 의존하려는 심리가 강하며 자기 능력에 대한 자신감이 부족하다. 일단 파룬궁에 빠져 버리면 소극적 무위로 이홍지가 그들을 대신하여 일체를 안배하기에 자기들이 구태어 노심초사 할 필요가 없다고 생각한다. 때문에 자신의 병든 몸, 귀찮고 성가신 가사, 혼란한 감정 등 전부를 다 이홍지에게 맡겨 처리하고 이홍지의 모든 것을 받아들인다. 이홍지가 그들에게 "천당"에 가고 "원만" 하라면 그들은 곧 분신 자살로 "승천" 한다.

중국 전국 여성연맹여성연구소 부연구원 장영평은 "이홍지는 여성의 일부 약점을 이용하여 정신 통제로 그들을 최종 자체 훼멸의 길로 나아가도록 했다. 파룬궁은 여성들을 잔혹하게 해치는 살인귀이다"라고 말했다.

파룬궁의 독해로 파룬궁 신도에 의해 살해된 여성도 있고 살인 흉수로 전락한 여성도 있다.

* 1998년 2월 25일 밤 강소성의 오덕교는 집에서 연공 중 아내가 그만 두라 말렸다고 아내를 그의 수련을 방해하는 "마"로 인정하고 식칼로 찍어 죽였다.

* 2001년 2월 20일, 심천시 용강구 파룬궁 수련자 위지화는 파룬궁의 사악한 본질을 깨닫고 "다시는 이홍지의 제자로 살지 않는다" 맹세했다. 위지화의 남편을 비롯한 10여 명의 파룬궁 미혹자들은 그녀를 "대법"을 파괴하는 "마"로 인정하고 잔인 무도하게 묶어 놓고 입과 코를 틀어막아 최종 위지화의 질식 사망을 초래했다.

* 2001년 11월 25일 17시 정도, 북경시 서성구 파룬궁 수련자 부이빈은 그의 부모 집에서 아버지와 아내를 살해하고 어머니를 찍어 중상을 입혔다. 부이빈의 자백에 따르면, 25일 오후. 그는 아버지와 집 식구들이 "갈 때가 됐다"고 "깨달았다." 그리하여 부모의 집에서 식칼로 아버지와 아내를 찍어 죽이고 어머니에게 중상을 입혔다.

* 2002년 3월 1일, 신강의 파룬궁 인원 임춘매, 온옥평은 "사람을 제도" 하기 위해 섬서성 함양시 홍빈여관에서 근무하는 여직원 매신평을 살해했다. 임춘매는 기자의 취재에 "당신들은 우리가 사람을 죽였다고 하지만 우리는 좋은 일을 했다고 생각한다. 그녀를 하늘로 인도해 갔다. 그녀는 복을 누리러 갔다"고 응답했다.

파룬궁에 속아 파룬궁 전파를 위해 사랑과 가정을 버리고 이어서 파룬궁의 "성노"로 전락되어 심신상 심한 박해를 당한 여성들도 있다.

2008년 2월 3일, 파룬궁의 수련을 지도하는 명혜망에 아래 두 사례가 실렸다.

한 여성 제자가 타인을 파룬궁 수련하게 하기 위해 신도의 협박으로 자기가 사랑하지 않는 남자한테 시집을 갔다. 원인은 동수가 그에게 "만일 네가 그에게 시집가지 않으면 그가 법을 얻는 것을 그르치게 할 수 있는데 그것은 곧 너의 최대의 범죄가 될 것이다"라고 했기 때문이다.

한 남자가 "법을 배우고 진상을 요해한다"를 미끼로 한 파룬궁 여 수련생을 유혹하여 그녀를 강간하여 임신시키고 애를 낳게 하고 동거하였다. 후에 그녀는 끝내는 간부(姦夫)를 떠날 결심을 내렸다. 그런데 일부 노 수련생들이 그녀에게 그 간부에게로 돌아가 계속하여 생활을 하라고 권유한다. 이유는, "그녀가 나간 것 때문에 그의 가족들이 대법에 저촉되게 할 수 없으며 '법을 수호하기' 위해서는 희생해야 한다"는 것이었다.

이홍지의 교사로 점차 "남여 쌍수" ─ 집단 음란의 사악한 길에 들어선 수련자들도 있다.

＊2001년 4월, 산동성 경찰은 래서시 공상 신촌에서 "남여 쌍수" 중인 수 명의 파룬궁 남여 성원을 연행했다. 현장에서 파룬궁 선전 용품과 대량의 콘돔과 흥분제, "성패 2000" 등 약품을 수색해 냈다.

＊2003년 하남성 주마점시 10여 명의 파룬궁 수련자들이 "남여 쌍수" 현장에서 연행되었다. "쌍수" 수련자들 중에는 70세 넘는 노옹, 노파가 있는가 하면 예쁘고 잘 생긴 청춘 남녀도 있었다. 그 중에는 다른 사람들 앞에서 대담히 난륜을 저지르는 모녀, 오랍누이도 함께 있었다.

"수련계에 이런 일종의 수련 방법이 있는데 남녀 쌍수(男女双修)라고 한다…… 남녀 쌍수의 목적은 음을 채집하여 양을 보충하고 양을 채집하여 음을 보충함으로써 서로 보충하고 서로 수련하는 것으로 일종의 음양 평형의 목적에 도달하는 것이다."《전법륜》

"사람의 이치는 거꾸로 된 것이다…… 인류가 보건대 좋지 않은 것은 흔히 모두 좋은 것이다."《2006년 캐나다 법회 설법》

"수련의 이치는 사람의 이치와 반대이다."《2005년 샌프란시스코 법회 설법》

또, 파룬궁은 소년 아동을 해친다.

파룬궁은 세계의 모든 사교와 마찬가지로 아동을 피해 대상으로 공략하여 말려들게 했다.

유엔《세계 인권선언》은 아동은 특수 배려와 협조를 누릴 권리가 있다고 강조했다. 유엔《아동권리협약》은 "모든 아동에게는 고유한 생명권이 존재한다", "아동의 생존과 발달을 최대한도로 보장할 것"이라고 밝혔다. 파룬궁은 공공연히 유엔《세계 인권선언》과 《아동권리협약》에 도전하여 아동 학습반을 꾸리고 아동들까지 끌어들여 입교시켰다.

이홍지는 수차례에 걸쳐, "6세 이하의 어린이들이 파룬궁 서적을 보면 천목을 열 수 있고 책 속의 법륜이 돌아가는 것을 볼 수 있다"고 강조했고, 수련을 통해 "하늘로 올라가고 땅 속으로 숨어들고 신선이 될 수 있다"며 파룬궁 조직을 부추겨 청소년들에게 마수가 뻗치도록했다. 그는 귀주, 무한 등지에서 불법으로 학습반을 꾸리고 설법을 할 때 보도소 책임자에게 "어린이들을 조직하여 활동에 참여시키라"고 요구했다. 파룬궁은 선후로 북경, 광주, 무한, 남창, 준의 등지에서 아동 학습반을 꾸렸다. 1998년 여름방학 기간, 파룬궁은 남창에서 두 차례의 아동 학습반을 꾸렸다. 참가한 160명의 어린이들 중 나이 제일 많은 아이가 12세이고 제일 작은 아이는 네살 밖에 안되었다.

이홍지는 부모와 자식 간의 혈연관계를 끊어버리고 신도들의 친자식에 대한 관심과 보호를 반대하고, 신도들이 병에 걸린 아이를 병원에 보내 치료하는 것마저 반대했다.

1999년 5월 3일, 이홍지는 한 제자의 "수련인의 아주 어린 나이의 아이는 병원에 갈 필요가 있습니까?"라는 물음에 "진정으로 수련하는 사람은 당신의 신체가 모두 장차 불체로 변화되는데 그것은 의사가 아무리 치료해도 도달하지 못하는 것이다…… 고층차에서 온 이런 어린 아이는 법을 얻으러 온 것이며 그는 전혀 업력이 없다. 그러므로 그는 전혀 병에 걸리지 않는다."《오스트레일리아 법회 설법》)

2008년 5월 24일, 이홍지는 소제자가 병에 걸려 죽는 문제에 관한 신도의 물음에 "어떤 아이들은 가능하게 역사상 있었던 인연을 따라 당신의 집에 전생되어 당신을 도우러 왔다. 어떤 아이들은 당신을 수련 성취시켰고 어떤 수련생들은 그리고 우리 어떤 대법제자는 정이 특별히 깊어 아이들을 오히려 수련

보다 훨씬 중하게 여긴다. 당신이 바로 이 아이를 가장 위험한 경지에 몰아넣었다"고 했다.

많은 소년 아동들이 파룬궁 수련으로 정신 장애와 정신 분열 직전 징조 혹은 증상이 나타났다.

파룬궁의 소제자들은 어려서부터 파룬궁을 신봉하는 부모들로부터 너무 많은 난잡한 것들을 접했기 때문에 어린 나이에 환청, 환시와 악몽이 끊임없이 이어지고 쉽게 놀라고 정신이 흐리터분하다.

파룬궁은 명혜망에 "소제자 마당" 특별 란을 설치하고 어린이들이 "천목을 열고" 환청, 환시 등 정신 장애 증상이 나타나는 소위 "신적"을 선전하는 글들을 실었다.

예컨대, 어떤 소제자는 때로는 "몇 무리의 뱀과 같이 생긴 괴물, 눈이 세개 달린 괴물"이 보였고 때로는 "붉은 용 한 마리와 노란 용 한 마리가 서로 휘감고 엉켜있는 것"이 보였다. 어떤 애는 "자기가 살고 있는 우주 공간이 온통 마로 가득차 있고 틈 마저도 마로 꽉 차 있는 것을" 보았고 어떤 애는 "눈을 감고 '일체 정법을 교란하는 난신을 제거하자'를 묵상할 때" "얼굴에 미소 띤 한 부처의 형상"이 보이는데 갑자기 "눈에서 파란 빛이 번쩍여" "놀라 눈을 뜨고" 급히 사부님께 도움을 청했더니 "사부님이 나쁜 신을 향해 금빛을 발사해 그 나쁜 신이 풍선같이 터졌다"고 했다.

이홍지의 터무니없는 역설의 영향으로 수련자들의 인지와 행위가 완전히 왜곡되고 많은 사람들이 그 가르침에 영향받아 인간 참극을 빚어냈다. 이 과정에서 적지 않은 청소년들이 파룬궁의 희생양이 되었다.

3) 파룬궁 수련으로 인한 자살 사례

* 유사영, 여자, 1988년 3월 출생, 소학교 5학년 학생, 1999년 어머니 유춘령을 따라 집에서 파룬궁을 수련, 2001년 1월 23일 북경 천안문 집단 분신 자살에 참여, 전신 화상 면적이 40%에 달했고, 머리와 얼굴이 4도 화상을 입고 호흡마저 어려웠다. 응급 처치를 받았으나 무효로 사망.

* 진영, 흑룡강성 가목사시 수인중학교 고2학년 학생, 17세, 파룬궁에 미혹

되어 정신 이상을 초래, 1999년 8월 16일 북경발 가목사행 439차 열차에서 뛰어내려 사망.

◆ **아버지가 어린 애를 안고 함께 자살**

＊ **고은성**, 남자, 42세, 중경시 개현 천백향 공상소 간부, 파룬궁 연공지점 책임자, 파룬궁 수련 후 어느 정도에 이르면 "삼화취정(三花聚顶)", "생원영(生元嬰)", "반본귀진(返本归真)", "사후 승천" 할 수 있다는 이홍지의 말을 굳게 믿고 1998년 11월 6일, 아들을 안고 건물 4층에서 투신하여 응급 처치를 받았으나 최종 사망하였고 어린애는 구출되어 위험에서 벗어났다.

＊ **용강**, 남자, 31세, 중경시 영천구 농민, 1997년부터 파룬궁을 수련한지 얼마 지나지 않아 정신이 흐리멍텅해졌다. 그는 늘 지구는 곧 훼멸될 것이고 자기는 하늘로 올라가 재난을 피할 것이라고 했다. 1999년 7월 17일 새벽, 여섯 살도 채 안 되는 아들을 품에 안고 강에 몸을 던졌다. 아들은 제 때에 구조돼 위험에서 벗어났으나 용강은 사망하였다.

◆ **치료와 약을 거부한 사망**

＊ **송쌍용**, 남자, 12세, 실심성 장춘시 남관구 사람, 비강후에 선천적으로 연골두 개가 자라 있어 줄곧 정기적으로 병원에서 치료를 받았다. 1996년 어머니 마수영이 파룬궁을 수련한 후부터 파룬궁의 만병통치 기능을 깊이 믿고 아들 송쌍용에게도 수련을 시켰다. 하지만 병세 호전은 커녕 오히려 매일 심해만 갔으며 두 눈이 흐릿해지더니 얼마 지나지 않아 완전히 실명되었다. 1999년 원단 병세가 갑자기 악화되었으나, 마수영은 여전히 고집스레 제대로 일어설 수도 없는 송쌍용에게 각종 파룬궁의 동작을 지도했다. 그러다가 5월 12일, 집에서 숨을 거두고 말았다.

◆ **부모가 친자식을 살해**

＊ **동암**, 요하유전 급수공사 직원, 1999년 12월 16일 저녁, 파룬궁에 미혹된 동암은 여섯 살밖에 안 되는 딸애 서철을 침대에서 죽인 후 "승천, 승천"을 반

복적으로 외쳐댔다. 사건 발생 후 동암은 "한 마가 나한테 당신이 딸을 죽이면 부처로 수련될 수 있다고 말했다"고 했다.

* **동입**, 남자, 37세, 요녕성 조양시 조양현 대평방진 서가촌 4조 농민, 2002년 2월 3일 밤 동입은 이홍지의 터무니없는 역설의 독해와 부추김으로 곡괭이로 깊이 잠들어 있는 아내와 딸을 향해 잔인하게 내리쳤다. 37세의 아내 맹수영을 죽이고 14세의 딸 동우단을 중상 입혔다.

* **관숙운**, 여자, 흑룡강성 이춘시 사람, 1997년 4월부터 파룬궁을 수련, 2002년 4월 22일 "원만"과 "백일 승천"을 위해 소위 "마 제거"를 실시, 몇십 명의 동수들 앞에서 손수 아홉 살도 채 안 되는 자기 친딸 대남을 무참하게 목을 졸라 죽였다.

* **이연충**, 남자, 35세, 천진대항유전 종업원, 2005년 7월 10일 새벽 4시 경, 집에서 6세의 딸 이월과 6세의 외조카 장흠을 식칼로 찍어 함께 죽였다. 이연충은 "파룬궁 수련한지 9년, 웬일인지 자꾸만 살인을 하고 싶었다", "당시 머릿속에는 온통 살인 염두밖에 없었으며 사상이 일부 좋지 못한 '생명'에 통제됐다. 마치 자기의 사상이 아닌 것과 같이, 그가 사상을 통제하고 나더러 살인, 자살 등을 저지르라고 시켰다"고 말했다.

♦ **파룬궁은 가정 파탄을 초래한다.**

가정은 사회의 최소 구성 단위로 화목한 가정은 사회 안정의 초석이다.

그러나 이홍지와 사교 파룬궁의 "집착"을 버리고 "높은 층차에 달하고" "원만을 추구"하는 등 터무니없는 역설의 부추김과 속임수에 넘어가 일부 파룬궁 미혹자들이 부부애를 포기하고 혈육의 정을 무시한 결과, 처자식이 사방으로 뿔뿔이 흩어지고 가정이 망하고 사람이 죽어가는 인간 참극들이 연달아 연출되었다.

유장홍은 "높은 층차에 달하기" 위해 누이동생의 정을 포기했다.

유장홍, 여자, 요녕성 단동시 모 소학교 교원 출신, 남동생이 불행하게 백혈병에 걸려서 온 집 식구들이 애간장을 태웠다. 골수이식을 해야만 동생의 생명을 구할 수 있다는 의사의 말에 유장홍은 자기의 골수를 동생한테 이식하겠다고 아무 망설임도 없이 선뜻 대답했다.

그러나 파룬궁 수련을 시작한 후로 유장홍은 완전히 다른 사람같이 변해버렸다. 가정에 대한 애정을 잃었고 외박이 잦아지고 나중에는 아예 8~9일이 지나도 집에 한 번 들어오지 않았다.

백혈병 치료를 위해 수십만 원 의료비를 지출해야 될 상황이었다. 원래 넉넉하지 못한 가정살림에 부모들의 심신은 극도로 지쳤다. 하지만 파룬궁에 심취된 유장홍은 다시는 동생한테 골수를 이식한다는 말 한마디 꺼내지 않았고 오히려 파룬궁에 더 깊이 빠져 헤어나오지 못했다. 유장홍은 "높은 층차에 달"하려면 사부의 말대로 집착심을 버려야 하며 명, 리, 정을 버려야 된다고 했다.

• **파룬궁으로 인해 관견예의 행복한 가정이 파탄을 초래했다.**

호남성 장사시 상표 제작 공장의 관견예는 병으로 정년 미만 퇴직을 한 후 아내 엽사정과 함께 자그마한 서점 하나를 꾸렸다. 수입은 별로 높지 않으나 가정은 따스하고 행복했다. 하지만 파룬궁이 이 모든 것을 다 앗아갔다.

1997년 파룬궁을 수련한 후부터 엽사정은 서점에 들르는 차수가 날이 갈수록 줄었다. 어떤 때는 집을 나가기만 하면 일주일, 10여일, 나중에는 아예 서점 일을 돌보지도 않고 책도 들여오지 않았다. 완전히 다른 사람이 돼 버린 것이다. 더욱 관견예의 마음을 아프게 한 것은 아내의 선동으로 원래 온순하고 말 잘 듣던 아들마저 파룬궁을 수련하기 시작했다.

엽사정은 온 종일 연공 아니면 잠만 잤다. 서점에 와서 책을 빌려가는 사람도 점점 줄었고 장사는 날이 갈수록 담담해졌다. 연공을 시작하면서부터 아들의 공부성적도 직선으로 내리막길을 달렸다. 한 번은 세상 물정을 모르는 아들이 식칼을 자기 목에 대고 "앞으로 다시는 나의 일에 참견 말아요. 그렇지 않으면 난 곧 자살을 선택할 거에요"라고 아버지 곽견예에게 으름장을 놓았다.

• **동암은 파룬궁의 가해로 가정이 파탄을 초래하고, 사람이 죽었다.**

1999년 12월 16일 저녁, 요녕성의 동암은 겨우 여섯 살 되는 친딸 애를 자기집 침대에서 식칼로 찍어 죽였다. 동암은 1996년 10월부터 파룬궁을 수련했다. 딸을 찍어 죽인 후 맨발로 아파트에서 내려와 "승천, 승천……"을 외쳐댔다.

동암의 남편 서애군은 "아내가 파룬궁 수련 전에는 직장 일에 강한 성취 욕을 보이고 부모에게도 효도하는 현모양처였다"고 말했다.

그럼 무슨 "마력"이 현모양처가 손수 자기의 친딸을 살해하게 만들었는가? 동암은 회상으로 "그때 한 목소리가 나한테, 네가 딸을 죽이면 부처로 수련될 수 있다고 말한 것 같다"했다.

◆ 풍입봉이 투하 자살

천진시 계현농민 풍입봉은 이홍지의 터무니없는 역설에 미혹되어 1999년 3월, 강에 몸을 던져 자살했다. 그의 열두 살 되는 아들과 여섯 살의 딸은 너무 큰 심리 충격을 받아 공부 성적이 급격히 떨어졌고, 나가서 돈벌이 하면서 또 아이 둘을 돌봐야 되는 남편은 고달프고 고통스러웠다. 연로한 모친은 파룬궁 때문에 목숨을 잃은 딸과 파탄된 가정 생각을 하면서 눈물로 얼굴을 적셨다.

◆ 장견의 투신 자살로 부모가 자식을 먼저 앞세웠다.

복건 석유제련화학공업유한공사통신부 엔지니어 장견은 이홍지와 파룬궁의 독해로 1999년 2월 건물에서 뛰어내려 자살했다. 그의 60여세의 부모는 외아들을 잃고 생활을 돌봐주는 사람도 없이 온 종일 눈물만 흘리고 있었다.

◆ 왕석동이 차에서 뛰어내려 사망 후 부모만 외롭게 남았다.

요녕성 단동시의 왕석동은 파룬궁 수련 후, 1999년 8월 21일, 차에서 뛰어내려 사망했다. 외아들인 그는 결혼 날짜를 1개월 앞두고 죽었다. 신혼 새 집은 인테리어를 다 끝내고 혼수품까지 마련했고, 친구들과 고객들에게 결혼 청첩장도 이미 다 돌린 상태에서 끝내는 이홍지를 따라 막다른 골목으로 들어가고 말았다. 막대한 정신적 타격을 입은 집 식구들은 매일 고통 속에서 몸부림쳤다.

◆ 파룬궁은 전건국의 가정에 세 막의 비극이 연달아 일어나게 만들었다.

하남성 남양시 양업주식유한공사 종업원 전건국과 아내 왕봉은 1997년부터 파룬궁을 수련하기 시작했다. 얼마 안 되어 미혹에 빠졌다. 자기들만이 시간 나는데로 연공에 열중했을 뿐만 아니라 열다섯 살도 채 안 되는 아들 전배마저 동원시켜 아침 일찍, 저녁 늦게까지 따라다니며 연공하게 만들었다. 부모들처럼 열심히 수련하기 위해 전배는 점점 공부가 싫어졌고 학교에 지각, 조퇴하던 데로부터 사흘이 멀다하게 무단 결석을 하다가 나중에는 아예 학교를 그만 두고 집에 틀어박혀 파룬궁 수련에 모든 정신을 팔았다. 일심으로 "높은 층차에 오르고" "원만을 추구"하는 전건국 부부는 아들의 파룬궁 수련이 학교에서 지식을 배우는 것보다 더 중요하고 아들이 사부를 따라 배우는 것이 학교에서 선생님한테서 배우는 것보다 더 큰 효용이 있다고 생각했다.

전건국 부부는 동수로 또 피차 상대방의 수련 층차가 떨어져 자기가 고층차로 승화하는데 영향을 준다고 인정, 결국은 이로 인해 이혼을 하고 말았다.

전건국의 부친은 심한 위궤양을 앓고 있었으나 아들과 며느리, 손자가 연공에만 전념해 헤어나오지 못하는 바람에 정신상 큰 충격을 받았다. 더욱이 아들이 이혼하고 손자가 공부를 그만 두고 며느리가 아이를 데리고 가출, 연달아 이어진 비극들이 연로한 그에게 커다란 정신 자극을 초래해 병세 악화로 얼마 지나지 않아 세상을 떴다.

• **파룬궁은 이수근의 가정이 붕괴의 지경에 이르게 했다.**

1997년 3월, 천진시 녕하현 염장향의 이수근은 파룬궁을 수련, 점차 매혹되어 하루 종일 연공에만 열중하고 집안 일에는 전혀 신경을 쓰지 않았다. 이로 인해 남편 유하전이 시름 놓고 공장 일에 전념할 수 없었다. 원래 흥하던 종이박스 공장이 문을 닫게 되었고, 아이의 공부 성적도 내리막길을 달렸다. 더 엄중한 것은 이홍지가 고취한 소업론의 영향으로 아내는 자기가 병에 걸려도 주사, 약 일체를 거부하는 외에 아들 유문용마저 병에 걸려도 병원에 가지 못하게 했다. 1999년 초, 유문용은 피부병에 걸렸다. 아버지가 그를 데리고 병원에 가려 했으나 이수근은 기를 쓰고 막고 자기 스스로 파룬궁 방법대로 아들에게 "발공치병"을 했다. 그 결과 병 치료에 필요한 최적의 시기를 놓쳤다.

얼마 지나지 않아 유문용의 병세가 가중되면서 온 몸에 시뻘건 반점들이 크게 퍼졌고 어떤 곳은 짓물러졌다. 현지 병원에 의해 피부암이란 초보 진단이 내려졌다. 유문용은 휴학을 하고 집에 있을 수 밖에 없었다. 시부모들은 속이 타 여러 번 자살마저 생각했었다. 온 가정이 이미 붕괴의 변두리에 이르렀다.

　상술한 파룬궁의 미혹으로 인해 초래된 가정 비극의 사례는 헤아릴 수 없이 많다. 정상생활을 누리던 사람들이 이홍지와 그의 터무니없는 역설에 속아 한걸음 한걸음 순수 가정을 훼멸하는 사악한 길로 나아갔다.

6. 파룬궁의
   인권침해 사례 (2)

6. 파룬궁의 인권침해 사례(2)

1) 분신 자살 사례

1997년 8월, 대련시 감정자구 릉수진 농민 파룬궁 수련자 유옥봉은 액화 가스통에 불을 달아 분신자살로 사망했다.

1998년 10월 27일, 산동성 초원시 남원진 농민 이옥매는 디젤유를 자기 집 짚가리에 붓고 불을 단 후 짚가리 속에 비집고 들어가 분신 자살, 그는 "이홍지 선생이 날 데리고 천당에 간다"고 했다.

1999년 7월 4일, 산서 석탄 간부학원 학생 상호치는 스스로 자기의 파룬궁수련이 이미 "공성 원만"되어 "승천"할 수 있다고 인정하고 동수 이진충(50세)과 함께 연공 가부좌 자세로 서로 마주보고 앉아 분신 자살, 당시 나이 27세였다.

2001년 1월 23일, 하남성 개봉시에서 온 7명의 파룬궁 심취자들이 천안문광장에서 집단 분신 자살, 유춘령이 그 자리에서 불에 타 죽고 유사영이 화상으로 사망, 상처가 심한 진과와 학혜군 등은 북경에서 정성껏 치료 후 집에 돌아가 계속 치료를 받았다.

2001년 2월 16일, 호남성 상덕 파룬궁 수련자 담일휘는 북경 만수로에서 분신 자살로 사망, 당시 나이 26세였다.

2001년 7월 1일, 광서 남녕시 낙귀입은 "집착을 버리기" 위해 남녕시 민족광장에서 분신 자살로 사망했다.

2005년 11월 2일, 하북성 석가장시 파룬궁 수련자 이효영(여)은 북경시 남장가에서 분신 자살로 사망했다.

2) 자살 사례

* **양추귀**, 강서성 여강현 사람, 1996년 10월 영국으로 유학, 박사학위 공부, 인터넷을 통해 파룬궁을 수련, 1998년 6월 1일, 독일 프랑크푸르트 "홍법" 중 건물에서 투신 자살로 사망, 당시 나이 26세였다.

* **유품청**, 요녕성 동항시 사람, 고급 농예사, 파룬궁 수련 후 항상 "사부" 이홍지가 그를 "원만"하라고 지시하는 느낌이라고 했다. 1999년 4월 27일, 우물에 몸을 던져 사망, 당시 나이 58세였다.

* **이우림**, 길림 동요현 안서진 농민 파룬궁심취자 1999년 5월 21일, 이우림은 아내에게 "내일 (음력 4월 8일)은 사부님 생일이니 내가 가서 생일을 차려 드리고 향을 피워드려야겠다"고 말하더니 이튿날 목을 매고 자살, 당시 나이 48세, 현장에는 이홍지의 초상화와 태우다 남은 향불 일곱 개가 놓여 있었다.

3) 살인 사례

* **장조준, 강수하**, 흑룡강성 계동현 농민 부부 둘 다 파룬궁에 미혹되어 온 종일 하늘로 올라 "신선이 될" 꿈에 빠져 있었다. 1997년 12월 3일 밤, 장조준은 뾰족 칼로 아내를 죽인 후 자살했다. 13세의 딸과 10세의 아들이 있었다.

* **오덕교, 강소성**, 오강시공소사 종업원. 1998년 2월 26일 밤, 집에서 파룬궁 연공 중 아내가 나와 제지했다고 연공 시 여자가 옆에 있으면 영향을 받는다며 식칼로 아내를 찍어 죽였다.

* **주장구**, 하북성 임구시 청탑향 파룬궁 수련자. 1999년 11월 26일, 부모가 그의 파룬궁 수련 책자들을 소각해버렸다고 부모를 집에서 살해했다.

* **동암**, 요하유전 급수공사 직원. 1999년 12월 16일 밤, 파룬궁에 미혹된 동암은 여섯 살밖에 안 되는 딸애 서철을 침대에서 죽이고 나서 연속 "승천, 승천"을 외쳐댔다. 후에 그는 "한 마가 나한테 딸을 죽이기만 하면 부처로 수련될 수 있다고 했다"고 말했다.

* **용강**, 강제로 중경 영천구 쌍석진 농민. 자기만 파룬궁에 미혹됐을 뿐만 아니라 아들을 강제로 자기와 함께 연공하게 했다. 1999년 7월 17일, 용강은 6세의 아들을 안고 강에 뛰어들어 사망, 당시 나이 31세, 그의 아들은 구조되어 생명의 위험에서 벗어났다.

* **동입**, 요녕성 조양시 조양현 대평방진서가촌 4조 농민 2002년 2월 3일 밤, 동입은 이홍지의 터무니 없는 역설의 가르침과 부추김으로 곡괭이로 깊이 잠들어 있는 아내와 딸을 향해 잔인하게 내리쳤다. 37세의 아내 맹수영은 사망하였고, 14세의 딸 동우단은 중상을 입었다.

* **란운장**, 광서 융안현 대항향 주옥촌 파룬궁 수련자. 2001년 4월 16일, 도끼로 본 촌의 무의탁 노인 위소명을 찍어 죽였다. 난운장은 "나는 그를 데리고 법륜세계에 가서 좋은 생활을 누리게 하련다. 그가 먼저 간 다음에 나도 곧 승천 원만할 것이다"라고 했다.

* **구덕풍**, 남자 1972년 출생 전문대학 졸업 해남성 징매현 사람. 1994년 5월부터 파룬궁을 수련, 2001년 12월 11일 7시경, 구덕풍은 침실에서 숙부 구준현과 만나 아무 이유 없이 자의식에 구준현이 자기를 해치려 든다는 생각이 들어 추궁 끝에 대답이 없자 구덕풍은 식칼로 구준현의 목, 머리 등 부위를 향해 마구 찍어댔다. 구준현을 살해한 후, 구덕풍은 장작을 시체 옆에 숨겨놓고 불을 질러 시체를 소각하고 구준현의 침실에도 불을 지른 다음 분신 자살을 시도했다. 경보를 받고 달려온 공안민경에게 제압당했다.

* **부이빈**, 북경시 서성구 사람. 2001년 11월 25일 저녁 무렵, 아버지와 아내를 살해하고 어머니를 찍어 중상을 입혔다.

* **진복조**, 절강성 파룬궁 수련자 2003년 5월 25일부터 6월 27일까지 한 달 사이에 파룬궁을 수련하는 소위 "공력"을 제고하기 위해 독약을 먹이는 방식으로 15명의 걸인, 넝마주이와 1명의 불교 신도를 살해했다.

4) 마(魔)제거를 위한 살인과 상해치사 사례

* 1996년 8월 23일, 호남성 가화현 파룬궁 수련자 왕학충은 아버지 황계영을 마라 말하고 칼로 아버지의 머리, 목, 가슴 등 여러 곳을 연속 17번이나 내리찍어 그 즉시 죽였다.

* 1999년 3월 20일, 겨우 18세도 안 되는 하북성 승덕시 파룬궁 수련자 이정은 부모를 마로 인정하고 "마 제거"를 위해 집에서 친부모를 잔인하게 살해했다.

* 2001년 2월 20일, 심천의 파룬궁 미혹자 난소위는 파룬궁을 포기하라 말리는 아내 위지화를 "마"로 인정하고, 타인과 함께 아내를 묶어 놓고 입과 코를 틀어막아 잔인 무도하게 질식시켜 죽였다.

* 2002년 3월 1일, 신강에서 온 파룬궁 인원 임춘매, 온옥평은 "사악한 마를 없애고", "사람을 하늘로 제도해 가기"위해 섬서성 함양시의 한 자그마한 여관에서 여관 여직원 매신평을 잔인하게 목을 졸라 살해했다.

* 2002년 4월 22일, 흑룡강성 이춘시의 파룬궁 미혹자 관숙운은 집에서 여러 명의 파룬궁 수련자들과 한 자리에서 아홉 살도 채 안 되는 딸애 몸에 마가 부체됐다 말하고 친딸의 목을 졸라 무참하게 이불 속에서 죽게 만들었다.

* 2006년 10월 3일, 네덜란드의 파룬궁 수련자 룽룽(음)은 머릿 속에 일종의 정신 역량이 그에게 "살인" 임무를 전달한다고 느꼈다. 이어 도끼로 22세의 네덜란드 청년을 찍어 죽이고 시체를 토막 내고 살만 골라 기름 솥에 튀기고 볶았다. 사자의 육체로부터 "마"를 구축해 버리기 위해서였다.

* 2008년 4월 7일, 길림성 장춘시 4명의 파룬궁 수련자 김명동, 유실미, 고홍경, 왕해붕은 동수 초영을 "도와" "마 구축"을 한다며 넷이서 윤번으로 슬리퍼로 초의 머리 부위를 힘껏 내리치고 침으로 찌르고 플라스틱 병에 끓는 물을 넣어 데우고 얼음덩이로 얼구는 등 극단적인 방식으로 초영을 "도와" 준 결과 좌우 여섯 대의 갈비가 부러지고 간장, 신장, 폐 등이 터져 실혈성쇼크로 사망했다.

5) 진료와 약을 거부한 사망 사례

＊**이수림**, 요녕성 금주시 석유화학공사 종업원, 1994년 8월 천리를 마다하고 이홍지의 설 "법"을 들으러 하얼빈에 갔다. 강당에서 뇌혈전이 돌발하여 쓰러졌다. 그의 친지들이 수차 이홍지에게 발공 치료를 간청했으나 이홍지는 연공의 정상 반응이므로 침 맞을 필요도, 약 먹을 필요도 없다고 했다. 그 결과 제 때에 구급 치료를 받지 못한 관계로 타향에서 객사하고 말았다.

＊**유봉금**, 천진 우전기자재공장 퇴직 노동자, 파룬궁 수련 후 스스로를 "속인"이 아니라고 인정, 차 사고로 대퇴골경부 골절인데도 치료를 거절했다. 그는 "나는 대법 수련 성취가 거의 되는 사람이다. 나 보고 입원하라면 차라리 차에 치어 죽고 말겠다"고 했다. 결국 병세가 점점 가중되어 1997년 12월 27일 사망, 당시 나이 60세, 임종전 "사부님, 저를 살려주세요, 사부님! 사부님!"을 계속 외쳤다.

＊**초화매**, 요녕성 안산시 기차역 종업원, 류머티즘병 환자, 파룬궁 수련 후 약과 주사를 끊어 세 번이나 전신 부종이 발작, 병원에 가서 검사받으려 했으나 매번 파룬궁 안산보도소 부소장인 남편의 제지를 당했다. 1998년 6월 12일 병으로 사망, 당시 나이 42세.

＊**장금생**, 요녕성 부신시 농민, 파룬궁 수련자. 1997년 부주의로 팔에 최상을 입었으나 이홍지가 자기를 "소업" 해 주는 것이라며 치료를 거절했다. 1998년 11월 27일, 상처 감염 악화로 인한 패혈증으로 사망, 당시 나이 21세.

＊**백운수**, 호남성 형양시 퇴직 노동자, 1995년 여름 파룬궁 수련, 1998년 7월 고열이 발작, 딸이 병원에 가자고 했으나 한사코 거절, 12월 10일 병세가 급격히 악화되었으나 여전히 집에 앉아 "사부"의 "경문"을 수련했다. 더 이상 견디기 어렵게 되자 남편보고 계속해서 읽으라고 했다. 남편이 읽고 있는 중 백운수는 소파에 쓰러져 사망했다.

＊**선동**, 해남 아차농장 종업원, 간염으로 입원 치료를 받았으나 파룬궁 수련 후 이홍지의 "법신"이 보호해 주고 있다고 믿고 약과 주사를 끊었다. 1999년 7월 20일 병세 악화로 사망, 당시 나이 35세.

＊**왕자흥**, 북경기어공장 퇴직 인원, 1999년 6월 초 병으로 고열이 발작, 그는 "소업"을 하는 것이라며 연공을 견지하면서 진료를 받지 않았다. 후에 아들딸

들이 억지로 그를 병원에 보냈으나 그는 주사 바늘을 뽑아버리며 치료를 거절, 6월 14일 병세 악화로 사망.

* **허소진**, 요녕성 파룬궁 수련자, 1997년부터 춘하추동 막론하고 매일 아홉 시간씩 연공, 연공 후에도 여전히 풍습병에 걸렸으나 치료를 거부하고 "이는 대사가 나한테 소업을 해 주는 것이므로 소업이 되면 병은 곧 낫는다"고 했다. 1999년 6월 2일 병세 가중으로 별세, 당시 나이 49세.

* **호광영**, 상해시 퇴직 노동자, 2000년 7월에 아주 흔한 피부병 — 옴에 걸렸으나 파룬궁에 미혹되어 치료를 거절, 반년 사이에 사망을 초래.

6) 여성 아동 침해 사례

여성은 파룬궁의 주요 피해자이다. 적지 않은 여성들이 파룬궁 수련 후 분신 자살 혹은 치료와 약 거부로 사망했다.

2001년 1월 23일, 학혜군, 진과 등 5명의 여성을 포함한 7명의 파룬궁 심취자들이 "승천 원만" 추구를 위해 천안문 광장에서 집단 분신 자살을 저질렀다. 그중 2명이 사망하였고, 3명이 중상을 입고 불구자가 되었다.

2005년 11월 2일, 하북성 석가장시 법륜공 수련자 이효영은 북경시 남장가 남쪽 입구 동측 보도에서 분신 자살로 사망했다.

* **유인방**, 1948년 10월 출생, 사천성 비현 당원향 보춘촌 촌민, 장기간 심한 기관지염과 두통증으로 고생하던 환자였다. 1998년 2월 파룬궁에 미혹, 그 후부터 주사와 약 등 모든 치료를 거절했다. 2000년 12월 유인방은 이홍지의 "생사를 내려 놓고", "승천 원만" 하라는 가르침대로 천안문 광장에서 "호법"을 하기로 음모를 꾸미고, 임시 하북성 삼하시 연교진에 숨어 있는 동안 지병이 재발하여 돌연 사망했다. 그러나 함께 동행한 동수는 며칠이 지나도록 그대로 방치했다. 파룬궁 조직은 죄악을 덮어 감추기 위해 신도를 시켜 유인방의 시체를 하수구에 버려 흔적을 없앴다. 사람을 섬뜩하게 만드는 일이었다.

파룬궁의 해악적 가르침으로 인하여 파룬궁 신도에 의해 살해되었거나 살인 흉수로 전락된 여성도 있다.

* 1998년 2월 25일 밤, 강소성의 오덕교는 집에서 연공 중 아내가 그만 두라

말렸다고 아내를 그의 수련을 방해하는 "마"로 인정하고 식칼로 찍어 죽였다.

 * 2001년 2월 20일, 심천시 용강구 파룬궁 수련자 위지화는 파룬궁의 사악한 본질을 깨닫고 "다시는 이홍지의 제자로 살지 않겠다" 맹세했다. 위지화의 남편을 비롯한 10여 명의 파룬궁 미혹자들이 그녀를 "대법"을 파괴하는 "마"로 인정하고 잔인 무도하게 묶어 놓고 입과 코를 틀어막아 결국 위지화는 질식 사망을 하고 말았다.

 * 2001년 11월 25일 17시 전후, 북경시 서성구 파룬궁 수련자 부이빈은 그의 부모 집에서 아버지와 아내를 살해하고 어머니를 찍어 중상을 입혔다.

 부이빈의 자백에 따르면, 25일 오후 그는 아버지와 집 식구들이 "갈 때가 됐다"고 "깨달았다." 그리하여 부모의 집에서 식칼로 아버지와 아내를 찍어 죽이고 어머니에게 상해를 입혔다.

 * 2002년 3월 1일, 신강의 파룬궁 인원 임춘매, 온옥평은 "사람을 제도"하기 위해 섬서성 함양시 홍빈여관에서 근무하는 여직원 매신평을 살해했다. 임춘매는 기자의 취재에 "당신들은 우리가 사람을 죽였다고 하지만, 우리는 좋은 일을 했다고 생각한다. 그녀를 하늘로 제도해 갔다. 그녀는 복을 누리러 갔다"고 응답했다.

 통계에 따르면, 근년에 파룬궁 집단 음란행위 — "남녀 쌍수" 사건이 국내에서 20여 건이나 발생했다. 많은 여성들이 이를 위해 막대한 대가를 치렀고 그중 일부는 형법을 어기기까지 했다.

 * "남녀 쌍수"로 살인 사건을 "수련" 해 냈다.

 2004년 6월 10일, 길림성 연변조선족자치주 용정시에서 듣기에도 끔찍한 파룬궁 인원이 "남녀 쌍수"로 인해 사망을 초래한 사건이 발생했다. 본 사건 관계자는 법적 제재를 받았다.

 본 사건의 주범 이명화와 그의 남편 왕효옥 그리고 언니 이명영, 형부 형도 등 모두가 파룬궁 심취자였다. "공력"을 제고하고 "고층차에 오르기" 위해 그들은 수차 "심득"을 교류하고 "음을 채집하여 양을 보충하고 양을 채집하여 음을 보충함으로써 서로 보충하고 서로 수련하는 것으로 일종 음양 평형의 목적에 도달하는" 이홍지의 "법 이치"를 학습하고 공동으로 "남녀 쌍수"를 수련했다. "남녀 쌍수" 과정에서 그들은 형도의 몸에 "마"가 있다고 판단하고 합력으로 그를 도와 "마 구축"을 하기로 결정했다.

　2004년 6월 8일 밤, 이명화는 선후로 언니, 형부를 도와 "마 구축"을 했다. 그는 남편이 전수한 방법대로 목검을 휘둘러 언니의 잔등에 대고 몇 번 강타했다. 이명영은 아픔을 참아내고 찍소리 한 번 내지 않았다. 언니에게 "생사를 내려놓으면 '마 구축'이 된다" 하고 나서 그는 또 목검으로 형도를 강타했다. 그 결과 형도는 아픔을 참지 못하고 크게 아우성을 쳤다. 이명화는 형도에게 "아픔을 참지 못하면 '마 구축'이 되지 않는다"고 했다. 일심으로 "마 구축"을 원하는 형도는 이명화의 말을 듣고 "날 묶어 달라, 그러면 견딜 수 있다"고 했다. 그리하여 이명영과 이명화는 10미터 되는 흰 플라스틱 끈으로 형도의 손과 다리를 함께 묶은 다음 자매 둘이서 목검과 빨래 방망이로 형도를 정면으로 마구 구타하기 시작했다. 구타 과정에서 형도는 아픔을 참지 못하고 계속 아우성을 쳐댔다. 왕효옥은 형도에게 "참아! 참아! 당신이 꼭 견뎌낼 수 있을 거야", "반드시 '법'을 믿어야 해, '법'이 당신을 견뎌내게 할 거야" "꼭 견지해야 돼! '법'이 당신을 이 고비를 넘도록 할 거야!"라고 했다. 구타는 이렇게 한 시간이 넘도록 지속됐다. 형도가 아무 소리도 내지 못하게 되자 그제서야 두 자매는 손을 뗐다.

　6월 9일 오전 형도에게는 미약한 맥박밖에 없었다. 그러나 그들은 아무런 구급조치도 취하지 않은 채 오히려 "법륜대법" 경문을 읽기 시작했다. "사부" 이홍지가 형도의 "원신"을 돌려보내 살려주기를 간구했다. 동수인 형도의 어머니는 "마 구축"을 위해 이렇게 됐다는 소식을 듣고 역시 마음 편하게 잡고 함께 가부좌하고 앉아 "경문"을 읽기 시작했다. 6월 10일 새벽 2시경에야 그들은 형도가 숨졌다는 것을 발견했다.

　* 2001년 산동성 평도시 전 파룬궁 보도소 소장 강모(남), 부소장 서모(남), 기모(남)와 기타 몇 명의 여신도들이 래서시 공상 신촌에서 "남녀 쌍수" 수련 중 경찰에 의해 연행됐다. 경찰은 현장에서 파룬궁 선전품과 대량의 콘돔, 흥분제, "성패 2000" 등 약품을 수색해 냈다.

　* 2003년 하남성 파룬궁 수련자 조모(남)와 조모, 이모 등 10여명 여 수련자들이 주마점시에서 "쌍수" 수련 중 경찰에 연행되어 형사 처벌을 받았다. "남녀 쌍수"에 참여한 파룬궁 인원 중에는 70세를 넘은 노파, 노옹이 있는가 하면 예쁘고 잘 생긴 청춘 남녀도 있다. 그들 속에는 다른 사람 앞에서 대담히 난륜을

저지르고 있는 모녀, 오랍누이도 함께 있었다.

부모의 영향으로 파룬궁 수련 후 자살을 하거나 파룬궁 신도의 희생양이 된 아동도 있다.

■ 파룬궁 수련에 의한 분신 자살

유사영, 여자, 1988년 3월 출생, 소학교 5학년 학생, 1999년 어머니 유춘령을 따라 집에서 파룬궁을 수련, 2001년 1월 23일 북경 천안문 집단 분신 자살에 참여, 전신 화상 면적이 40%에 달했고 머리, 얼굴이 4도 화상을 입고 호흡이 어려웠다. 병원의 응급 처치를 받았으나 무효로 사망.

진영, 흑룡강성 가목사시 수인중학교 고2학년 학생, 17세, 파룬궁에 미혹되어 정신이상 초래, 1999년 8월 16일, 북경발 가목사행 439차 열차에서 뛰어내려 사망.

■ 아동은 파룬궁 신도의 부장품이 되었다.

고은성, 남자, 42세, 중경시 개현 천백향 공상소 간부, 파룬궁 연공지점 책임자, 파룬궁 수련 후 일정한 정도에 이르면 "삼화취정(三花聚頂)", "생원영(生元嬰)", "반본귀진(返本歸眞)", "사후승천" 할 수 있다는 이홍지의 말을 굳게 믿고 1998년 11월 6일 아들을 안고 건물 4층에서 투신, 응급 처치를 받았으나 최종 사망, 어린애는 구원되어 위험에서 벗어났다.

용강, 남자, 31세, 중경시 영천구 농민, 1997년부터 파룬궁 수련 얼마 지나지 않아 정신이 흐리멍텅해졌다. 그는 늘 지구는 곧 훼멸될 것이고 자기는 하늘로 올라가 재난을 피할 것이라고 했다. 1999년 7월 17일 새벽, 여섯 살도 채 안 되는 아들을 품에 안고 강에 몸을 던졌다. 아들은 제 때에 구조돼 위험에서 벗어났으나 용강은 사망했다.

■ 진료와 약 거부로 인한 아동 사망

송쌍용, 남자, 12세, 길림성 장춘시 남관구 사람, 비강후에 선천적으로 연골두 개가 자라 있어 줄곧 주기적으로 병원에서 치료를 받았다. 1996년 어머니 마수영이 파룬궁을 수련한 후부터 파룬궁의 만병통치 기능을 깊이 믿고 아들 송쌍용에게도 연습을 시켰다. 하지만 병세 호전은커녕 오히려 매일 심해만 갔으며 두 눈이 흐릿해지더니 얼마 지나지 않아 완전 실명되었다. 1999년 원단 병세가 갑자기 악화되었다. 그러나 마수영은 여전히 고집스레 제대로 일어설 수도 없는 송쌍용에게 각종 파룬궁의 동작을 지도했다. 5월 12일 집에서 숨을 거두고 말았다.

■ **부모에 의해 살해된 아동**

　동암, 요하유전 급수공사 직원, 1999년 12월 16일 저녁, 파룬궁에 미혹된 동암은 여섯 살밖에 안 되는 딸애 서철을 침대에서 죽인 후 "승천, 승천"을 반복 외쳐댔다. 사건 발생 후 동암은 "한 마가 나한테 당신이 딸을 죽이면 부처로 수련될 수 있다고 말했다"고 했다.

　동입, 남자, 37세, 요녕성 조양시 조양현 대평방진 서가촌 4조 농민, 2002년 2월 3일 밤 동입은 이홍지의 터무니없는 역설의 해악과 부추김으로 곡괭이로 깊이 잠들어 있는 아내와 딸을 향해 잔인하게 내리쳤다. 37세의 아내 맹수영을 죽이고 14세의 딸 동우단을 중상 입혔다.

　관숙운, 여자, 흑룡강성 이춘시 사람, 1997년 4월부터 파룬궁 수련, 2002년 4월 22일 "원만"과 "백일승천"을 위해 소위 "마 제거"를 실시, 몇 십명의 동수들 앞에서 손수 아홉 살도 채 안되는 자기 친딸 대남을 무참하게 목을 졸라 죽였다.

　이연충, 남자, 35세, 천진대항유전 종업원, 2005년 7월 10일 새벽 4시경 집에서 6세의 딸 이월과 6세의 외조카 장흠을 식칼로 찍어 함께 죽였다. 이연충은 "파룬궁 수련한지 9년, 웬 일인지 자꾸만 살인을 하고 싶었다", "당시 머릿 속에는 온 통 살인 염두밖에 없었으며 사상이 일부 좋지 못한 '생명'에 통제됐다. 마치 자기의 사상이 아닌 것과 같이, 그가 사상을 통제하고 나더러 살인, 자살 등을 저지르라고 시켰다"고 말했다.

실상 폭로: 재미 중국인 부부 5살 난 딸 살해, 살인 흉수 이홍지 사설에 세뇌된 듯

　해외 매체 종합 보도, 2017년 1월 9일, 미국 오하이오주에서 중국인 부부가 5살 난 딸을 살해한 사건이 발생했다. 사건 발생지는 중국 요리 식당, 1월 10일,

어린이의 어머니 진명명(Ming Ming Chen, 29세)과 아버지 조량(Liang Zhao, 34세)이 살인 혐의로 경찰에 체포되었다.

경찰의 잠정 조사에 따르면, 어린 애의 어머니 진명명이 "오른 주먹으로 여러 차례 딸의 머리를 내리쳐" 딸애를 숨지게 했다. 아버지 조량이 딸의 "입에서 흘러나오는 녹색 액체"를 보고 욕실로 데리고 들어가 깨끗이 씻어주고 딸이 호흡을 멈추자 즉각 인공호흡을 진행했으나 결국 실패, 두 사람은 딸애의 시신을 식당에 은닉하고 경찰에 거짓 "실종" 신고를 한 것으로 드러났다.

고향이 복건(福建)성 장락(长乐) 옥전(玉田)인 이들 부부는 2013년 오하이오 주에서 식당을 경영했는데 시신 은닉처 역시 이 식당이다. 이들 부부는 살인죄, 공모죄로 기소되었다. 죄명이 성립된다면 두 사람은 무기 징역 혹은 사형 판결에 임하게 된다.

"검찰관"(inquisitr.com) 13일 기사에, "아이러니하게도 진명명은 자신이 '진(真), 선(善), 인(忍)' 핵심 이념을 전파하는 중국 정신 수련단체인 파룬궁 신도라고 표명했다"고 한다.

파룬궁 교주 이홍지의 괴리 사설에 현혹되어 파룬궁 심취사가 미성년 사녀를 살해한 사건이 이미 여러 차례 발생했다.

1999년 12월 16일, 요녕성 요하(辽河)유전 직원 파룬궁 심취자 동암(佟岩)이 6살 난 딸 서철(徐澈)을 흉기로 찔러 침대에서 살해했다.

2002년 4월 22일, 흑룡강성 이춘(伊春)시의 44살 파룬궁 심취자 관숙운(关淑云)이 "원만", "백일비승(白日飞升)"을 위해 이른바 "마귀 제거"를 실시한다며 몇 십명의 공우들 앞에서 손수 자신의 9살 미만의 딸 대남(戴楠)의 목을 졸라 죽였다.

2005년 7월 10일, 33살 천진시 대항(大港)유전 직원, 파룬궁 심취자 이연충(李艳忠)이 집에서 6살 난 딸 이왕월(李王月)과 6살 난 조카 장흠(张鑫)을 흉기로 함께 살해했다.

(개풍망 2017.7.4 책임 편집: 신목)

7) 해외 파룬궁 골수 인원 사망 사례

* 2006년 3월, 미국 "신당인 텔레비전 방송국" 편집위원회 뉴스센터 책임자 이국동 간암으로 뉴욕에서 병사.
* 2006년 6월 22일, 미국 파룬궁 골간 봉리리 췌장암으로 미국 휴스턴에서 병사, 봉리리는 장기간 "파룬궁이 병을 제거하고 몸을 건강히 하는데 신기한 효능이 있다"고 선양, "파룬궁 내부에서 의학계의 선두자"로 유명, 측근의 말에 의하면 봉리리는 일찍이 2003년에 췌장암 진단을 받았다고 한다. 그러나 그는 시종 "업력"의 고험으로 받아들이고 파룬궁이 건강 회복을 시켜줄 것이라 굳게 믿었다고 한다.
* 2007년, 원단, 독일 파룬궁 골수 인원 주근매 당뇨병으로 사망, 그는 2년 전에 벌써 당뇨병에 걸렸음에도 불구하고 여전히 "연공 치병"을 굳게 믿고 병원치료를 거절, 독일 의사는 제 때에 치료를 받지 않은 원인으로 발생된 혈액 감염으로 인한 치사라 했다.
* 한국 "법륜대법학회" 골수 인원 전판열, 2007년 12월, 차 사고로 중상을 입은 후 구급 치료를 받았으나 무효로 사망.
* 2008년 5월 3일, 북미 파룬궁 골수 인원 유제남, 미국 뉴저지 희망산 파룬궁기지 건설 현장에서 일하다 16M 높이에서 떨어져 사망.

8) 해외에서 발생한 파룬궁의 인권침해 사례

* **양추귀**, 파룬궁에 미혹되어 독일 프랑크푸르트 건물에서 뛰어내려 자살. 양추귀 남자 강서성 여강현 중동진 애국촌 사람. 1995년 화동이공대학 졸업 후 학교에서 발급한 특등 장학금 수혜, 1996년 10월 영국 글라스고대학 자동화전공 박사과정 유학, 1997년부터 인터넷을 통해 파룬궁 수련, 1998년 5월 30일 특별히 영국에서 독일 프랑크푸르트까지 와서 파룬궁이 주최한 유럽 법회에 참가, 파룬궁의 창시자 이홍지의 설법을 들은 이틀 후인 6월 1일 현지 한 호텔의 2층에서 뛰어내려 사망, 당시 나이 26세.
* 미국 파룬궁 신도 봉리리 치료 거부로 병사. 2006년 6월 22일 미국 파룬궁

골수 봉리리가 췌장암으로 미국 휴스턴에서 병사, 봉리리는 장기간 "파룬궁이 병을 제거하고 몸을 건강히 하는데 신기한 효능을 갖고 있다"고 선양, "파룬궁 내부에서 의학계의 선두자"로 유명, 측근의 말에 의하면 봉리리는 일찍이 2003년에 췌장암 진단을 받았다 한다. 그러나 그는 시종 "업력"의 고험으로 받아들이고 파룬궁이 건강회복을 시켜줄 것이라 굳게 믿었다고 한다.

 * 네덜란드 파룬궁 신도 살인 후 시체를 기름에 튀기고 볶았다. 2006년 10월 네덜란드의 파룬궁 수련자 룽룽(음)은 도끼로 22세의 네덜랜드 청년을 찍어 죽이고 시체를 토막 내고 고기를 골라 연 며칠 기름 솥에 튀기고 볶았다. 《성도일보(星島日報)》에 의하면 상술 혐의범은 2003년 8월 네덜란드 입국 후 파룬궁에 심취되었고 파룬궁 신도라 자처하며 집에 앉아 연공에 전념했다. 그 과정에서 점차 환상과 편집증이 심각해졌다. 혐의범의 자백에 의하면 머릿 속에 있는 일종의 정신 역량이 그에게 "살인" 임무를 전달했고 시체를 토막 내 기름에 튀기고 볶은 원인은 사자의 육체에서 "마"를 철저히 몰아내기 위한 것이라 했다. 법관은 네덜란드 사법부의 보고를 인용하여 혐의범은 사자와 아무런 알력도 없었다. 그러나 그는 반드시 그 청년을 죽여야 한다고 자백했다. 왜냐하면 그가 신봉하는 "신"이 사자의 신과 오백년 전에 충돌이 있었기 때문이라 했다. 네덜란드의 《공공일보》보도에 의하면, 혐의범은 범행을 저지르기 전에 파룬궁 동수한테 피해자를 죽여도 괜찮겠냐고 물었다고 했다. 헤이그 법정은 2007년 6월 상술 혐의범은 정신이상 환자라 확정짓고 그에게 정신치료 강제 접수 판결을 내렸다.

 * 독일 파룬궁 신도 주근매 치료 거부로 사망, 2007년 원단 독일 파룬궁 골수 주근매가 당뇨병으로 사망, 그는 벌써 2년 전에 당뇨병에 걸렸음에도 불구하고 여전히 "연공 치병"을 굳게 믿고 줄곧 병원 치료를 거절했다. 독일 의사는 제때에 치료를 받지 않은 원인으로 발생된 혈액 감염으로 인한 치사라 했다.

 * 일본 파룬궁 신도 호리에 요꼬 장시간 "연공"으로 인해 정신이상 초래, 호리에 요꼬 1977년 3월 출생, 1999년 9월부터 파룬궁을 수련하기 시작, 일본 국내의 파룬궁 신도, 2006년 말 호리에 요꼬는 벌써 경도의 정신분열증 증상을 보였다. 그러나 계속 집에서 두문불출하고 연공에만 주력, 공개 활동에 거의 참여치 않았다. 2007년부터 호리에 요꼬은 늘 밤새도록 먹지도 마시지도 않고 연

공했고 말이 혼란스러워졌고 집 식구들마저 알아볼 수 없는 간헐성정신착란증상이 나타났다. 호리에 요꼬의 어머니는 그를 오사까 정신병원에 보내 치료를 받게 했다. 병세가 한때는 좀 호전을 보이더니 퇴원 후 즉시 연공을 회복하여 최종 정신이상을 초래하고 말았다.

＊영국에 일하러 간 중국 길림성 여인 2년간 파룬궁의 박해를 받았다. 2004년 2월부터 2005년 12월까지 영국에 일하러 간 중국 길림시 주민 영나(여)는 현지 파룬궁 조직에 불법 통제를 당했다. 파룬궁 조직은 음식 통제를 위협으로 강제로 영나에게 거리에 나서서 파룬궁 전단지와 선전품을 배포하게 하거나 혹은 다른 한 패와 같이 주영 중국 대사관 앞에서 연좌 시위를 벌이도록 시켰다. 심신이 심한 고통을 겪고 하마터면 목숨마저 잃을 뻔 했다.

＊미국 청년 임수봉 파룬궁 수련으로 정산 이상에 걸렸다. 1999년 10월 26일 임수봉이라는 남자 청년이 파룬궁 수련으로 인해 정신 이상에 걸려 마이애미에서 뉴욕의 외삼촌 집에 들이 닥쳐 자기의 공력이 아주 크다 거듭 과시하며 국내 친지들에게 전화로 병을 치료하고 외삼촌 병을 치료해주겠다고 했다. 나중에 웃옷을 벗어버리고 미친 듯이 몽둥이를 휘둘러 외삼촌 집의 가구들을 다 때려 부시고 나서 몽둥이를 든 채로 문을 걷어차고 집을 나갔다. 그의 가족들의 요구로 화인 단체에서 곳곳에 그의 행방을 수소문 한 결과 경찰에 의해 병원에 보내졌다는 소식을 27일 밤에야 접했다.

＊캐나다 파룬궁 성원들, 탈교자를 둘러싸고 구타

2001년 11월 중국계 캐나다인 하병(카이시린)은 자신의 체험 경력과 캐나다 파룬궁 수련자들 속에서 보고 들은 내용을 문자로 작성하여《화교시보》에 발표했다. 2월 1일 하병은 파룬궁 피해자 좌담회 참석차《화교시보》신문사에 가던 도중 수십 명의 파룬궁 인원들에게 둘러싸인 채 공격을 당했다. 논쟁과정에서 파룬궁 오타와보도소 책임자 주모가 손에 들고 있던 카메라로 힘껏 내리치는 바람에 그의 왼손 손등과 중지와 식지가 벌겋게 부어났다. 현지 병원은 손부위의 연조직이 손상을 입었다는 진단을 내렸다.

7. 파룬궁은 종족 간의 원한을 선동한다

7 파룬궁은 종족 간의 원한을 선동한다

1) 파룬궁은 중국에 대한 적대시를 선동

파룬궁은 중국 정부에서 파룬궁을 박해한다는 유언비어를 제멋대로 조작하여 퍼트렸다.

파룬궁의 매체에 제일 많이 전해지고 있는 소식이 소위 위성연(魏星艶), 이연화(李艶华) "피박해자" 사례다.

① 소위 위성연 "피강간" 사건

2003년 5월 파룬궁은 아래 사건을 조작했다. 중경대학 연구생 위성연이 "진상을 말해주다" 잡혀 사평패구 백학림 구치소에 갇혔다. 구치소에서 그는 한 경찰에 의해 뭇 사람들이 보는 앞에서 강간을 당했다. 강간 발생 후 위성연은 단식으로 박해에 항의했고, 경찰은 음식을 강제로 주입했다. 구강에 삽입하면서 기관과 식도에 상해를 입혀 위성연은 말도 할 수 없게 되었고, 생명이 경각에 달리게 되었다.

중국 경찰의 조사 결과 중경대학에는 파룬궁의 매체에서 말하는 소위 "고압직류 송전 및 시뮬레이션 기술"이란 전공이 없으며 위성연이라 부르는 사람도 애초에 없을 뿐더러 "중경대학 여 연구생 위성연이 구치소 민경에게 강간당한 사건"은 더더욱 없었다. 이는 파룬궁 인원 진서민, 노정기 등이 파룬궁의 지령을 받고 조작한 유언비어이다. 중경대학은 벌써 이에 공개 성명을 발표하여 헛소문을 논박하고 사실을 밝혔다. 2004년 2월 중경시 제1중급 인민법원은 진서민 등이 사교조직을 이용하여 법적 질서를 파괴한 사건에 대해 공개 심리를 진행했다. 매스컴 매체에서도 이를 공개적으로 보도해 진실을 알리며 파룬궁의 유언비어를 반박했다.

② **소위 이연화 "피박해" 사건**

파룬궁에서 만들어 낸 "9평"에 요녕성의 파룬궁 인원 이연화가 2001년 2월 19일, 파룬궁 진상 자료 배포 중 경찰에 납치되어 무참하게 맞아 죽었다는 소위 사례 하나를 발표했다.

조사 결과 소위 "이연화 피박해 사건"은 현지 파룬궁 인원이 악의적으로 조작한 것이다.

이연화, 여, 58세, 요녕성 대석교시 남루경제대발구 동강촌 사람, 1994년부터 파룬궁을 수련, 2001년 2월 19일, 파룬궁 총부의 요구에 따라 파룬궁의 불법 선전품 배포하던 도중 당뇨병이 돌발하여 응급 처치를 받았으나 무효로 사망했다.

2월 22일 밤 11시 현지 파룬궁 인원 왕장순, 서정강, 유경년, 육국점 등 넷은 카메라, 드라이버, 손전지 등 공구를 지참하고 동환병원 시체 안치실에 기어들어 이연화의 시체를 냉장고에서 꺼내 땅에 내려 놓고 웃옷을 벗기고 왕장순이가 카메라로 사진 7장을 찍었다. 그후 미리 써서 준비해 가지고 온 "이연화, 민경의 구타로 사망, 원혼이 떠나지 않는다"라는 플래카트를 시체 안치실에 놓고 나왔다. 후에 왕순창 구술, 이영 집필로 사실에 완전히 위배되는 문장을 써서 전단지로 제작하여 배포함과 동시에 파룬궁의 사이트에 올려 대대적으로 홍보하며 유포시켰다.

이런 사실에 어긋나는 거짓들은 현지 주민들의 아주 큰 반감을 샀다.

소위 기만적인 이런 "피해자" 사례는 비단 개별 사례의 일부일 뿐이다.

③ **"소가둔 강제수용소"와 "생체 장기적출"에 관한 유언비어**

"소가둔 강제수용소"와 "생체 장기적출"은 파룬궁에서 날조한 서로 관련되는 요언이다. 목적은 중국에 먹칠하고 중국을 비난하기 위해서이다.

2006년 3월부터 파룬궁은 소위 "소가둔 강제수용소" 요언을 대대적으로 선전하기 시작했다. 요언(謠言)은 6000명의 파룬궁 수련자들이 중국 요녕성 심양 소가둔구에 위치한 한 병원에 갇혀 있는데, 그들 중의 다수는 생체로 장기 적출을 당한 후 소각되어 흔적마저 찾아볼 수 없게 만들었다고 했다. 그 후 중국 정부, 주중 미국대사관과 일부 국내외 매체들에서 조사 확인 결과 이것이 철두철미한 요언이라는 것이 실증되었다. "소가둔 요언이" 밝혀진 후 파룬궁은 또 유언비어를 조작하는데 중점을 두고 중국 기타 지역에 소위 "생체 장기 적출" 현상이 다량으로 존재한다고 했다.

캐나다의 데이비드 킬구어와 데이비드 마타스란 두 사람이 억지로 둘러맞춰 온통 허점 투성이인 소위 "생체 장기 적출 조사 보고"를 작성해 냈다.

④ 소위 "중국 간첩"을 날조

2005년 6월, 망명한 중국 전임 외교관 진용림은 오스트레일리아에 체류할 목적으로, 도달하기 위해 "오스트레일리아에 현재 약 천명의 중국 간첩이 활동하고 있다. 이들이 이전에 수차 납치 행동을 진행했다"는 유언비어를 퍼트렸다. 파룬궁은 이 기회를 타서 "중국의 침략성적 간첩은 타국의 주권을 파괴한다"고 제멋대로 떠들어 대며 서방 국가들의 중국에 대한 증오를 선동했다.

같은 해 파룬궁은 오스트레일리아에 망명한 천진시 전 공안국경원 학풍군을 이용하여 소위 "중공 3년 간 특무 규획", "중국 간첩망" 요언(謠言)을 날조하여 대대적으로 홍보하며 중국과 일본, 오스트레일리아, 미국, 캐나다 등 나라들과의 관계를 불편하게 했다.

2006년 10월, 네덜란드의 한 파룬궁신도가 살인 후 시체를 기름에 튀기고 볶았다. 《성도일보》와 네덜란드의 《중하상보》에서 이를 객관적으로 보도했다. 파룬궁은 자기네 사이트에서 《성보일보》를 해외로 파견된 중공의 특무기구라 공격하고 중공이 매체를 이용하여 해외에서 간첩 활동을 진행한다고 유언비어를 퍼트렸다.

⑤ 해외 화인화교와 중국 유학생을 중공의 간첩이라 모함

해외 화인들이 애국의 정신과 인간의 지혜로 파룬궁의 터무니없는 역설과 역행을 힐책하거나 보이콧하면 파룬궁에 대한 박해로 간주하고 소위 "시해자"라 치부되어 금방 중공 간첩 취급을 당한다.

이홍지는《2003년 정월 대보름 설법》에서 중국은 "국제적으로는 대량의 특무를 파견하여 파룬궁을 박해하였다"는 헛소문을 퍼트렸다.

파룬궁은 미국 각 대학의 학생학자연합회를 해외에 주둔한 중공의 간첩 조직이라고도 했다.

2007년 미국 뉴욕대학 중국학생학자연합회는 교정의 안정을 위해 파룬궁이 본교에서 진행하는 소위 "전세계 중국무무용 대회"를 보이콧했다. 파룬궁 매체들은 곧 뉴욕대학의 학생회 주석이 이익에 회유되어 중공 간첩이 되었고 학생회도 특무 기구로 전락되었다며 요언을 날조하고 비난했다. 파룬궁의 매체 "인민보"는 뉴욕주재 "중국 영사관은 학생회에 위임 파견된 간첩 60여명을 조종하여 미국 대학에 뿌리박게 했다"고 모독했다. 신문은 또 "미국 각 대학의 중국학생학자연합회는 중공에서 조종하는 중공의 중요 정치 임무를 수행하는 해외 간첩조직으로 전락되었다"고 막말을 했다.

"플러싱 사건" 중 자발적으로 파룬궁에 항의하는 민중을 중공의 공범자 혹은 간첩이라 비난했다.

2008년 5월, 파룬궁은 뉴욕 플러싱에서 징을 치고 북을 울리며 화인들의 사천지진 이재민들을 위한 모금 활동을 교란해 현지 주민들의 의분을 자아냈다. 파룬궁은 파룬궁에 불만을 토로한 모든 사람들을 다 중공의 공범자 혹은 간첩이라 했다.

중국계 미국인 뉴욕주의원 유순일과 양애륜은 본 사건에서 파룬궁을 지지한다는 말 한마디 하지 않았다는 이유만으로. 그들이 "피동으로 수매당했을 뿐만 아니라 주동으로 중공에 가까이 한다"는 등 파룬궁의 맹비난을 당했다.

해외 중문 매체인《세계일보》,《성도일보》, 뉴욕《명보》, 시카고《신주시보》등 신문들에서 플러싱 사건에 대해 객관적으로 보도했다고 하여 파룬궁은 그들을 "중공이 매수하여 해외에 박아 놓은 파룬궁 백성을 박해하고 해외 화교를 우롱하는 앞잡이들"이라고 비난했다.

⑥ 애국적인 중국 사람을 중공 간첩이라 모독했다.

2008년 10월, "독일의 소리" 중문부 부주임 장단홍이 친중국 언론을 발표한 관계로 면직을 당했다. 장단홍 사건에서 파룬궁은 까닭 없이 장단홍을 중공 간첩이라 규정하고 "독일연방헌법보위국에서 응당 장단홍을 조사 대상으로 삼아야 된다"고 요구했다. 이 사건을 빌미로 해외에 있는 모든 중국인에게 중공 간첩이라는 모자를 들씌워 "중공은 전 세계에 도대체 얼마나 많은 '장단홍들'을 긁어모아 침투시켰는지? 이는 영원한 수수께끼다", "중공으로부터 월급을 받지 않는 해외의 화인이 당년의 히틀러 나치 선전을 받들어 히틀러를 위해 유대인을 학살하는 집행인이 되겠다고 지원한 적지 않은 독일 사람들과 무슨 구별이 있는가, 그들은 다 해외에 살고 있고 해외의 여권을 지참하고 기타 정부를 위해 일하면서도 누구이 독재 중공에게 양심을 판다"라고 했다.

⑦ 중외 문화교류 활동을 파괴

2006년 1월, 중국 중앙 텔레비전 방송국《동일수가(同一首歌)》가 캐나다 토론토와 미국 뉴욕에서의 성공적인 공연으로 북미지구 화인 화교들에게 성대한 예술 만찬을 베풀었다. 그러나 파룬궁은《동일수가》를 "중공이 문화 형식으로 전 세계에서 이데올로기 통일 전선을 진행"하는 공구라 모독했다. 그 목적은 해외 화교들의 "협애한 민족주의 정서"를 선동하고 해외 화교화인과 현지 주민 간의 분쟁을 고의적으로 조성시키기 위해서였다.

화인들의 이민자 수가 점점 많이 늘어나고 사회 지위가 인상 됨에 따라 캐나다의 텔레비전 방송망이 언어가 단일하고 프로그램이 단조로우며 내용이 결핍한 모순들이 점점 돌출되어 나왔다. 2006년 1월 7일, 70여 명의 화교 대표와 유학생 대표들이 토론토에 모여 연맹으로 캐나다 방송 텔레비전위원회(CRTC)에 중국《장성 플랫폼》의 캐나다 진출을 신청했다. 이런 사회에 복지를 가져다주는 일마저도 파룬궁은 극구 방해를 놓았다. 파룬궁은《장성 플랫폼》의 현지 진출이 중국이 캐나다에 대한 의식 형태 침투라 공언했다. 12월 22일 캐나다 방송 텔레비전 위원회는 9개 중문 텔레비전 프로그램으로 구성된《장성 플랫폼》의 현지 방영을 정식으로 허락했다.

2) 파룬궁은 종족 간 불화를 부추긴다.

파룬궁의 창시자 이홍지는 이족 통혼 혹은 "잡교"라 칭하는 자들의 후대 — 혼혈아는 그 뿌리를 찾을 수 없는 변이 인종으로 현 시대의 인류 도덕이 극점으로 몰락되었다는 것을 설명해준다고 했다.

"혼혈아를 한 사람으로 말한다면 그는 이미 천상 인종과 대응을 잃어버렸다."《1997년 뉴욕 좌담회 설법》

"세상의 어떠한 민족도 하늘에 모두 대응되는 인종이다. 혼혈된 후면 하늘의 신과 대응되지 못한다. 그렇다면 사람을 만든 어떠한 신이든 다 상관하지 않을 것인데 그럼 이러한 사람에 대해 말한다면 아주 가련한 것이다."《휴스턴 법회 설법》

"사람이 혼혈된 후에 당신은 그가 낳은 애가 혼혈아임을 보게 된다. 그러나 이 아이의 생명 중간에는 간극이 있으며 갈라놓은 후 그는 곧 기체와 이지가 건전하지 못하고 신체가 건전하지 못한 사람이 된다." (《시드니 법회 설법》)

이홍지는 혼혈아의 존재를 외계인의 인류와 천국 사이의 연락을 파괴하기 위한 음모로 해석하고 있으며, 인류 타락의 표현이라 하고 혼혈아를 사악의 무리라 했다.

스위스 설법에서 그는 "외계인이 인류의 각 종족을 혼합시켜 인간으로 하여금 신에게서 벗어나게 했다"라고 했다. 이홍지가 열거한 "사악"에는 열 가지가 있다. 혼혈아, 동성애 커플, 컴퓨터 사용 인사, 전통 파괴자, 민주를 믿는 사람과 "과학을 미신" 하는 사람 등이다.

"과학은 외계인이 만들어 낸 것이다. 그것의 목적은 인간을 통일시키고 …… 스페인은 혼혈 인종의 선도이다. 외계인이 인간으로 하여금 신에게서 벗어나게 하는 방법은 인종을 혼합시켜 인간으로 하여금 뿌리 없는 인간으로 변하게 하였는데 마치 인간들이 오늘날 식물을 교잡시키는 것과 같이 되어버렸다. 남미인, 중미인, 멕시코인과 동남아 일부 사람들은 모두 인종이 혼란되었다. 이 일체는 모두 신의 눈을 벗어나지 못한다. 외계인, 그것은 이미 사람을 관리하기 위하여 상당히 충분한 준비를 하였다." 《스위스 법회 설법》

"인류의 문화는 오늘날 난잡한 것으로 각종 문화의 혼잡이며 인종도 갈 수록 더 혼잡하다. 그것은 확실히 인류로 하여금 아주 위험한 경지에로 미끄러져가 게끔 다그치는데 이는 효과적이다." 《북미 제1회 법회 설법》

① 이홍지는 종족 융합을 반대했다.

"비록 동양 사람과 서양 사람이 모두 지구에 있으나 동서양은 하나의 물건을 사이에 두고 있는 것으로써 사람은 모르고 있다." 《시드니 법회 설법》

"당신이 그런 인종에 속하지 않고 당신이 그의 세계의 사람이 아니라면 그는 당신을 받아들이지 않는다." 《미국 서부 법회 설법》

② 파룬궁은 중국은 종족 멸종을 실시한다고 모독했다.

중국 정부는 법에 의해 파룬궁을 단속하고 절대 다수의 파룬궁 수련자들이 다시 행복한 생활을 누릴 수 있도록 도와주고 있다. 그러나 파룬궁은 중국정부에서 파룬궁에 종족 멸종을 실시한다고 유언비어를 퍼트리고 "백만을 넘는 진, 선, 인을 신앙하는 파룬궁 단체를 종족 멸종시키는 박해가 중국에서 발생되고 있다"하고 또 이를 근거로 중국 지도자에게 함부로 대항했다.

파룬궁은 매체에서 피력한 파룬궁 외위의 분시 자살 사례를 파룬궁에 대한 대중들의 증오를 부추기기 위한 것이라고 했다. 1999년 6월, 무한 텔레비전 방송국 전임 국장 조치진이 다큐멘타리 프로그램 《이홍지 그 사람 그 사건》을 제작했다. 파룬궁은 "매체를 이용하여 원한을 부추긴다"고 조치진을 고소했다.

2008년 3월 14일, 중국 라싸에서 엄중한 구타, 파괴, 강탈, 방화의 폭력 범죄사건이 발생했다. 현지 인민 군중들의 생명 재산이 심한 손실을 입었고, 사회 질서가 심한 해를 입었는바 정부는 법에 의해 처벌을 가했다. 그러나 파룬궁은 흑색선전을 일삼으며, "장족에 대한 종족 말살적인 학살"이라고 중상했다.

2008년 10월, 우크라이나 수도 키예프에서 열린 "정보 극단주의: 파룬궁의 시(是)와 비(非)"라는 국제 세미나에서 참석 전문가들은 파룬궁의 교의는 선명한 사교 특성을 띠고 있으며 종교 간, 사회 단체 간, 공민 간의 원한을 부추기고 "정보 테러주의"를 실시한다고 밝혔다.

8. 파룬궁은 반중국 정치조직이다

파룬궁은 반중국 정치조직이다

1) 파룬궁은 해외에서 반중국 활동에 종사한다.

파룬궁은 신문, 텔레비전 방송국, 인터넷 사이트 등으로 구성된 방대한 선전 시스템을 구축했다. "신당인 텔레비전 방송국", "대기원시보", "명혜망" 등을 통해 사교를 선전하고 유언비어를 퍼뜨리고 중국을 요괴화했다. 통계에 의하면, 중국에 관련된 부정적인 소식이나 요언들의 출처가 거의 대부분이 파룬궁의 매체들이다.

① 소위 "소가둔 강제 수용소" 요언을 날조하여 중국을 요괴화했다.

파룬궁은 제멋대로 소위 "박해자" 진상을 조작하여 저들의 범행을 덮어 감춤과 동시에 중국 정부를 모함했다.

2006년 3월, 파룬궁은 소위 "소가둔 강제 수용소" 사건을 조작했다. 요녕성 심양시 소가둔병원에 6000명 파룬궁 인원을 가둬둘 수 있는 수용소가 설치되어 있는데 이들은 장기를 적출당한 후 소각된다고 했다. 많은 중외 매체들과 주

중 미국대사관, 심양주재 미국총영사관을 포함한 주중 외국대사관들에서 사람을 소가둔 현지로 파견하여 병원 탐방을 했다. 그 결과, "이 병원의 기능이 기타 보통 공공 병원을 초월한다고 증명할 수 있는 아무런 증거도 발견하지 못했다"고 실증했다. 거짓이 밝혀진 후 파룬궁은 비난의 중점을 소위 "중국 장기이식문제"로 바꾸어 파룬궁 성원의 장기가 적출 당했다고 모함했다.

이런 비난들은 거짓과 모함를 바탕으로 날조된 것이므로 이로 인해 파룬궁은 공신력을 철저히 잃었고 세인들의 조롱을 당했다.

② 중국 정부를 겨냥한 정치활동을 직접 조직하고 획책했다.

2004년 11월 말, 파룬궁의 매체인 대기원은 "9평 공산당"이란 시리즈를 넉살 좋게 내 놓았다. 뒤이어 파룬궁은 중국 공산당 당원의 "퇴당" 요언을 날조했다. 파룬궁은 "전 세계 퇴당 서비스센터"를 설립하고 그 센터에 또 "서비스 사이트"를 개설했다. 파룬궁 사이트는 매일 3만 명에서 6만 명의 속도로 "퇴당"수가 자막 게시판을 갱신한다. 이 숫자는 즉시 국내외 인사들과 파룬궁 조직 내부의 보편적인 힐책을 받았다. 거짓을 덮어 감추기 위해 파룬궁은 또 "퇴단", "퇴대" 등 내용을 추가시켰다.

파룬궁은 정기적으로 해외 대도시 혹은 국제회의 기간을 이용하여 세미나를 조직하거나 집회와 시위 등 정치 활동을 진행한다. 예를 들면 "3퇴 성원" 등 이런 정치 활동은 모두가 중국 공산당과 중국 정부를 겨냥한 것이다.

파룬궁은 또 "국제 추적 조사" 조직을 설립하고 소위 "추적 조사"와 대량의 무고와 남소 활동으로 중국 공산당과 정부의 지도자, 사회학자, 경찰, 매스컴 저널리스트 등을 상대로 인신 공격과 정신적 공갈을 진행했다. 그들의 "추적 조사" 명단에 오른 인원 수만 해도 13000여 명에 달한다.

③ "3퇴"를 선동하고 이런 방식을 통해 "중공을 해체" 하고 중국 합법 정권을 뒤엎으려 시도했다.

파룬궁이 말하는 "3퇴"란 중국 공산당, 중국 공산주의 청년단, 중국 소년 선봉대 등 조직을 퇴한다는 것이다. 파룬궁은 이런 방식을 통해 중국 합법 정권을 뒤엎는 목적에 도달할 수 있다고 생각한다.

2008년 10월 말까지 파룬궁 사이트에 게재된 "3퇴" 숫자는 4,400여만 명이나 된다. 가장 전형적인 것은 일찍 단원이 아닌 파룬궁의 대표 이홍지마저 "퇴단" 성명을 했다.

④ 인권과 종교의 명목으로 서방 정치계 인사들을 기만하고 선동하여 중국을 배척하고 반대하도록 했다.

이홍지는 해외로 도주한 후 자신을 종교 피해자로 위장하고 일체 기회와 장소를 이용하여 서방 정치계 인사들을 선동하여 중국 정부에 압력을 가하도록 했다. 2000년 3월 2일, 중국계 미국인 파룬궁 인원을 미국 국회 외교관계위원회에서 주최하는 "중국과 티베트의 인권문제"란 공청회에 출석시켜 회의 참석자들에게 자기가 한 달 전에 북경에서 "호법"을 한 이유로 8일 동안 갇혀, 갖은 "학대"를 다 받았다는 요언을 퍼뜨렸다. 같은 해 3월 16일 미국 국제종교자유위원회에서 로스앤젤레스에서 개최한 "중국 종교자유문제" 공청회 때에도 미국이 반중국 제안을 위해 여론을 조성했다. 이홍지는 그의 주수 장이평을 파견하여 위경생 등 반중국 조직의 성원들과 결탁하여 함께 출석하도록 했다. 그들은 발언에서 관련 국가들에게 중국의 WTO 가입을 거절할 것을 호소하고 또 미국의 대중국 영구정상무역관계지위 부여를 반대했다.

그들은 또 일부 서방 반중국 세력과 적극 손을 잡았다. 2000년부터 2004년까지 파룬궁은 거의 해마다 제네바 유엔 인권대회에 참여하여 개별 나라들의 반중국 제안에 소위 "증거"를 제공했다.

파룬궁은 중국 북경 올림픽대회의 주최를 방해하고 파괴했다. 2001년 3월 파룬궁 조직은 국제 올림픽위원회에서 조직한 캐나다 현지 고찰 기회를 이용하여 토론토에서 기자회견을 갖고 북경 올림픽 주최권 신청을 극력 방해했다. 같은 해 6월 명혜망은 "국제 올림픽위원회에 보내는 편지"를 발표하여 "북경에서 2008년 올림픽 주최권을 얻도록 해서는 안된다"고 했다. 2001년 7월 모스크바에서 진행된 국제 올림픽위원회 투표 때에도 파룬궁 성원들은 모스크바 시에 집결하여 항의 시위를 벌임과 동시에 국제 올림픽위원회 위원들에게 메일을 발송하여 소란을 피우고 협박을 가했다. 하진량 전 북경 올림픽조직위원회 고문은 "때로는 올림픽 위원회 위원들 1인당 매일 200통에 가까운 파룬궁 조직에서 보내온 전자메일을 받았다"라고 했다. 2007년 8월 9일 파룬궁은 "인권성화" 이어달리기를 조직하여 올림픽 성회의 주최를 방해하고 파괴하려 들었다. 파룬궁은 또 많은 유언비어를 퍼뜨려 올림픽 주최를 교란했다.

몇 년간 파룬궁에서 한 이런 모든 행위들은 어느 하나 정치와 관련되지 않은 것이 없으며, 어느 하나 중국 정부를 뒤엎으려는 정치 음모을 품지 않은 것이 없다. 파룬궁은 정치에 참여하지 않는다는 철저히 벗어버리고 틀림없는 반중국 정치 조직으로 전락되었다.

2) 파룬궁은 중국과 기타 나라 관계를 이간시킨다.

① 파룬궁은 중국과 우호적인 관계를 유지하는 나라와 인사를 비난했다.

• 시라크 프랑스 전임 대통령을 비난했다. 2004년 중국 호금도 국가 주석이 프랑스 방문기간 당시 프랑스 대통령이었던 시라크의 열렬한 접대를 받았다. 일부 파룬궁 수련자들이 정상들의 회담을 교란하고 현지 법률을 어겨 경찰에 연행됐다. 그렇다고 파룬궁 매체는 시라크를 "비굴하게 아첨"한다고 비난했다. (대기원 2004년 1월 30일 《기야: 프랑스 대통령 프랑스를 해친다》)

• 한국 노무현 전임 대통령을 비난했다. 한국 정부에서 파룬궁의 선원예술단의 재한 공연을 허락하지 않았다고하여 그들은 당시 대통령이었던 노무현 소속 여당이 대선 시 투표 수가 줄어 들고 "위협과 이익의 회유로 중공 앞에서 굽실거려 천지가 조화를 이루지 못하고 음양 평형이 깨지면서 당 내에 잇따라 문제가 생기게 되었다"라고 했다. (인민보, 2007년 2월 22일, 《남한 총리 사직 사진에서 답을 찾았다》)

• 싱가포르 내각의 탁월한 정치가 이광요를 비난했다. 파룬궁이 싱가포르에서 수차 법적 엄벌을 당했다하여 싱가포르 정부를 "독재 전제정부", "완전히

중공이 하라는 대로 하며" "이미 선(善)을 박해하는 공구(工具)가 되었다"고 했다. 그리고 이광요 부자를 싱가포르 인민의 "액운"이라고 모독했다. (인민보, 2007년 1월 22일,《이광요는 자기의 목숨을 구해준 은인에게 쇠고랑을 채웠다》)

• 오스트레일리아 전임 외무장관 다우너를 비난했다. 오스트레일리아 전임 외무장관 다우너는 연속 4년 간 매년 파룬궁 인원이 오스트레일리아 주재 중국 대사관 앞에서 진행하는 항의 활동을 금지하는 명령에 서명했다. 이유는 파룬궁의 현수막과 음악이 중국 대표단과 중국 대사관의 존엄에 손상을 입히기 때문이다. 이로 인해 다우너는 파룬궁의 남소(濫訴)를 당했고 다우너를 "경제 이익을 위해 덮어 놓고 중국의 환심을 사고 중국의 비위만 맞춰" 이미 저도 모르게 중공이 파룬궁 단체를 박해하는 공범으로 전락되었다고 했다. (대기원, 2006년 9월 13일,《오스트레일리아 외무장관 다이너 권리 남용 혐의로 피소되어 재차 심문》)

• 독일 전임 총리 슈뢰더와 영국 전임 수상 고든 브라운이 대중국 관계를 적극 발전 시켰다고 파룬궁은 그들을 "악당의 하수인"이라고 맹비난했다.

• 로게 국제 올림픽위원회 주석도 마찬가지로 북경 올림픽 대회를 지지했다는 이유로 비난을 당했다. 국제 올림픽위원회 주석 로게는 북경 올림픽 대회의 굳건한 지지자이다. 이로 인해 파룬궁의 주요 비난 상대가 되었다. 2008년 3월 5일 "대기원"은 "국제 올림픽위원회 주석 로게의 반인류죄 혐의에 관한 공고"란 기사를 발표하여, "국제 올림픽위원회 주석 로게는 중공 폭정이 '북경 올림픽 대회'를 인권 박탈 이유로 만들려는 정치 음모에 장단을 맞춰 공개적으로 '북경 올림픽 대회'기간 각국 운동원의 정치 문제 담론을 금지하고 이 금지령을 위반하는 운동원은 엄벌에 처한다고 했다." "올림픽 운동회의 자유 정신을 배반하고 유엔 헌장의 기본 인권을 보장할 데 대한 원칙을 위반하고 국제 올림픽위원회 주석의 직권을 남용했다"며 공공연히 "중국에 민주가 실현된 후 조사 결과를 독립된 사법기관에 제출하여 로게에게 반인류 죄의 형사 소송을 청구할 것이라"고 으름장을 놨다.

• 파룬궁은 별세한 저명한 오페라 가수 파바로티를 비난했다. 이태리 저명 오페라 가수 파바로티는 췌장암으로 2007년 9월 6일 오전 71세를 일기로 별세했다. 세계 각 나라 주류 매체들에서는 잇달아 기사를 발표하여 파바로티의

인생과 업적을 찬탄하고 그의 불행한 서거에 애도를 표시했다. 그러나 파룬궁 조직은 "중공의 올림픽 주최권의 신청을 도왔다"는 있지도 않은 죄명을 들씌워 파바로티를 비난했다. "지금은 '하늘이 중공을 멸망시키는' 역사 시기이다. 영향력이 너무 큰, 달갑게 중공을 위한 선전도구로 전락된 파바로티가 계속해서 세계순회 공연을 하고 새로운 앨범을 내고 계속해서 개인 매력으로 세계 범위의 사람들에게 영향을 준다면 신은 허용하지 않을 것이다", "당신이 누구든 당신의 나이가 적든 많든 그 누구든지 중공과 포용하고 중공을 대신하여 선전을 하기만 한다면 만회할 수 없는 대가를 치르게 될 것이다." (인민보, 2007년 9월 7일, 《파바로티는 이를 위해 생명의 대가를 치렀다》)

② 파룬궁은 북경 올림픽 대회에 참석한 각 나라 수뇌들을 비난했다.

• 파룬궁은 북경 올림픽에 참석한 각 나라 지도자들은 "정치 평형술을 잘 다루는 서방정요", "잔꾀를 부리고", "늑대와 함께 춤을 추는 과정에서 중공의 올가미에 걸려 들었다", "미국, 일본, 러시아, 프랑스 이런 나라 지도자들은 각종 이익을 고려하여 최종 중공에 타협을 해 그들의 정치 생애에 오점을 남겼다." (인민보 2008년 8월 3일, 《외국 수뇌들 북경 올림픽 대회 참석 배후 교역》)

• 프랑스 대통령 사르코지를 비난했다. "북경 올림픽에 대한 태도가 마치 그가 혼인을 대하듯이 하도 변덕스러워 갈피를 잡을 수 없다", "이 문제에서 사르코지는 결국 양쪽의 미움을 모두 사게 되었고, 공신도가 재차 내려가 양난의 곤경에 빠졌다." (인민보, 2008년 8월 3일, 《외국 수뇌들 북경 올림픽 대회 참석 배후 교역》)

• 오스트레일리아 총리 케빈 러드를 비난했다. "중국 말을 유창하게 할 줄 아는 …… 그러나 바로 그가 한어를 배웠기 때문에 중국 사람의 그런 원칙을 지키지 못하고 간사하게 계략만 꾸미는 나쁜 버릇을 먼저 배운 것 같다." (대기원, 2008년 8월 2일, 《북경 올림픽 개막식 참석의 도덕 선택》)

• 일본 수상 후꾸다 야수오를 비난했다. "올림픽 개막식에 얼굴을 내밀어 국제 매체의 카메라에 찍히고 잘난 척, 이런 기회 그 절름발이 정객이 물론 놓치려하지 않을 것이다."

• 영국 수상 브라운을 비난했다. "이런 일들에서도 중간을 걷는다", "정치 평형을 다루는" 것이다.

미국 부시 전임 대통령은 북경 올림픽 대회를 지지했다는 이유로 제일 많은 비난을 받았다.

"(부시 대통령)은 인지가 완전히 결핍한 것 같고 이익을 위한 원칙 포기로 그의 정치 생애에 오점을 남겼다." (대기원, 2008년 8월 2일,《북경 올림픽 개막식 참석의 도덕 선택》)

"부시는 얼마 지나지 않아 곧 내려앉는다. 곧 철저히 평민으로 회귀한다. 기껏 해야 전임 대통령이다." (대기원 2008년 8월 12일《부시 대통령도 관람석에 앉아 있다... 느낀 소감》)

"미국 대통령 부시는 중공의 손바닥에서 놀아나는 장난감으로 중공의 성공적인 통일 전선 대상이 되었다. 그리고 미국 올림픽 운동회 운동 선수가 중공의 야만적인 비자 거절을 당했어도 감히 중공에 이의도 제기 못한다. 그러고도 북경에서 중공이 설계한 중국의 허위적인 종교 자유 전시 그런 책략도 받아들인다." (2008년 8월 14일, 대기원,《북경 올림픽 대회는 중공이 인류를 납치하는 대연습이다》)

"부시 가족은 돈을 벌지 못하니 귀가 먹은 척, 멍청한 척 한다. 소부시가 미국에 가져다 준 손실은 부친보다 더 크다. 경제 불황에 천재인화까지 끊임없다." (인민보, 2008년 8월 17일,《노소부시 다 금이 간 달걀이다.》)

③ 파룬궁은 소위 간첩 문제를 조작하여 중국의 대외 관계를 훼방하였다.

2005년 6월 망명한 중국 전임 외교관 진용림은 자신이 오스트레일리아에 체류할 목적으로, 그에 합당한 이유를 대며, 오히려 조작된 내용을 주장했다. 그는 "현재 약 1000명에 달하는 중국 간첩들이 오스트레일리아에서 활동하고 있다. 이 사람들이 전에 여러 차례 납치 활동을 진행했다"고 했다. 파룬궁은 이를 구실로 소위 중국 간첩 문제를 들고 나와 "중국에서 침략한 간첩이 타국의 주권을 파괴한다"고 제멋대로 떠들어 댔다.

같은 해 파룬궁은 오스트레일리아에 망명한 천진시 전 공안국경원 학풍군을 이용하여 소위 "중공 3년 간 특무 기획", "중국 간첩망" 요언을 날조하여 대대적으로 떠들어대고 중국과 일본, 오스트레일리아, 미국, 캐나다 등 나라들과의 관계를 훼방하였다.

파룬궁은 "중국 정부 고급 관리가 탄자니아에서 고소당했다"는 요언을 날조하여 중국과 탄자니아 관계를 이간시키려 했다.

2004년 8월 파룬궁은 자기들 사이트에서 "중국 정부의 고급 관리가 탄자니아에서 고소를 당했다"는 요언을 날조했다. 2004년 12월 탄자니아 외교와 국제합작부는 성명을 발표하여 "이 보도는 순전히 날조한 것이다. 그 목적은 중국과 탄자니아의 우호관계를 파괴하려는데 있다" 탄자니아 정부는 절대로 "파룬궁과 같은" 사교 조직류의 일부 때문에 중국과 탄자니아 양나라 인민들 사이의 장기적인 우의와 형제의 정이 파괴되는 것을 허용할 수 없다라고 했다.

3) 파룬궁은 나날이 정치 조직화 된다.

① 이홍지는 신도들이 정치적인 언론을 발표하도록 부추겼다.

이홍지는 설법에서 "내가 방금 이야기 했듯이 '구평'이 나오자마자 어떤 사람은 곧 이해하지 못하며 우리 이것은 정치에 참여하는 것이 아닌가? 라고 말했다. 무엇을 정치라고 하는가? 가령 나 이홍지가 정말로 여러분을 이끌고 정치 중에서 수련한다면 수련 성취할 수 있는가 없는가? 반드시 될 수 있다. 오직 수련인가 일을 하는 과정 중에서 끊임없이 대법으로 당신의 수련을 지도해서 좋은 사람이 되고 더욱 좋은 사람이 되도록 하며 대법으로 당신을 용련(熔煉)시킨다면 당신은 끊임없이 제고할 수 있으며 끊임없이 승화할 수 있는 것으로 바로 원만에 도달할 수 있는 것이다. 가령 내가 오늘 여러분을 이끌고 군신(君臣)의 방식으로 당신들 한 무리 신하들을 이끌고 수련한다면 수련할 수 있는가 없는가? (박수) 역시 반드시 될 수 있으며 아울러 반드시 원만할 수 있다. 다만 어떻게 이 한 갈래 길을 걷고 어떻게 중생에 대해 책임지며 어떻게 생명을 제고시킬 수 있는가는 오직 이 한 부의 대법의 지도에 따라 한다면 능히 할 수 있는 것이다. 구체적인 형식 상에서 나는 그러한 것을 선택하지 않았다. 오늘날 이미 이 일보로 걸어왔는 바, 역시 다시 새롭게 선택하기란 불가능하다. 우리는 바로 이런 일종 수련 형식이며 바로 이런 수련 방식이다." (2006년 2월 25일,《로스앤젤레스시 설법》)

"만약 '정치'가 박해를 폭로할 수 있고 '정치'가 박해를 제지할 수 있으며 '정치'

가 진상을 똑바로 알리는 것을 도울 수 있으며 '정치'가 중생을 구도할 수 있다면 그럼 소위 '정치'에 이처럼 좋은 점이 있는데 어찌 기꺼이 하지 않겠는가…… 만약 각국 매체가 중공의 이익 때문에 침묵하고 있을 때, 대법 제자들이 스스로 매체를 꾸려 박해에 반대하고 세인을 구도함이 '정치'를 하는 것이라면 그럼 정정당당하게 이 '정치'를 이용해 박해를 폭로하고 중생을 구도하도록 하라!" (2007년 2월 21일,《정치를 다시 논함》)

"'탈당 센터'가 있고 '중공사당 퇴출 센터'가 있으므로 해서…… 실질적으로 이는 사악을 훼멸하는 유력한 곳이다…… '탈당 센터'는 무엇인가? 그것은 바로 중생을 구도하는 곳이 아닌가?" (2008년 5월 24일,《2008년 뉴욕 법회 설법》)

② 이홍지는 신도들에게 "9평"을 산발하고 중공해체를 선동했다.

"세인들더러 악당의 본성과 그것이 왜 대법 제자를 박해하고 있는가를 요해하도록 하기 위하여, 세인들이 '9평'을 요해하는 것이 필수적인 것으로 되었다. …… '9평'은 사악에게 독해 받은 일체 중생을 구원하는 것인데…… 목적은 각계 중생들이 모두 중공악당 배후의 요소가 무엇인가를 똑똑히 보도록 하는 데 있다."《정치를 하는 것이 아니다》)

2008년 1월 1일, 파룬궁은 "민운" 등 반중국 조직을 규합하여 소위 "중국 과도정부"를 설립하고 "중국 과도정부의 일체 정치 목표는 아래와 같이 개괄할 수 있다. 막스 레닌을 구축하고 중국을 재건…… 민족 자치, 연방 공화"라 공언했다.

③ 파룬궁의 정치성에 대해 해외의 매체, 조직과 관련 인사들은 너무나 똑똑히 보아왔다.

2006년 11월 1일 중국담당 시사평론가 David Ewing는 미국 켈리포니아주 버클리 KPFA 방송국의《대포와 버터》란 프로그램에서 파룬궁 문제를 논의했다. David Ewing는 "지금 보면 파룬궁은 세계에서 가장 큰 반공 조직인 것 같다"라고 말했다.

2006년 12월 18일 우크라이나 드니프로페트로프스크시 중급 법원은 파룬궁이 드니프로페트로프스크시 반사교 협회를 고소한 사건에 대하여 원고에 패소 판결을 내렸다. 판결서는 "파룬궁 연합회"는 문화 활동 단체로 등록을 했지만 실제 줄곧 불법 정치 활동에 종사해 왔으며 게다가 우크라이나와 우호 관계를 유지하고 있는 중국을 반대하는데 목적을 두고 두 나라 관계에 좋지 않은 영향을 미쳤다라고 지적했다.

2007년 2월 7일, 미국 켈리포니아주 샌프란시스코 고등법원은 켈리포니아 주정부 후원으로 진행되는 중국 신년 퍼레이드 행사에 파룬궁 수련자들의 참여를 거절한 것은 결코 파룬궁에 대한 차별 대우가 아니라는 판결을 내렸다. 이는 2006년 이후 파룬궁이 두 번째로 신년 퍼레이드 행사에 거절을 당한 것으로 된다. 이유는 전에 파룬궁 수련자들이 정치 활동을 금지한다는 원칙을 위반하고 퍼레이드 행사 때 중국 정부를 반대하는 자료를 배포했기 때문이다.

2007년 하반년 파룬궁은 수차 북경 올림픽을 대표하는 꽃차가 미국 켈리포니아주 패서디나시에서 119회를 맞는 로즈 퍼레이드 행사에 참여 못하게 방해를 놓았지만 참담하게 실패하고 말았다. "올림픽 꽃차"를 지지하는 패서디나시 Bill Bogaard 시장은 시의회에서 의원들을 향해 로즈 퍼레이드조직위원회 주석 C.L.Keedy의 편지를 낭독하고 꽃차 퍼레이드의 정치 중립성을 성명했다. 미국 켈리포니아주《위티어 매일신문》은 2007년 11월 11일, 지금 세계 일부 지역에서 순회되고 있는 "인권 성화" 이어 달리기가 바로 파룬궁 조직이 북경올림픽 반대를 위해 진행하고 있는 활동이라고 보도했다.

2008년 2월 10일, 파룬궁은 그 조직의 정치성으로 인해 두 번째로 뉴질랜드 웰링턴 중국 음력 신년 경축행사 참여에 금지 당했다.

2008년 1월 7일, 《로스앤젤레스 타임즈》에 발표된 《파룬궁과의 관계로 인해 신당인 신년 만회가 더 큰 물의를 일으킨다》라는 기사는 어떤 사람들은 파룬궁의 신년 만회를 지배하는 것이 문화가 아니라 정치라 인정하고 파룬궁 수련생들이 자기들은 하나의 종교 단체라 하지만 전달하고 있는 내용으로 봐서는 그들이 정치 단체라는 것을 이미 표명했다고 말하는 사람들도 있다라고 했다.

파룬궁은 이른 바 종교와 수련이란 명목을 내 걸고 있지만 그 실제 내용은 사실상 적나라한 반중국 정치활동이다.

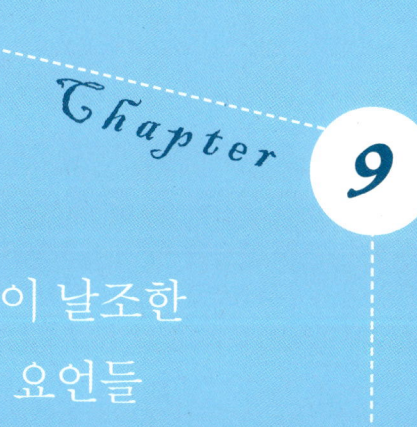

9. 파룬궁이 날조한 갖가지 요언들

9. 파룬궁이 날조한 갖가지 요언들

1) 소위 "소가둔 강제 수용소 사건"

2006년 3월 8일, 해외 파룬궁 사교 조직은 책동을 꾸며 듣기에도 끔찍한 소위 "소가둔 강제 수용소 사건"이란 요언을 날조해 냈다. 중국 요녕성 심양시 소가둔구에 수용소 하나가 있는데 3미터 높이의 담벽에 철조망이 가설되어 있고, 안에는 6000여 명의 파룬궁 인원이 갇혀 있다. 그중 3분의 2는 이미 죽은 다음 장기를 적출당한 후 수용소에 설치된 시체 소각로에 넣어 소각되었고 그들의 장기는 불법으로 전국 각지와 해외로 팔렸다고 했다. 그 후 파룬궁 사교 조직은 다시 이 수용소가 소가둔구에 자리 잡은 요녕성 혈전병중서결합의료센터(소가둔 혈전병의원이라 통칭)에 설치되어 있다하고 인터넷에 이 병원과 소위 "시체 소각로"의 사진을 게재했다. 2006년 3월 20일, 파룬궁 매체는 소위 안니(Anne)라 부르는 "증인"을 내세워 이 병원의 종업원이고 전 남편이 이 병원 뇌외과 의사였고 2001년부터 병원 내에 갇혀 있는 사람들이 모두 각막과 기타 장기를 적출당했고 그의 전 남편도 수술에 참여했다고 진술했다. 3월 31일 대기원 사이트는 또 다른 한 명의 증인 "노군의(老軍醫)"를 내세워 소가둔혈전병원에 설치되어 있던 수용소가 노출된 후 이미 비밀리에 지하로 이전되었다고 전했다.

중국 관련 부문은 파룬궁이 날조한 이런 요언을 여러 차례 반박하고 견책했다. CNN, A.P통신사, 워싱턴포스트, 로이터통신사, 아사히신문 등 해외 매체들에서도 소가둔을 방문하여 현지 탐방했다. 3월 22일 심양주재 미국영사관 영사는 소가둔혈전병의원을 상세하게 참관하고 나서 병원의 환경과 의료 조건에 찬사를 보냈다. 4월 4일 중국 외교부 대변인은 미국 A.P통신사 기자의 물음에 파룬궁의 요언을 논박했다. 4월 12일 소가둔구 정부와 요녕성 혈전병중서결합 의료센터는 국무원 신문 판공실에서 뉴스 발표회를 갖고 재차 파룬궁의 비열한 행위를 견책했다. 4월 14일 심양주재 미국 영사관 총영사 David A.Kornbluth, 주중 미국 대사관 관원 LiQisen, 의사 Shapiro 등 다섯 명이 소가둔혈전병의원을 세 시간 반 동안 상세하게 고찰했다. 같은 날 미국 국무원은 주중 미국대사관과 심양주재 영사관에서 소가둔을 두 차례 방문 조사한 결과 보고를 발표했다. 보고는 "보통 공공병원 기능 외에 다른 용도로 사용되고 있다는 것을 증명할 수 있는 아무런 증거도 발견하지 못했다"고 했다.

사실 파룬궁의 이런 요언과 소위 증인, 증거란 곳곳에서 허점들이 드러났다. 예컨대 증인 안니는 소가둔혈전병원 측에서 갇혀 있는 파룬궁 수련자들을 상대로 생체 해부를 진행하여 불법으로 인체 장기 이식을 한다고 했는데 사실 이 병원은 위치가 시내 번화가에 있고 중국의 병원 분류 체계에서 2급 갑류에 속하는 병원이기 때문에 의료 수단이나 설비 수준, 의사의 권한 등 여러 면에서 "인체 장기를 적출" 할 수 있는 능력을 구비하지 못했다. 병원에 다 합해 겨우 300개의 침대 뿐이어서 6000여 명의 용납은 근본 불가능하다. 소위 시체 소각로란 역시 병원의 보통 보일러일 따름이다. "증인" 안니가 병원에서 파룬궁 수련자의 장기를 태국 등지로 매매한다고 했는데 아무런 증거나 단서도 제공하지 못했다. 우리들이 알고 있는데 의하면 태국 법률에 가족이 아니고는 장기 기여가 금지로 되어 있다. 하물며 장기 수입 혹은 매매는 더더욱 금지이다. 안니는 그의 전 남편이 뇌외과 의사라고 했고, 또 2001년부터 눈각막 수술을 했다고 했는데 뇌외과 의사가 눈각막 적출 수술을 한다는 것은 불가능한 일이다.

파룬궁에서 날조한 요언이 하도 어처구니가 없어 해외에서 "중국 노동 개조 문제 전문가"로 자처하고 있는 반중국 정부 "민운분자" 오홍달마저 그대로 보고만 있을 수 없어 2006년 8월, 미국 국회와 매체에 공개 편지를 보내 그 진실성을 부인했다.

2) 소위 "생체 장기 적출 보고"

"소가둔 강제 수용소" 요언이 철저히 밝혀진 상황에서 자기들의 새빨간 거짓말을 합리화시키는 출로를 찾기 위해 파룬궁은 또 소위 "파룬궁 수련생들의 생체에서 장기를 적출하는" 현상이 중국의 기타 지역에도 대량 존재한다는 요언을 퍼뜨렸다. 이로써 국제 사회의 시선을 전이시키고 헷갈리게 만들려 시도했다. 2006년 7월 6일, 캐나다 외교부 아태 사무국 전임 국장 데이비드 킬구어와 인권 변호사 데이비드 마타스는 파룬궁의 의도에 따라 "중공의 파룬궁 수련생 장기 적출을 고소하는 조사 보고서"를 발표하고 2007년 1월 31일, 다시 이 보고의 수정판을 발표하여 중국 정부가 불법으로 파룬궁 수련생 생체에서 장기를 대량 적출한다고 모독했다.

보고에서 킬구어와 마타스가 유일하게 이름과 성을 밝힌 전문 인사는 중화의학회 장기 이식 분회 부주임 위원 석병의 교수다. 보고는 석 교수의 말을 인용하나며 "파룬궁 박해 이래 2000년부터 2005년끼지 6년 간 약 6만 건의 이식 수술을 진행했다"고 했다. 그러나 석병의 교수 본인은 이 터무니없이 날조된 인용에 대해 분노를 표시함과 동시에 거짓말을 꾸며낸 목적을 힐책했다. 2007년 1월 초 영국 방송공사(BBC)와 가진 이 화제에 관한 인터뷰에서 석 교수는 "나는 종래로 그 어떤 장소에서든 이런 말을 한 적이 없으며 이런 데이터는 아무런 근거도 없다. 난 이 두 필자가 이런 말을 꾸며낸 목적이 무엇인지 무슨 이익이 그들로 하여금 거짓을 날조하게 했는지 모르겠다"는 성명을 낭독했다.

보고에서 제출된 모든 증거는 대체로 두 가지로 분류된다. 하나는 조사에서 얻은 소위 증인 증언 혹은 녹음 증거이다. 증인 증거에 대해 보고에서는 확실한 이름, 신분, 주소, 연락처 그리고 증언을 획득한 시간, 지점, 절차와 견증인 등에 대해 한 사람도 제출하지 못했다. 녹음 증거 역시 같은 문제가 존재하며 이런 전화 조사의 기본 절차와 규범에 대해서도 보고는 아무 것도 체현하지 못했다. 하물며 녹음 증거 자체의 진실성과 객관성이란 문제가 아니 될 수 없다. 다른 하나는 소위 증거라는 것이 필자가 인터넷에서 다운받은 자료 혹은 필자마저도 제대로 밝힐 수 없는 기타 경로를 통해 얻은 자료들이다.

이외 이미 밝혀진 사실인 소가둔 사건 중의 "증인" 안니의 뇌외과 의사 남편이 각막 이식수술을 했다는 등이 재차 파룬궁 수련인이 생체로 장기 적출을 당한다를 논증하는 증거로 채용되었다.

일체 사실이 알려주다시피 파룬궁은 요언의 날조자, 문제의 발원지로 신망이란 운운할 여지조차 없으며 그들이 하는 일 일체가 모두 중국 이미지를 훼손시키기 위한 것이다.

3) "3퇴" 요언

파룬궁이 말하는 "3퇴"란 중국 공산당, 중국 공산주의 청년단, 중국 소년 선봉대 등 조직을 퇴한다를 가리킨다. "3퇴"는 파룬궁 조직이 퍼뜨린 정치 요언으로 파룬궁은 이런 방식을 통해 중국 정권을 뒤엎는 목적에 달할 수 있다고 생각한다.

2004년 11월 말, 파룬궁의 매체인 대기원에서 "9평 공산당"을 꾸며낸 후 뒤이어 파룬궁은 중국 공산당 당원의 "퇴당" 요언을 날조했다. 파룬궁은 소위 "전 세계 퇴당 서비스 센터"를 설립하고 센터에 또 "서비스 사이트"를 개설했다. 파룬궁 사이트는 매일 3만 명에서 6만 명의 속도로 "퇴당" 숫자 자막 게시판을 갱신한다. 이 숫자는 즉시 국내외 인사들과 파룬궁 조직 내부의 보편적인 질문을 받았다. 거짓말을 덮어 감추기 위해 파룬궁은 또 "퇴단", "퇴대" 등 내용을 추가시켰다.

"3퇴" 숫자는 파룬궁이 연출한 일종의 정치 게임이다.

파룬궁 사이트의 통계 숫자를 보면 "3퇴" 인원 수가 매일 적어 3만 명 많을 때는 6만 명에 달한다. 2008년 말까지 파룬궁이 발표한 "3퇴" 인원 수는 4700여만 명에 달한다. 이런 "3퇴" 속도로 중공을 신속히 해체하려는데 그 목적이 있다.

그러나 사실이 증명하다시피 중국 공산당 당원 수는 줄어들지 않았을 뿐더러 오히려 매년 150만 명씩 추가되는 속도로 늘어나고 있다. 중공 중앙 조직부에서 2007년 10월 8일에 발표한 통계 숫자에 의하면, 2007년 6월까지 전국 당원 총수량이 7336.3만 명이며, 2002년 중국 공산당제16차 대표대회 때 대비 642.2만 명이나 늘어나 평균 매년 142.7만 명이 증가되고 평균 매년 2.1%의 증가율을 기록했다.

중국공청단중앙위원회에서 발표한 숫자에 의하면, 2007년 말 전국 공청단 원수는 총 7543.9만 명이며, 2002년 말 대비 557.9만 명이 증가되었고 8% 증가되었다. 중국소년선봉대전국위원회에서 발표한 숫자에 의하면, 2005년 5월 전국에 약 1.3억 명의 소년 선봉대 대원이 있다.

이런 사실들이 증명하다시피 파룬궁의 "3퇴"숫자는 황당하기 그지 없으며 신뢰성이란 전혀 없는 것들이다.

4) 파룬궁에서 날조한 "피박해" 사례

파룬궁이 "피박해"를 날조한 주요 목적은 서방 사회의 동정을 얻고 그 사교 본질을 덮어 감추기 위해서다.

중국 정부에서 파룬궁을 단속한 후 파룬궁은 제멋대로 소위 "피박해" 사건을 날조하고 "소기둔 강제 수용소"와 같은 "집단 사건"을 만들어 냈을 뿐만 아니라 적지 않은 개별 "박해" 사례도 날조해 냈다.

① 소위 요원화(廖元华) "피박해" 사건

2004년 8월에서 9월 명혜망, 대기원 등 파룬궁의 사이트에 두 편의 기사 ―《호북 사양범가대감옥 요원화에 대한 비인간적인 학대》,《호북대법제자 요원화가 범가대감옥에서 받은 혹형시범(도)》을 발표했다. 후자는 17장의 사진에 문자 설명까지 더해 "풍부하고 다채로운 그림과 글로" 앞 기사에서 날조한 "근 30종에 가까운 혹형"을 "형상적으로 전시"하고 대대적으로 선전했다.

경찰의 조사 결과 이런 소위 "피박해" 사진은 호북성 무혈시 파룬궁 인원 요원화, 오영홍, 여제빈 등이 날조한 것이다.

일찍이 2001년 9월, 명혜망은 소위 "대법 제자 피박해" 자료를 수집한 데 대한 통지를 냈다.

2004년 8월 중순, 요원화는 수차 획책 끝에 "호북사양범가대감옥 요원화에 대한 비인간적인 학대"란 기사를 꾸며 명혜망에 전송했고, 명혜망에서 신속 게재했다. 뒤이어 요원화는 파룬궁의 해외 조직으로부터 "박해" 모의 사진을 제공한 데 대한 "지시"를 받았다.

요원화 등의 획책 하에 그들은 디지털 카메라 한 대, 해방화 세 컬레, 교통 제복 한 벌, 의료 가운 두 개, 삼륜차를 잠그는 쇠사슬 하나 등을 준비했다.

그들은 요원화의 방에서 각각 의사, 함께 갇혀 있는 범인, 옥경 등 역을 맡고 시내 변두리 한 벽돌 공장을 배경으로 소위 "비행기 타기", "그네뛰기", "철 옷걸이로 머리 때리기" 등 거짓 사진 100여장을 찍었다. 요원화, 여소군 등은 사진을 자르고 오려내고 합병하고 이어 붙이는 등 방식으로 20여장을 "합성"하고 그중에서 17장을 골라 명혜망에 보냈다.

사건의 진실은 곧 밝혀졌다. 요원화는 "문장과 사진은 모두 날조한 것이며" 명혜망에 게재된 사진은 선전 효과와 영향을 확대하기 위해 꾸며낸 것이라 자백했다.

여소군의 자백에 따르면, 명혜망에 실린 사진 중의 하나인 "그네뛰기", "혹형" 사진은 실제 5장 사진으로 합성한 것이고, 빈 침대 2개에 요원화의 머리와 발을 고정시키고 허공에 매달리게 한 몸체는 머리 부위, 다리 부위, 허리 부위 3장 사진을 이어서 최종 5장의 사진을 한 장으로 합성시킨 것이고, 족쇠는 여소군이 포토샵 프로그램을 이용하여 컴퓨터에서 "그려"낸 것이라 했다. 두 장의 "화전포락(火砖炮烙)"도는 4장의 사진으로 각각 합성시킨 것이고, 벽돌 공장 외경 2장과 여제빈의 집에서 찍은 오영홍과 여제빈이 요원화를 부둥켜 쥐고 때리는 사진 두 장을 "이화접목" 식으로 합병시켜 두 장의 벽돌공장을 "실경"으로 한 사진을 만들어낸 것이라고 했다.

유사한 새빨간 거짓말과 억지로 꾸며낸 요언 사례와 허위로 꾸며 찍은 사진 그리고 "비행기 타기", "벽에 머리 박기", "화장실에 가면 안된다", "불명약물주사" 등 내용이 명혜망에 수두룩이 게재돼 있다.

요원화는 "파룬궁에 미혹된 나, 행위의 유일한 표준이 바로 이홍지가 요구하는 데로 따라 하는 것이고 시비를 가리지 못하고 자아를 잃었다"고 했다.

여소군은 "우리 이런 파룬궁 미혹자들은 그의(이홍지) 손에 쥐어져 있는 도구이며 희생품에 불과하다. 그가 '진, 선, 인'의 깃발을 쳐들고 우리에게 오히려 이런 거짓을 날조하여 중상하라 시켰다!"라고 했다.

② 소위 위성연 "피강간" 사건

2003년 5월, 파룬궁은 다음 사건을 날조했다. 중경대학 연구생 위성연이 "진상을 말해주다" 잡혀 사평패구 백학림구치소에 갇혔다. 구치소에서 그는 한 경찰에 의해 뭇 사람들이 보는 앞에서 강간을 당했다. 강간 발생 후 위성연은 단식으로 박해에 항의했고, 경찰은 음식을 강제로 주입했다. 구강 삽입 과정에서 기관과 식도에 상을 입혀 위성연은 말도 할 수 없게 되었고 생명이 경각에 이르렀다.

중국 경찰의 조사 결과에 의하면, 중경대학에는 파룬궁의 매체에서 말하는 소위 "고압 직류 송전 및 시뮬레이션 기술"이란 전공이 없으며 위성연이라 부르는 사람도 애초에 없을 뿐더러 "중경대학 여 연구생 위성연이 구치소 민경에게 강간 당한 사건"은 더더욱 없었다. 이는 파룬궁 인원 진서민, 노정기 등이 파룬궁의 지령을 받고 날조한 요언이다. 중경대학은 벌써 이에 공개 성명을 발표하여 요언을 논박하고 사실을 밝혔다. 2004년 2월, 중경시 제1중급 인민법원은 진서민 등이 사교 조직을 이용하여 법적 실시를 파괴한 사건에 대해 공개 심리를 진행했다. 매스컴 매체에서도 이에 대해 공개적으로 보도하여 사실로써 파룬궁의 요언을 반박했다.

③ 소위 이연화 "피박해" 사건

파룬궁에서 만들어 낸 "9평"에 요녕성의 파룬궁 인원 이연화가 2001년 2월 19일 파룬궁 진상자료 배포 중 경찰에 납치되어 무참하게 맞아 죽었다는 소위 사례 하나를 들었다.

조사 결과 소위 "이연화 피박해 사건"은 현지 파룬궁 인원이 악의적으로 날조한 것이다.

이연화, 여, 58세, 요녕성 대석교시 남루경제개발구 동강촌 사람 1994년부터 파룬궁을 수련, 2001년 2월 19일, 파룬궁 총부의 요구에 따라 불법 선전품을 배포하던 도중 당뇨병이 돌발하여 응급 처치를 받았으나 무효로 사망했다.

2월 22일 밤 11시, 현지 파룬궁 인원 왕장순, 서정강, 유경년, 육국점 등 넷은 카메라, 드라이버, 손전지 등 공구를 지참하고 동환병원 시체 안치실에 기어들어 이연화의 시체를 냉장고에서 꺼내 땅에 내려 놓고 웃옷을 벗기고 왕장순이 카메라로 사진 7장을 찍었다. 다음 미리 써서 준비해 갖고 간 "이연화, 민경의 구타로 사망, 원혼이 떠나지 않는다"는 플래카드를 시체안치실에 놓고 나왔다. 후에 왕순창이 구술, 이영 집필로 사실에 완전히 위배되는 기사를 써서 전단지를 만들어 배포함와 동시에 파룬궁의 사이트에 보내 크게 떠들썩하게 선전했다.

육국점은 후에 "우리는 시체 안치실에서 우리들이 바라던 상처 자국을 보지 못했다." "당초 오로지 '정법' '호법'만 생각하고 파룬궁 측에 유리하다면 발벗고 나섰고, 이것이 시간이 흐름에 따라 일종의 개념으로 형성되었다"고 말했다.

이런 사실에 어긋나는 거짓들은 현지 주민들의 아주 큰 반감을 샀다. 이연화를 발견한 화서촌 촌민, 이연화를 구급했던 동환병원 의사, 소렴을 한 시체 안치실의 경비, 그리고 이연화를 구호한 민경, 부검감정을 책임진 법의관 등 모두가 파룬궁에서 날조한 이야기가 너무도 유치하고 가소롭다고 했다.

이연화의 남편 풍명삼은 분노한 나머지 배후의 사람들이 거짓말을 둘러맞추기 위해 죽은 아내의 옷을 홀딱 벗기고 사진까지 찍었다는 것은 용인할 수 없는 일이라 했다. 그는 "그들이 (파룬궁)흑백을 전도하고 중국의 좋은 일마저 다 검게 만들었다. 이게 무엇인가? 이게 바로 마귀다. 그만이 이런 나쁜 짓을 할 수 있다"고 말했다.

파룬궁 사이트에 공개된 소위 혹형 사진에 대해 의학계 인사들이 공개적으로 회의를 표시했다.

인도 캘커타 외과의사 Rambodoc는 블로그에《파룬궁이 기로에 들어섰는가?》란 글을 실어 의학 전문 인사의 시각에서 파룬궁이 공개한 "피박해" 사진의 진실성을 힐책했다. 사진과 문자 설명이 서로 모순되며 "의학적으로 볼 때 황당무계하기로 말이 아니다"라고 했다. Rambodoc는 사진의 진실성에 대해 미국 유명 외과의사 Ken Mattox 등 의학 전문 인사들에게 자문을 구한 결과 사진이 조작된 것이라는데 의견을 모았다.

Rambodoc는 전기 고문을 받고 감염됐다는 여성 유방사진 몇 장이 사실상 유선암 말기 여성 환자의 사진이라는 것을 놀랍게 발견했다.

"고용용 여사 사례"에서 파룬궁은 그의 입에 전기 곤봉을 몇 시간 동안 들이박았다 했는데 사진에서의 그의 표정은 놀라울 정도로 온화하다. 의학적으로 볼 때 이처럼 심한 외상을 입었을 때는 혀가 부어 숨쉬기마저 가쁠 정도일 것이고 얼굴도 눈에 띄게 부어야 할 것이다. 전기로 인한 화상도 흉터로 남아 있어야 될 텐데 사진에는 없었다.

파룬궁 사이트에 유사한 혹형으로 인해 질병이 초래되었다는 사례들이 게재됐다. "그의 코는 야만적인 강제 주입으로 상처를 입었고 농양이 생겨 2003년에 암으로 전이되었으며 2007년 7월 12일에 사망했다", "그는 혹심한 육체적 학대를 당한 후 암에 걸렸다" Rambodoc 의사는 의학적으로 볼 때 이런 결론은 터무니없다고 했다.

이상 열거한 것들은 단지 소위 "피박해" 개별 사례의 일부일 뿐이다. 지금도 파룬궁은 계속 이런 거짓말들을 전파하고 있다.

Chapter 10

10. 파룬궁의 사교 선전과 정치 선전

10 파룬궁의 사교 선전과 정치 선전

1) 파룬궁의 예술에 대한 태도

　이홍지는 예술은 타락했고 인류가 마성을 발산하는 도구라고 했다.
　"왜냐하면 인류의 도덕은 여전히 아래로 추락하고 있기 때문에 오늘날에 이르러서 예술은 한창 인류 마성이 실재적이고도 실재적으로 펼쳐 보여주는 것으로 되고 있으며, 예술은 이미 신성한 예술에 대한 모독으로 치달으며 완전히 마성 발산의 도구가 되어 표현한 것은 요, 마, 귀, 괴이다." 《미술창작연구회 설법》
　이홍지는 현대 예술 작품은 "해를 입히는 쓰레기"이고 사람의 도덕 관념을 파괴한다고 말했다.
　"한 폭의 소위 현대파의 것을 거기에 걸어 놓고 사람들더러 보게 하면서……사실 그러한 물건들은 모두 사람에게 해를 입히는 쓰레기들이다." 《미술창작연구회 설법》
　"이런 소위 현대 예술의 것들은 일반적으로 모두 그다지 좋지 못하다. 왜냐하면 이는 그림을 그리는 사람에 대하여 해가 있을 뿐만 아니라, 감상을 하는 사람에 대해서도 심리적인 상해를 입히며, 사람의 도덕 관념에 대해서도 엄중한

파괴 작용을 일으키고 있기 때문이다."《미술창작연구회 설법》

이홍지는 심지어 예술의 거장 반 고흐와 피카소가 인류 예술을 파괴하고 인류 문화를 망쳤다고 비난했다.

"근대의 현대 예술 역시 일부 다른 유형의 신이 배치한 것인데, 바로 오늘날 정법을 좌우한 구세력 무리이다. 무엇 때문에 한 사람의 반 고흐가 나왔는가? 무엇 때문에 한 사람의 피카소가 나왔는가? 이런 사람들 역시 그것들이 배치하여 온 것이었다. 그러나 바르지 못한 면의 작용을 일으키는 것이며, 목적은 바로 인류 도덕이 미끄러져 내려갈 때 인류 문화 중의 일체 역시 모두 동시에 타락되어 나가게 하려는 것이었다. 그렇기 때문에 이 두 사람은 바로 인류의 예술을 난잡하게 만들려고 온 것이며, 바로 인류 예술을 타락시키려는 것을 목적으로 한 것으로써 완전히 인류의 문화를 훼멸시켜버리기 위해서 온 것이었다. 그들이 애초에 소위 현대파에 대한 기초를 다졌기에 인류의 예술은 비로소 오늘날 이러한 하나의 마성의 상태로 걸어오게 되었다."《미술창작연구회 설법》

2) "션윈 만회"는 파룬궁의 정치 선전이다.

"션윈 만회"란 파룬궁 "션윈예술단"이 전 세계에서 순회 공연을 하는 여러 유형의 만회와 공연의 총칭이다. 원래 파룬궁의 이런 공연은 여러 가지 명칭이 있었다. 예컨대 "신당인 전 세계 화인 신년 만회", "션윈예술단 만회", "기관 만회", "천국 악단 공연", "신당인 크리스마스 만회" 등 2007년부터 파룬궁은 이런 공연들을 통틀어 "션윈 만회"라 했다.

"션윈 만회"는 파룬궁에서 조직하고 이홍지가 총 획책한 것이다.

"션윈 만회"의 주요 조직자는 파룬궁의 핵심 조직인 "법륜대법불학회"이며 파룬궁의 매체들인 신당인 텔레비전 방송국, 대기원시보, 희망지성 국제 방송국 등도 공동 참여했다.

2008년 5월 24일, 이홍지는 "뉴욕 법회"에서 3,000여 명을 상대로 공개적으로 션윈 만회는 "내가 각 지역 불(佛) 학회에서 주최하라 시킨 것이다"라고 했다.

2008년 5월 25일 파룬궁 사이트인 인민보에 게재된 한 편의 기사에서 "션윈예술단"의 총 감독은 파룬궁의 창시자 이홍지라 공개했다.

"션원 만회"의 배경에 대해, 미국의 주류 매체들은 너무나 잘 알고 있다. 예컨대 2008년 2월 6일, 《뉴욕타임즈》에 "보기 구차한 한 차례의 중국 문화공연"이란 제목에 뉴스 특필로 서명된 기사에서 "금주 토요일까지 지속될 이 공연은 신당인 텔레비전 방송국에서 제작한 것이다. 신당인 텔레비전 방송국은 파룬궁의 신도가 뉴욕에 설립한 비영리성 위성 텔레비전 방송국이다. 이 회사는 두 개 예술단을 고용하여 2008년에 약 200회의 공연을 진행할 계획이다"라고 했다.

① "션원 만회"는 파룬궁의 사교 교의를 선전

2008년 5월 24일, 파룬궁이 뉴욕에서 법회를 열었다. 법회에서 이홍지와 신도 사이에 오갔던 아래 몇 단락의 답문에서 션원 만회의 취지의 하나가 파룬궁의 사교 교의를 선전하는 것이라는 것을 증명할 수 있다.

제자의 물음: 션원 공연 제1막 《만왕하세》에서 사부님께서 누가 나와 함께 하세에 일천년의 왕으로 되겠나 말씀하셨는데 일천년의 왕제자에 대해 잘 모르겠는데요?

이홍지의 답: 바로 지금으로부터 일천년 전에 만왕지왕이 내려왔다는 이 뜻이다. 그때 (제자들)이 나를 따라 하세해서 일천년의 왕이 됐다. 지금은 일천년이 족히 됐다. 대법 제자들이 세간의 각 지역에서 이미 일천년 족히 왕으로 있었다.

문: 션원 공연은 눈부시게 성황을 이루있는데 명년에는 추신틱도 커지고 범위도 더 넓히는거겠지요?

답: 중생을 구도하는 일은 우리가 크게 하면 할 수록 좋다. 션원은 꼭 계속 공연될 것이다. 물론 횟수나 지역도 많으면 많을 수록 구도하는 사람도 많을 것이고 영향도 더 클 것이다. 다들 와서 즐겨 보고 우리들의 구도를 위해 매우 큰 편리를 제공한다.

"션원 만회" 프로그램에 "법륜 성왕"이란 노래 한 곡이 있다. 노래는 만왕지왕인 이홍지가 세계 말일이 다가오기 전에 중생을 구도하기 위해 인간 세상에 왔다고 적나라하게 치켜올리며 하루 빨리 파룬궁에 가입해야지 그렇지 않다가는 "신이 되는" 기회를 놓칠 수 있다며 사람들을 선동한다. 가사는 "법륜성왕 하세하여 자비의 마음으로 중생을 구도한다. 법륜성왕 하세하여 여의 진리를 밟고 온다. 법륜을 돌려 우주를 제조한다. 지금은 사람과 신이 함께 존재하는 세상이다. 당신은 신의 부름 소리를 듣지 못했는가, 가상에 미혹되지 말라 만고의 기연(機緣)은 다시 오지 않거늘 잃은 기연은 다시 없으리"

"션윈 만회"를 관람한 일부 서방 매체 기자들이 그들의 감수를 적었다.

2008년 1월 20일, 캐나다 토론토《스타》는《파룬궁의 만회란 홍보의 명목에 지나지 않는다》란 기사를 발표했다. 기사는 만회 "프로그램은 파룬궁의 메시지로 가득하여 가무가 관객에게 가져다 줄 수 있는 모든 즐거움을 상쇄했다"고 기술했다.

영국《telegraph》는 2008년 2월 25일, "션윈, 오락의 이름을 빌어 홍보 실속을 챙긴다"란 신문 기사에서 만회는 "서커스, 가요, 무용 등 모든 공연 기교가 있는 방법을 다해 파룬궁 선전을 위해 복무했다", "션윈 공연 예술단 성원의 대부분이 파룬궁 수련생이다. 공연에서 그들은 자기들의 파룬궁에 대한 신앙을 중국 전통무용과 전설이야기 배경 속에 묻어 두는 것이 아니라 공연의 시작부터 마지막까지 거기에 초점을 맞추었다. 가요는 노골적으로 그들이 순봉하는 파룬궁 교의의 대부분 좋은 점을 선양했다."

"션윈 만회"의 정치 의도는 아주 선명한 바, 그것은 바로 요언을 살포하고, 중국정부를 비난하는 것이다.

"공연 프로그램의 클라이맥스는 한 희극 소품인데 현대 중국 공원을 정경으로, 한 선량한 여인과 그의 딸이 파룬궁 신앙으로 사악한 공산당의 폭행을 당하는 장면과 최종 많은 사람들이 일어나 함께 공산당을 반대하는 장면을 그렸다" 윗 내용은 영국《telegraph》의 기자 Sarah Crompton가 2008년 2월 25일의 기사《션윈, 오락의 명목을 빌어 홍보 실속을 챙긴다》에서 기술한 한 장면이다. 그는 "내가 진정으로 반대하는 것은 이토록 정치 의도가 뚜렷한 공연을 가정 오락의 명의로 슬그머니 유럽 각지의 무대에 올려 놓았다는 것이다"라고 했다.

"션윈 만회"의 정치 목적에 대해 파룬궁 스스로도 결코 회피하지 않았다.

"매년 대법 제자들은 모두 중국 신년 스펙태큘러를 한 차례씩 하며 최후에는 각 지역, 심지어 각기 다른 나라에서도 모두 자체로 하고 있다. 우리가 그것을 함은 무엇을 하는 것인가? 속인에게 오락하라고 준 것인가? 절대 아니며 여러분은 이 한 점을 아주 명백히 해야 한다. 바로 그것을 통해 대법 제자의 풍모를 펼쳐 보이자는 것이고, 사악한 당이 사람들에게 주입한 그런 요언, 비방을 타파하는 동시에 중생을 구도하고 진상을 똑바로 알리고자 한 것이다." (2007

년《뉴욕 법회 설법》)

"대법 공연 프로그램이 무슨 회피할 것이 있는가, 우리가 바로 중생을 구도하고 있는 것이다. 실제 공연 효과가 우리 대법 제자들이 받는 박해를 직접 반영할 수 있는 프로그램이면 제일 좋은 것이다." (2008년 5월 24일,《뉴욕 법회 설법》)

② 서방 매체들은 "션원만회"의 정치 색채에 대해서도 밝혔다.

로스앤젤레스 중화회관 장자호 관장은 "차이나타운의 다수 사람들은 신년 만회가 정치에 너무 많이 관련된다 인정한다. 나는 작년에 코닥극장에서 공연을 보았다. 어떤 공연 프로그램은 정치와 인권을 넌지시 암시했다. 이것은 결코 예술이 아니다"라고 했다.《엘에이타임즈》2008년 1월 7일 기사《파룬궁과의 관계로 신당인 신년 만회가 더 큰 물의를 일으킨다》)

미국《스타 텔레그램》은 2008년 1월 9일《파룬궁 신년 만회의 정치 목적이 미국인들의 힐문을 당한다》라는 기사에서 만회는 "'파룬궁이 좋고 중국 정부가 나쁘다'는 메시지를 너무 명백히 전달한다"고 보도했다.

미국《뉴욕타임즈》는 2008년 2월 6일 기사《보기 구차한 한 차례의 중국문화공연》에서 많은 관객들은 "이 프로그램은 중국 신년 축하를 위해 공연되는 것이기는 하지만 중국에서 금지하는 파룬궁의 행사이기도 하다고 말한다"고 했다.

오스트레일리아 멜버른의《The Age》은 2008년 3월 31일 기사에서, "이 만회에 참여한 많은 공연자들은 다 화인이며 파룬궁 수련생이다. 만회 수석 무용수와 회사 지배인 보좌 Vina Lee는 이 프로그램이 중국 정부에서 파룬궁을 탄압하는 이야기를 진술한 것이라고 승인했다"고 기술했다.

파룬궁 만회의 조직자 역시 공연 프로그램에 정치성적 내용을 내포하고 있다고 승인했다. 만회의 프로듀서 someone gao는《엘에이타임즈》기자와 가진 인터뷰에서 "공연의 한 장면은 경찰이 덮쳐들어 수련인을 구타하고 뒤이어 공원의 사람들이 일어나 경찰을 제지하고 최종 경찰이 철퇴하는 장면이 그려졌다"고 했다.(《엘에이타임즈》 2008년 1월 7일 기사《파룬궁과의 관계로 신당인 신년 만회가 더 큰 물의를 일으킨다》)

공연 프로그램의 내용뿐만 아니라 만회의 조직자 역시 대부분이 중국 정부를 반대하는 정치 운동의 활약자들이다. 예컨대 뉴욕 파룬궁 "션원만회"의 사회자 Leeshai Lemish는 실제 "대기원시보"의 기자다. 그는 2001년 북경 천안문 광장에서 파룬궁 플래카드를 펼쳐 들어 구류당했었다.

파룬궁은 션윈 만회와의 관계를 극력 덮어 감추고 기만의 수단으로 협찬을 끌어내고 유명 인사들과 정계 요인들의 만회에 대한 지지를 얻어냈다.

2008년 5월 24일, 이홍지는 뉴욕 법회에서의 문답풀이에서 신도들의 협찬 편취를 지도했다.

물음: 션윈 만회 협찬을 구하기 위해 신당인의 명의로 세계 각지에 편지를 보내고 편지에 파룬궁과 진, 선, 인을 언급하고 신당인, 션원과 파룬궁을 함께 언급해도 되는지요?

이홍지의 대답: 현 상황에서 파룬궁은 신당인이 파룬궁 수련생이 하고 있다는 것을 부인하지 않았다. 진, 선, 인은 대법 제자의 수련 원칙이고 역시 전 세계가 다 알고 있다. 문제는 협찬을 구할 때 이 문제를 꺼내느냐 꺼내지 않으냐를 말하는 것 같은데 당신은 협찬을 구하는 것을 협찬 구하는 것이라 생각하지 말라. 당신은 사람 구도하러 갔다. 그의 협찬이 그의 미래에 희망을 가져다준다. 그가 협찬을 하지 않으면 그는 그런 희망이 없다. 그렇기 때문에 당신이 가서 진상을 말해야 한다. 이것이 첫째다. 중생을 구도하는 것이 첫째다.

《뉴욕타임즈》는 2008년 2월 6일 기사에서 미국《The Dail News》는 "션원" 공연의 후원사 중의 하나다. 신문사의 홍보와 지역사회 사무 담당이며 부총재인 John Campi는 《The Dail News》의 한 면을 다 차지하는 광고로 공연 팜플렛 뒷표지를 교체했다며 "전에 만회가 모 정치단체와 관련된다는 말을 들은 적이 있기에 만약 정치 목적이 있으면 나는 참가하지 않을 것이라고 주최 측에 제출했더니 그들은 공연에 정치가 없다고 했다"고 말했다.

2006년 1월 미국 대통령 부시, 영국 수상 브라운 등이 왕년의 상례대로 전체 화인들에게 음력 신년을 축하하는 편지를 보내자 파룬궁은 대기원, 신당인 등 "매체"를 통해 이를 특별히 파룬궁의 신년 만회를 위해 보낸 축사라고 했다.

《A.P통신사》는 2007년 1월 20일,《파룬궁 션원 만회의 선전 본질》이라는 기사에서 "만회는 지지를 표시하는 서신 한 통을 특별히 보도하고 서신에 켈리포니아주 민주당의원 바바라 복서와 주지사 아놀드 슈와제네거 등 미국 관원들 명단을 길게 첨부했다. 그러나 슈와제네거와 복서의 보좌관은 당시 중국 신년 문안 초청에 간단히 응대했을 따름이고 만회를 관람하지 않았으며 만회와 파룬궁 사이의 관계를 미처 의식하지 못했다고 말했다"고 한다.

《뉴욕타임즈》의 보도에서도 "신당인 만회"의 홍보 전단지에는 보기에 블룸버그 뉴욕시 시장의 서명인 것 같은 "고대 중국의 풍부한 전통을 미국에서 되살린다"란 문구를 인용했다. 그러나 시장의 대변인 John Gallagher은 블룸버그시장이 종래로 공연을 본 적이 없으며 좋다 나쁘나 평가한 적도 없다. 이 인용문은 블룸버그 선생의 화인 단체에 보낸 중국 신년을 축하하는 인사카드에서 따왔을 수도 있다고 했다.

2008년 1월 23일 명혜망에《힐톤부총재 임봉무를 세계 정상의 수석 무용수라 찬미》란 기사가 실렸다. 실제 보도에서 언급된 "힐톤부총재"란 라스베가스 힐튼호텔의 한 보통 부문의 부책임자이고 임봉무는 "신당인 션원예술단"의 전임 무용수일 따름이다.

스웨덴의 고고학자 Martin Rundkvist 선생은 2008년 3월 7일의 블로그에서 "파룬궁은 포스터에 주요 신문사와 기타 매체들을 (대기원시보, 신당인 텔레비전 방송국 및 기타) 만회의 지지자로 열거하고 진정한 거짓을 만회의 배후에 숨겨 포스터를 통해서는 쉽게 간파하기 어렵게 만들었다. 그러나 이런 매체들은 실제 다 파룬궁에서 통제하고 있다. 만회의 최종 수혜자는 파룬궁이다"라고 했다.

"션원 만회"는 파룬궁의 영향을 확대하고 사교와 반중국을 선전하는 정치 도구이며 중화 문화에 대한 먹칠과 왜곡이고 관객에 대한 기만과 우롱이다.

3) '션원 예술단'은 이홍지가 아끼고 신임하는 단체다.

2008년 5월 24일의 '뉴욕 법회 설법' 때만 해도 이홍지는 설법 전에 특별히 '션원 예술단'과 '비천 예술학원'에서 보낸 CD를 시청했다. "이 세상에서 부딪치는 마난(麻亂), 이 스트레스가 매일 몇 만 건도 넘는……" (2008 뉴욕 법회 설법) "만기를 보살피는" "우주 대불"인 사부 이홍지의 이 두 단체에 대한 편애는 조금도 의심할 바 없다. 이 외에도 금번 '뉴욕 법회 설법' 후 파룬궁 휘하의 여러 매체들에서 연일 보도되는 기사들을 통해 알 수 있듯이, 현장에서 발 벗고 나서서 이홍지의 "비위를 맞춘" 사람들이 바로 이 두 단체의 학원들이고 현장에서 이홍지에게 꽃다발을 전해 준 이들도 '비천 예술학원' 학생들이며 법회에서 앞장서서 이홍지를 향해 충성을 맹세한 사람도 '션원 예술단의 천음(千音)악단 지휘자 진여당(陈汝棠)'이다. 이후 파룬궁 매체들에서 이홍지 관련 기사를 마감한 다음 여지없이 진여당의 사진이 버젓이 1위로 올라갔다. 물론 이홍지에게 "열렬한 갈채를 보낸" 사람들 역시 '션원 예술단'과 '비천 예술학원'의 학원들이다.

4) '션원 예술단'의 연이은 학생 모집 배후의 비밀

2008년 이래, 파룬궁의 '션원(神韻) 예술단'과 '비천(飞天) 예술학원'은 연이어 학생을 모집, 2008년 1년 사이에 3차례나 있었고, 모집 빈도가 근년에는 보기 드물다. 모집 대상으로는 매번 "대법 제자와 대법 제자 친척(대법 제자로 될 수 있는 자)에 한함"이란 통일된 요구가 있다.

파룬궁의 이러한 몇 차례 모집을 두고 사람들은 여러 가지 추측을 했다. 그러나 플러싱 사건 이후, 사람들은 그 속에 숨겨져 있는 이제껏 몰랐던 비밀을 발견할 수 있었다.

5) '션원 예술단' 및 '비천 예술학원'은 확고부동한 파룬궁 단체다.

플러싱 사건 전 과정에서 사람들은 이 두 단체 회원들 — 그것도 헐레벌떡 뛰어다니며 시중드는 그들의 모습을 볼 수 있었다. '회원 퍼레이드'와 '3퇴 퍼레이드' 때 제일 앞장서서 출전하고 돌격한 단체도 이 두 단체다. 이제야 그들이 왜 학생 모집 시 공개적으로 "대법제자 및 대법제자 친척(대법제자로 될 수 있는 자)에 한 함"이라는 요구를 제출하는지 그 의도를 알 수 있겠다! 완고한 파룬궁 분자가 아니고 심취된 사교도(邪教徒)가 아니고는 어떻게 지진 피해로 엄청난 고통을 겪고 있는 동포 이재민을 돕는 모금 활동을 교란, 방해할 수 있단 말인가?!

6) 션원(神韻) 공연, 파룬궁 신앙 강제 주입하는 종교 쇼!

2017년 1월 10일부터 11일, 미국 캘리포니아 주 새크라멘토 지역센터에서 션원(神) 공연이 진행되었다. 캘리포니아 침구위원회 전문가 회원이며 캘리포니아 주 레딩시 침술사 미셸 즈호스끼(Michel Czehatowski)가 큰 기대를 안고 관람했다가 몹시 실망한 나머지 자신의 블로그에 입장료가 비싼 션원 공연이 종교 쇼라고 비난하고 자신이 강제로 교회에 끌려들어가 파룬궁 교의 주입을 강요당한 기분이라고 했다. 아래는 그 전문이다.

"션원은 참으로 홍보에 능하다! 나는 션원 공연 관련 긍정적인 평가를 많이 들었다. 그래서 션원이 새크라멘토 지역 센터에 와서 공연한다는 소식을 듣고 곧장 공연 입장권을 구매했는데 입장료가 정말 싸지 않았다. 240＄을 주고 입장권 2매를 샀는데 N줄이었다. (나는 좌석이 꼭 A줄부터 배열되었으리라 생각했다) 좌석이 극장 한복판이어서 상당히 좋아 공연 전경을 볼 수 있을 것이라고 생각했다. 새크라멘토 지역센터 극장은 관객 2,398명을 수용할 수 있다. 현장 입장 인원 수를 살펴보니 표가 다 매진된 상태인 것 같았다.

공연 시작, 무용수가 선 보이는 퍼포먼스가 아주 그럴 듯했다. 제1장의 무용이 끝난 후 두 사회자가 무대에 올라와 중국어와 영어로 션원 공연의 배경을 소개했다. 뒤이은 무용수의 공연도 아주 좋았다. 첨단 애니메이션을 배경으로 관객에게 멋진 퍼포먼스를 선 보였다. 그런데 잠시 후 종교적 메시지가 정면으로 물씬 배어 나왔다. 바로 그들이 신앙하는 "파룬대법" 또는 "파룬궁"이라 부르는 것이다.

공연 과정에서 그들은 그들이 파룬궁을 신앙함으로 인해 중국 대륙에서 공연할 수 없다고 했다. 특히 무용수들이 펼치는 "정부" 악당이 채찍으로 "착한" 파룬궁 신도를 때리는 장면을 보고 나서 나는 션원이 대륙에서 금지 당함이 조금도 이상할 게 없다는 생각이 들었다. 마지막 무용에서 한 사람이 중문(漢語)으로 된 현수막을 펼쳐 들었는데, "파룬대법이 좋다"라는 글이 적혀 있었다. 현장의 대다수 미국 사람들은 중국어를 모르지만 나는 좀 알아볼 수 있었다.

내가 션원 공연에 크게 실망한 이유는, 아름다움을 즐기려고 비싼 입장권을 구매하고 갔는데 결국 그들이 보여준 것은, 고작 "종교 쇼"였고, 그들의 종교 신앙에 대한 관객들의 동정과 지지를 얻으려 한 것이었다는 것이다. 그날 밤, 나는 어느 한 종교 집단에 끌려 들어가 그들의 경문, 강연을 강요당한 기분이었다. 그런데 아쉽게도 나는 그들의 신앙에는 전혀 관심이 없었다. 누구든 자신이 갈망하는 모종의 신앙을 가질 수는 있지만, 그것을 예술로 포장하여, 관람하는 이들에게 강제로 주입하는 것은 안 된다.

션원 공연 주최 측은 마땅히 공개적으로 관객들에게 파룬궁을 알리고 홍보하기 위한 공연이라는 것을 분명히 알렸어야 했다. 또한, 돈을 벌기 위한 목적이라는 것도 미리 언질을 주었어야 했다. 하지만 전혀 일언반구 언급이 없었다. 때문에 중국 정부가 파룬궁에 반감을 갖는 원인이 혹시 그들의 이런 불성실과 괴이쩍고 은밀한 종교 신앙 전파 행태 때문일 수도 있다고 생각을 했다.

션원 공연을 보고자 하는 친구들에게 내가 하고 싶은 말은 션원 공연이 바로 당신을 그들의 신앙 조직을 받아들이고 가입하라는 목적인데, 공연을 보게 되면 당신은 하는 수 없이 그들의 주입을 강요당하게 될 것이다.

한마디 덧붙인다면, "션원 말고는 기타 중국 전통 문화 공연을 볼 수 없다"는 션원 주최 측의 성명과는 반대로 많은 중국 대륙 무용단이 미국에 와서 공연하는데 거기에 관심을 더 가져볼 만하다. 그들이 오히려 당신을 즐겁게 해 줄 것이다. 션원처럼 자신들의 잘못된 신앙을 전파하며 강제로 당신을 포섭하려 들지는 않을 것이다."

· 저자 미셸 즈호스끼(Michel Czehatowski), 미국 캘리포니아 주 레딩시 침술 의사, 중국 문화를 선호, 1984년 미국 샌프란시스코도시 학원 침술과 중의학과 졸업. 미국 캘리포니아 침술위원회 전문가 팀 회원이다.(출처: 개풍망, 筆者: 청풍 (편역))

7) 미국 언론: 션원(神韻) 공연 배후, 정치적 요인!

Kristin Tillotson, 미국 언론사 "스타트리뷰(startribune)" 유명 기자, 1992년에 취임, 예술, 오락, 문화, 인문주의적 관심 등 여러 분야를 망라한 작품을 내놓았다. 2016년 5월 11일, Kristin Tillotson가 타계한 후 "스타트리뷰"(www.

startribune.com)가 그녀를 기리는 기념 글을 발표했다. 개풍망은 아래에 2015년 2월 6일, 스타트리뷰에 게재된 그녀의 글 "션윈: 공연 배후 정치적 요인"을 번역 편집, 이로써 그녀를 기념한다. Kristin Tillotson는 날카로운 관찰력과 파룬궁 연구자의 언론을 인용해 정곡을 찌르듯 단 한마디로 션윈 공연 배후에 숨겨진 "현묘한 계책"을 지적했다. 번역문은 다음과 같다.

"일부 사람들이 파룬궁 산하 댄스회사 공연이 무슨 문제를 일으키겠는가 생각하지만 이들 공연이 중국 문화에 대한 왜곡이라는 비판이 나오고 있다.

션원 공연을 본 많은 사람들이 중국 악무(乐舞)의 "성찬"을 감상했다고 하는데 긴 소맷자락 휘날리는 춤이 사람들을 도취시키긴 하지만 고작 그게 전부다.

해마다 공연 광고 선전에 심각한 스토킹 피해를 당하는 사람들에게 있어서 미네아폴리스 극장을 빌려 하는 이번 주말 공연이 왜 좀 이상하게 느껴질까? 화려한 복장 변화, 쉼 없는 징과 북소리, 그리고 끊임없이 중복되는 서커스 동작아래 용솟음치는 정치적 암류, 단순한 문화 유산 공연이라기 보다는 홍보에 더 가깝다.

논란이 되고 있는 파룬궁 신도가 창설한 뉴욕에 거점을 둔 션원은 두 말할 것 없이 그 작업 범주기 절대 예술 공연뿐만이 이니다. 문의(問議) 대상에 띠라 션원은 공연일 수 있고, 모금 선전일 수도 있으며, 순수한 자아 홍보일 수도 있다.

파룬궁은 중국에서 창시되고 명상과 건강 단련의 정신 공법을 융합했다고 한다. 그들 일부 용어는 불교에서 발원했다. 1990년대에 중국 정부가 파룬궁을 불법이라 규정하고 금지시킨 후, 수 천만 추종자들에게 재교육(전향)을 실시하기 시작했다.

햄린대학 인류학과 부교수이며 동아연구프로젝트 주임 데이비드 데이비스(David J. Davies)는 중국 정부와 파룬궁의 문제가 결코 종교의 자유 문제가 아니라 정부에 대한 위협이라고 본다. 파룬궁이 전국 각지에서 대량의 신도를 끌어 모았기(중남해를 포위 공격) 때문이다.

션원은 2006년 미국으로 도주한 파룬궁 회원이 창설한 것이다. 데이비스는 그의 우편함을 가득 채운 전단과 추천 요청에 호기심이 생겨 지난 해 미네아폴리스에서 하는 션원 공연을 관람했다.

데이비스는 이런 순회 공연은 파룬궁의 모금을 위한 도구, "포악한 동방 쇼와 빌리 그래함(Billy Graham) 식의 여행 텐트 설교 쇼"의 조합에 불과하다고 말했다. 션윈이 이른바 중국 문화를 대대적으로 선전한다고 하지만, 대다수 미국 사람들은 그 공연에서의 진실과 허구를 분별해내기가 쉽지 않다.

"그들은 실크 장포의 미감, 이국적 색채가 짙은 강력한 정치적 메시지를 발하는 중국 무희들과 종교 압박을 이야기하는 공격적 사고를 하나로 융합시켰다" "그들은 그것을 중국 문화라고 하지만 그 속에 은연 중 내포된 미세한 차이를 분별하기란 간단치가 않다. 이것이 파룬궁의 엄밀한 선전 전략이다"

션윈이 해마다 새로운 무용을 업데이트한다지만 경쾌하고 해학적인 면과 암흑한 박해 시위를 뒤섞는 방식에 의지한다. 난폭한 공산당 경찰들이 무리 지어 공원에서 명상하고 있는 여성을 체포하는 장면을 그 예로 들 수 있다.

"이것이 좋은 예술인가? 꼭 좋다고는 할 수 없다". "이것이 과연 서방 관객들에게 메시지를 전달하는 가장 좋은 방식인지는 나도 모르겠다"고 David Ownby는 말했다.

법륜대법을 흔히 파룬궁이라고 한다. 파룬궁 회원들은 사교라는 호칭에 화를 낸다. 그런데 그들의 소통 전략에 강한 사교(邪敎)적 본질이 존재한다. 입장 해명에 대한 매체들의 요구를 기피(기자가 션윈 인원과 연락을 취해 문제에 대한 답을 기다리지만 언제나 회답이 없음), 엄격한 영상 감시, 보도에 협력할 때 5년 전의 미국연합통신사 사진 이용을 강요, 구체적인 묘사가 아닌 모호하고 진부한 이야기, 중국 국내의 문화 오락에 비하면 오직 그들의 미국 쇼 만이 진실한 "5000년 중국 문화"라고 공언한다.

"중국인들이 보편적으로 싫어하는 것이 오직 자기들만이 전통 문화를 대표한다고 거짓말을 하는 것이다", "그들은 전통 문화를 대표하지 않는다"고 David Ownby는 말했다.

션윈은 적극적으로 높은 지위에 있는 유명 인사들에게 "인사말과 축하"를 요청하고, 그것으로 션윈을 대변한다. 근년에 유명 인사들의 사진과 열정적인 인사말이 실린 홍보 책자에 놀랍게도 할리우드의 명인, 시장과 학자, 미네소타주 민주당 상의원 Amy Klobuchar과 Al Franken 등의 이름이 올라와 있다.

이런 유명 인사들이 순회 공연단 팬이거나 적어도 지지자란 뜻인데, 그건 사실이 아니다. Amy Klobuchar과 Al Franken(그들은 션원의 공연을 아예 보지 않았다)의 대리인이 평가 요청을 받은 것으로, 그들이 높이 평가했다는 것은 전형적인 외교적 수사에 불과하다. 이는 모든 국제 문화 단체에 적용된다고 밝혔다.

매년 미네아폴리스 공연 때면 미네소타대학 인권 프로젝트 담당 Barbara Frey이 보낸 인사말이 션원 레퍼토리에 인쇄된다. 비록 공연을 관람하지 않았지만, 그는 션원이 "많은 미국 관객들에게 (이른바) 파룬궁이 받는 박해를 해명하고 사람들의 주의력을 끌 수 있는 일종의 방식"을 제공했다고 한다."

개풍망이 입수한 데 따르면, 미국 "스타트리뷰"는 뉴스 기사, 광범위한 소비자 정보, 독립 편집 칼럼을 제공하는 신문이다. "스타트리뷰"는 관점을 나눔으로써 사람들 간의 교류를 촉진하고 발생되는 중대 사건의 배경 정보를 제공해 지역 사회와 독자들 생활과 밀접히 연관되는 사건에 대한 사고와 토론을 불러일으킨다.

8) '비천 예술학원'과 '션원 예술단'은 파룬궁 내부 모순의 산물이다.

파룬궁의 소위 원교지파(原敎旨派), 즉 '보수파'는 이 두 단체를 통해 "대법 제자 및 대법 제자의 친척 (대법 제자가 될 수 있는 자)"을 모집해 파룬궁 원교지의 확고한 신봉자를 양성하고 이홍지의 법륜대법의 '뒤를 이를 사람'이 있기를 바랐다. 이홍지가 해외에서 학원을 모집하는 방식이 예전 중국 내륙에서 취하던 방식과는 사뭇 다르다. 전에는 학습반을 개설할 때 현수막을 내걸고 홍보하였지만, 사교(邪敎)로 규정된 이후에는 간판을 걸고 공개적으로 모집하는 것이 요원해졌기 때문이다.

따라서 '뒤를 이을 사람'이 있으려면 '근친 번식'을 할 수 밖에 없으므로 "대법 제자 및 대법 제자의 친척에 한해서" 모집했다. 한편 파룬궁 집단에서 차세대 선두주자로 발돋움하고 있는 인물인 엽호(叶浩)와 '세계퇴당서비스센터'의 이대용(李大勇) 등 민운(民运) 배경과 색채를 띤 소위 '신생파' 즉 급진파들도, '3퇴 퍼레이드' 행사 등을 시연할 때 유용하게 활용됐다. 이들은 나팔을 불고 북을 두드리며 집단 내에서 허장성세(虛張聲勢)를 부리며 자리를 굳건히 지켜왔다.

'션원 예술단 천음악단 지휘자 진여당'은 이미 그 과정에서 많은 것을 얻었고, 또 불측한 음모를 은밀히 품고 있다.

파룬궁의 매체들에서 이홍지의 '뉴욕 법회 설법' 사진을 철회할 때 의도적이든 아니든 진여당 등의 사진은 그대로 남겨져 영광스럽게 수석을 차지했다. 물론 나무랄 것도 없다. 수석의 사진을 철회하면 당연히 두 번째 사진이 수석이 되는 것이니까. 그러나 파룬궁의 다사다난한 이 시기에 이런 일이 발생했다는 것은 당연히 사람들에게 많은 서스펜스와 추측을 안겨주기 마련이다. 하물며 철회된 사진이 다른 사람도 아닌 '우주 주불'인 이홍지의 '왕림 사진'이기 때문이다. 혹여 욕심이 너무 큰 것이 아닐까 -- 진여당이 거느리고 있는 '션원 예술단'이 이홍지와 '파룬대법불학회'를 대체할 대세의 흐름 속에서 진여당이 '제2의 이홍지' 지위를 크게 드러내고 있고, 그와 그들 단체가 얼굴을 내밀지 않는 데가 없다. 아울러 두 단체는 민중들에게 이홍지가 말하는 이른바 수련을 위해서나 이홍지의 법륜대법을 선전하기 위해서라기 보다 전문 소동만 피우는 '말썽꾸러기 단체'라는 이미지를 심어주었다.

이홍지는 바득바득 갖은 애를 다 써도 추세를 되돌릴 방도가 없게 됐다. 비록 학원 모집으로 대오를 확충시키려 하지만 그 효과가 그다지 크지 않다. 다만 이홍지가 정말로 솔선 '원만' 한다면 진여당이 거느리는 '션원 예술단'이 이홍지를 위해 징을 치고 북을 두드리지 않겠냐는 생각이 들 따름이다. 정말 그렇다면 진여당과 '션원 예술단'이 이홍지에게 괘념 할 필요가 없을 것이다.

9) 파룬궁이 진행한 "전 세계 계열대회"는 기만책에 불과하다.

최근 파룬궁은 해외에서 미친 듯이 반중국 활동에 종사하고 있다. 동시에 파룬궁의 정신 통제로 인한 약과 치료 거부, 자살, 살인 등 사례들도 빈번히 발생했다. 때문에 서방 국가에서 파룬궁의 반동 정치 본질과 사교 본질을 힐책하는 식자와 보통 민중들이 날로 늘어나고 있다. 파룬궁은 해외 생존의 곤경에서 벗어나기 위해 작전을 바꾸어 일부 서방 국가에서 문예 공연을 모방하여 이른 바, 신전문화(神傳文化)를 선전한다. 파룬궁의 "션원 만회" 공연은 저열한 연기로 이홍지를 징그럽게 치켜 올리고 중국을 졸렬하게 비난했다. 그리하여 속아 관람한 많은 서방 관객과 화인화교의 멸시와 조소를 당했다.

이런 까닭에 파룬궁은 2007년부터 이른 바, "전 세계 화인 계열대회"를 진행하기로 획책했다. 자기들의 사교문화 활동에 필요한 인재를 끌어들이기 위한데 그 주된 목적이 있다. 현재까지 이미 알려진 소위 계열 대회로는 "전 세계 화인 무술대회", "전 세계 화인 손풍금대회", "전 세계 화인 성악대회", "전 세계 화인 피아노대회", "전 세계 한복(汉服) 회귀 디자인 경연대회", "전 세계 화인 인물사실유화 대회", "전 세계 중국요리기술 대회", "전 세계 중국무무용 대회", "전 세계 화인 촬영작품 경연대회" 등이다.

이런 "대회"는 "신당인 텔레비전 방송국", "대기원시보" 혹은 "희망지성 국제방송국" 등 겉으로는 "일반 매체" 같아 보이나 실은 파룬궁의 나팔수 역할을 하는 매체들에서 주최한다. 파룬궁은 이런 대회에 "전 세계(온 지구)"라는 감투를 씌워 중화 전통문화의 뿌리를 되살리기 위해서라 한다. 이는 완전한 기세도명(欺世盜名)의 도깨비 장난이며 달리 꿍꿍이를 품은 기만책이다.

이른 바 계열대회에 더 많은 화인들을 기만하기 위해 파룬궁 조직은 인터넷을 통해 국내외 문화, 체육, 예술계 인사들의 명단을 대량 수집하고 그들이야 어떻게 생각하든 말든 전화, 팩스, 전자 메일, 편지, 지인 소개 등 방식을 다 동원하여 그들을 "전 세계 화인 계열대회"에 "초청"했다.

그러나 파룬궁의 기만 수법은 성공을 이루지 못했다. 현재까지 이런 경연대회는 파룬궁이 자기 신도들을 조직한 자오자락일 뿐 기껏해야 몇십명, 몇백명 밖에 모이지 않는다.

10) 파룬궁의 매체에는 어떤 것들이 있는가?

파룬궁의 매체에는 신문, 방송국, 텔레비전 방송국, 영화와 네트워크 등이 있다. 이런 방대한 매체망의 구축은 파룬궁이 사교 색채를 덮어 감추고 서방나라에 장기적으로 발을 붙이려는 전략의 하나다.

파룬궁의 매체는 "대법" 매체와 "속인" 매체 두 개 큰 부류로 나뉜다. "대법" 매체는 이홍지와 파룬궁 총부의 지령을 전달하고 신도들의 수련 전수를 책임진다. 예컨대 명혜망, 유럽원명망, 아태정오망, 호주광명망, 정견망, 신생망, 방광명 텔레비전 방송국, 대만방광명, 명혜방송국, 명혜주간 등이다. "속인" 매체는 반공과 반중국 선전을 책임진다. 예컨대 대기원시보, 신당인 텔레비전 방송국, 아폴로망, 인민보, 중국을 보다, 희망지성 국제방송국, 신주 영화제작소 등이다.

명혜망: 파룬궁의 전문 사이트로 이홍지와 총부 지령 전달을 책임진다. 1999년 5월 30일 정식 오픈, 현재 중국어, 영어, 독일어, 프랑스어, 러시아어, 일본어, 한국어, 스페인어와 베트남어 등 9개 어종의 판본이 있다. 파룬궁의 창시자 이홍지는 전에 중대한 문제는 명혜망의 발표를 보라고 강조한 바 있다. 이홍지의 중요 언론과 설법, 그리고 경문들이 다 명혜망을 통해 전해진다.

대기원시보: 파룬궁의 가장 중요한 신문과 네트워크 매체다. 본사가 미국 맨하튼 중구에 있고, 30개 나라에 지사를 두고 있다. 신문은 10종의 언어로 출간되며 절대 대부분이 무료로 배송된다. 주 발행량이 140만부에 달한다. 자칭, 2004년부터 이 신문은 중국 공산당을 헐뜯는 "9평" 언론을 꾸며냈다. 2007년 1월 A.P통신사는 뉴욕 시립대학 정치학 교수 하명의 평론을 빌어 "모종의 의미에서 대기원시보는 파룬궁이 속인 사회로 융입(融入)되고 영향과 합법 지위를 얻기 위한 전략의 일부분이기도 하다"라고 했다. 동시에 평론가들과 학자들은 대기원시보의 출현이 파룬궁의 전세계 공공관계 전략의 한 구성 요소로 동정자와 새로운 추종자를 끌어모으기 위한 목적이라고 했다.

신당인 텔레비전 방송국: 2000년에 설립, 본사가 미국 뉴욕에 있고, 전 세계에 50여개 기자 클럽이 있다. 매년 300만 불에 달하는 비용을 지불하면서 위성 4개를 임대하여 영어와 중국어(표준 중국어와 광동어)로 거의 전 세계를 커버하여 24시간 동안 방송한다. 신당인 텔레비전 방송국은 두 개 예술단을 고용하여 2004년부터 전 세계에서 "문화" 명의로 실제 파룬궁을 선전하는 순회 공연을 진행하고 있다. 신당인 텔레비전 방송국은 "전 세계 화인을 위해 봉사하는", "독립 공중매체"로 자처하지만 사실은 파룬궁에서 직접 운영하는 사교와 반중국을 선전하는 도구이다.

파룬궁의 "션윈 만회"는 원래 명칭이 "신당인 텔레비전 방송국 전세계 화인 신년 스펙태큘러"이었으며 신당인 텔레비전 방송국에서 직접 주최하는 파룬궁이 사교를 선전하고 정치 선전을 하는 무대이다.

"희망지성" 국제방송국: 본사가 미국 샌프란시스코에 있고 캐나다, 영국, 덴마

크, 스웨덴, 독일, 일본, 오스트레일리아, 뉴질랜드, 대만 등 나라와 지역에 많은 방송 지사가 있으며, 방송국을 주축으로 방송국 웹사이트에 중국어, 베트남어, 영어, 스페인어, 프랑스어와 한국어 등 다국어 서브네트를 개통했다.

파룬궁은 상술 이런 매체 외에도 박대출판사, 박대서국(书局) , 명혜학교 등과 같은 이런 매체들을 협조하거나 보조하여 선전 활동을 진행하는 많은 조직과 기구들이 있다.

11) 파룬궁은 해외에서 무고히 소송을 남발한다.

파룬궁은 무고와 소송 남발을 일종의 방편으로 삼고 파룬궁과 다른 의견을 견지하는 인사나 단체를 협박 보복하고 위협했다.

파룬궁은 2003년 1월 20일에 설립된 소위 "파룬궁 박해 국제 추적조사 조직"을 해외에서 무고와 남소(濫訴)를 벌이는 주요 조직자로 지정하고 소송 팀의 직업화, 시스템화를 실현했다.

파룬궁의 남소 대상은 그 범위가 아주 넓다. 중국에서 외국으로, 행정 부문에서 민간 단체로, 국가 지도자로부터 일반 백성에 이르기까지, 파룬궁의 이익을 건드리거나 파룬궁에 불리한 언론을 발표했다가는 파룬궁에 의해 피소될 수 있다.

파룬궁은 여론 패권주의를 실시하여 소송 수단을 동원하여 자기들과 다른 의견을 견지하는 국외 매체들을 타격했다. 캐나다《화교시보》, 오스트레일리아《화인일보》등의 예를 들 수 있다.

2001년 11월 3일, 캐나다《화교시보》에 파룬궁을 비평하는 문장을 게재했다. 파룬궁은 이를 근거로《화교시보》를 고소하고 신문사를 7년이나 되는 긴긴 소송의 진흙탕 속으로 끌어들였다. 하지만 최종 파룬궁의 패소로 끝났다.

2003년 12월 오스트레일리아《화인일보》에 오스트레일리아 주재 중국 대사관에서 파룬궁을 견책하는 성명을 발표했다. 뒤이어 파룬궁은 "비방죄"로《화인일보》를 고소했다. 고액의 소송 비용을 감당하기 어려워《화인일보》는 명칭 변경을 해야만 했다. 2006년 4월 5일, 법원은 파룬궁의 패소를 판결했다. 3만 호주 달러의 배상금을 면피하기 위해 파룬궁은 인위적으로 "뉴사우스웨일즈주 법륜대법 협회"와 "신당인 텔레비전 방송국 오스트레일리아유한

공사" 등 원고를 폐업 도산시켰다.

파룬궁은 남소를 통해 파룬궁을 비평하거나 폭로한 조직과 인사를 미친 듯이 보복했다.

예컨대, 우크라이나 드니프로페트로프스크시 반사교협회, 오타와 Chinese Newcomers Senior, 중국과학원 당조직 부서기 곽전걸(郭传杰), 중국 반사교협회 부이사장 왕유생(王渝生), 호북 무한 텔레비전 방송국 전임 국장 조치진(赵致真) 등이 파룬궁의 남소를 당했다.

1999년 무한 텔레비전 방송국은 조치진의 주관으로 다큐멘터리 "이홍지 그 사람 그 사건"을 제작하고 이홍지가 과학을 모독하고 대중을 기만한 증거를 밝혔다. 2004년 7월 14일, 파룬궁은 미국 코네티컷 연방 법정을 통해 개인 일로 미국을 방문한 조치진을 고소했다.

2005년 여름, 국제사교연구협회는 스페인에서 회의을 열고 파룬궁 문제를 토론할 예정이었다. 파룬궁은 고소와 협박으로 협회 예정 일정이었던 샌프란시스코 파룬궁 반대인사 Samuel luo의 발언을 취소시키도록 했다. 파룬궁 측의 변호사는 위 협회에 보낸 편지에서 "(중공의) 파룬궁에 대한 선전 요언과 비방 등 행위를을 지지하고 허용하거나 믿는 그 자체가 바로 종족 멸종과 혹형과 손잡는 것"이라고 했다.

파룬궁 조직의 짙은 정치 색채로 인해 일부 조직에서는 경사 축제 주제의 퍼레이드 행사에 파룬궁의 참여를 거절했다. 파룬궁은 역시 소송 수단을 들고 나와 분쟁을 일으켰다.

미국 샌프란시스코 중화 총상회는 파룬궁이 "정치 동기"를 숨기고 있다고 2006년부터 연속 3년간 샌프란시스코 중국 음력 신년 퍼레이드 행사 참여를 거절했다. 파룬궁은 이를 근거로 중화 총상회를 법정에 고소했다. 그러나 중화 총상회의 결정은 미국 법원의 지지를 받았다.

파룬궁이 이전에 있었던 퍼레이드 행사 때 유람객들에게 소위 "혹형" 사진을 돌려 뉴질랜드 오클랜드시는 연속 8차나 1년에 1회 씩 진행되는 크리스마스퍼레이드 행사에 파룬궁의 참여를 거절했다. 파룬궁은 행사 주최 측인 오클랜드 어린이 크리스마스 퍼레이드 신탁기금회를 고소했다. 2007년 파룬궁 성원들은 또 오클랜드 어린이 크리스마스 퍼레이드 신탁기금회 주석이며 오클랜드 상회 수석 집행관인 Michael Barnett의 사무실을 포위하고 난동을 피웠다. 이로 인해 Michael Barnett는 부득불 경호원을 고용하여 안전을 확보할 수 밖에 없었다.

　일부 국가의 권력 부문과 고급 관원도 파룬궁의 "미움을 사" 남소를 당했다. 모르도바 사법부는 파룬궁의 등록을 거절했다는 이유로, 싱가포르 내각의 탁월한 정치가 이광요는 파룬궁을 비판했다는 이유로, 오스트레일리아 다이너 전임 외무장관은 중국 대사관 앞에서 진행하는 파룬궁의 활동을 금지하는 법령에 서명했다는 이유로 모두 파룬궁에 의해 피소됐다.

　통계에 의하면, 2001년부터 파룬궁은 미국, 캐나다, 스웨덴, 독일, 벨기에, 스페인, 한국, 그리스, 오스트레일리아, 볼리비아, 네덜란드 등 나라에서 100여 건에 달하는 법적 소송을 제기했다. 그러나 거의 패소로 끝났다.

Chapter 11

11. 파룬궁을 보는 여러 시각들

11 파룬궁을 보는 여러 시각들

1) 국내 민중

일찍이 중국 정부에서 법에 의해 파룬궁을 단속하기 전, 사회 각계 인사들과 광대한 민중들은 파룬궁이 가정 파탄을 초래하고 수련자들의 심신 건강을 해치며 사회 안정을 파괴하고 불법으로 재물을 긁어모으는 등 문제에 대해 벌써부터 강렬한 불만을 토로했다. 그들은 여러 가지 경로를 통해 정부에 파룬궁 조직을 처리할 것을 요구했다. 일부 피해자 가족들, 매스컴 저널리스트, 과학가들은 매스컴 매체를 통해 파룬궁의 사회에 해를 입히는 행위를 폭로하고 비판하고 논박했다.

1999년 7월 22일, 중국 정부는 파룬궁이 사회에 끼치는 막대한 위해를 감안, 광대한 민중들, 특히는 종교계의 요구를 받아들여 법에 의해 파룬궁을 단속했다.

중국 정부의 법에 의한 파룬궁 단속은 광대한 민중의 지지와 옹호를 받았다.

중국 섬서성에서 2003년에 있었던 한 차례의 설문 조사 결과 참여 인원의 99.39%가 파룬궁은 사교라 했고, 98.75%가 파룬궁 단속을 지지했다.

중국 정부에서 법에 의해 파룬궁을 단속한 후 광대한 민중들은 자발적으로 일어나 파룬궁을 적발하고 비판했다.

2000년 12월, 중국반사교협회에서 주최한 "사교를 반대하고 인권을 보장하자"란 백만 민중 연대 서명 활동에 북경, 상해, 천진, 하남, 호북, 사천, 강서, 호남, 섬서 등 성과 시의 많은 민중들이 열성적으로 참여했다. 짧은 3개월 동안 전국 각 성, 자치구의 주요 도시에서 152만 개의 서명을 받았다. 사천성의 예만 들어도 2001년 2월 1일, 성 도시 체육센터에 몰려든 서명 인원 수만 해도 수만 명에 달했다.

2002년 3월까지 중국반사교협회는 전국 민중들로부터 보내온 "사교를 반대하고 인권을 보장하자"의 소원 전달 편지 15,378통을 받았다.

2008년 5월 20일, 등신망(騰訊網)에 《파룬궁이 북치고 꽹과리 울리며 뉴욕화인들의 이재민을 위한 모금활동을 교란》이란 동영상이 중계 방송됐다. 10월 31일까지 네티즌이 올린 글만 해도 51,435건에 달했다. 파룬궁의 이재민에 대한 구제활동을 교란하는 행위는 네티즌들의 분노에 찬 뭇매를 맞았다. 네티즌들은 분연히 "중국 사람들 얼굴 팔아먹는다"며 정부에 파룬궁을 더 호되게 통제할 것을 호소했다.

중국반사교협회의 웹사이트 "개풍망"은 2008년 8월 5일부터 15일까지 두 가지 문제에 대한 인터넷 설문 조사를 진행했다. 그중 한 가지 조사 결과 "파룬궁 조직은 해외에 둥지를 틀고 있는 정치 조직"이라는 네티즌 수가 제일 많아 44.4%를 차지했고 "정신 통제를 실행하는 사교 조직"이라는 네티즌 수가 43.24%를 차지했으며 "일종의 정신 신앙 운동"과 "재물을 탐내고 생명을 해치는 가짜 기공"이라고 인정하는 네티즌이 각각 7.72%와 4.63%를 차지했다. 다른 한 가지 조사 결과 파룬궁을 반대하는 네티즌 수가 89.43%에 달했으며 "나와 관계 없다"가 5.69%를 차지했다.

2) 해외 민중

파룬궁은 해외 화인사회 단체의 환영을 받지 못한다. 더욱이 미국 화인 주류사회의 보편적인 동정을 잃었고, 오히려 불만을 일으키고 있다.

2008년 5월 12일 중국 사천지역에 8.0급 특대 지진이 발생했다. 지진은 심한 인명 피해와 재산 손실을 초래했다. 5월 7일, 미국 뉴욕 화인화교는 플러싱에서 사천재해 지역에 보낼 모금을 모으는 이재민 구제 활동을 진행했다. 그러나 활동은 파룬궁의 교란과 파괴를 받았다. 극도로 분노한 화인화교들은 자발적으로 모여 파룬궁을 성토했다. 쌍방은 10여일 간 지속적인 대치 상태에 들어갔다. "플러싱 사건"에서 화인화교들은 파룬궁을 "영혼을 팔아먹고" "낯짝 두껍고" "양심이 없는", "쓰레기", "인간 찌꺼기", "사교", "매국노"라 호되게 질책했다. 파룬궁을 성토하는 항의에 참여한 한 뉴욕 시민은 "일요일 오전 내가 전철에서 내리자 파룬궁 인원이 나의 뒤를 따라오다가 신문 한 장을 줬다. 사장이 파룬궁의 신문은 보지 말라 보기도 싫다! 라고 했다", "(파룬궁)은 이미 정치화 악마화 되었다. 그들이야 말로 죽음의 길로 가는 사악한 마(魔)다"라고 했다.

파룬궁의 사악한 본질이 폭로되면서 날이 가면 갈 수록 더 많은 해외 민중들이 파룬궁을 "사이언톨로지교회", "라엘리아니즘" 등 사교와 같은 취급을 한다.

* 2001년 2월, 오스트레일리아 매스컴 재벌 머독의 둘째 아들 제임스 머독은 미국 로스앤젤레스에서 열린 비즈니스 회의에서 파룬궁은 "위험한 말일교파"로 "중국에서 절대 성공할 수 없다"고 직언했다.

* 오스트레일리아 네티즌 mike는 2008년 4월 10일, 블로그에서, "파룬궁은 미국에서 후원한 사교 클럽으로 미치광이의 지도를 받고 있다. 이 미치광이가 사람들을 동원하여 중국 정부를 반대하게 한다. 왜냐하면 중국 정부에서 아주 정확하게 그가 통제하는 쉽게 속임수에 걸려드는 사람들을 금지했기 때문이다"라고 했다.

* 미국 켈리포니아주 버클리 분교 교원 Cynematic 박사와 그의 부모는 파룬궁의 션원 만회는 "사교에서 주최한 미쳐 떠벌이는 중국 만회"라고 했다. 그의 어머니는 "파룬궁은 사이언톨로지교파 보다도 더 터무니없으면 없었지 나을리 없다"고 말했다.

* 스웨덴 시민 Martin Rundkvist는 2008년 3월 7일 블로그에서 사람들에게 "그(파룬궁)를 중국의 사이언톨로지교파나 라엘리아니즘으로 간주하자"고 호소했다.

* 영국 네티즌 Paul Stott는 블로그에서 파룬궁은 "괴벽한 종교 쥐새끼"라고 했다.

* 미국 화인 네티즌 석뢰는 블로그에서 2008년 6월 7일, 파룬궁한테 소란당한 이야기를 하면서 파룬궁은 근본적으로 "진"이 아니며 "이것(파룬궁)은 일종의 사교다"라고 했다.

2007년 말, 미국 KAZN-AM(1300) 방송국의 인기 중국어 토크쇼 사회자 Cat Chao는 "파룬궁은 불가사의한 무술(巫木)"이라 했다.

뉴질랜드 크라이스트처치 네티즌 Ccm는 2008년 3월 블로그에서 "(파룬궁 신도들은) 모두 무지한 사람들로 누가 그들을 진짜 통제하고 있는 지도 모른다"고 했다.

3) 전 파룬궁 조직 핵심 광신도

"법륜대법연구회"는 파룬궁 중국 대륙의 총부이며 그 주요 성원들로는 이창(李昌), 기열무(紀烈武), 우장신(于長新), 왕치문(王治文) 등이다. 1999년 12월 이창 등은 사교클럽을 조직 이용한 법률 실시 파괴죄와 인명피해초래죄, 국가기밀불법절취죄로 형사 판결을 받았다.

* **이창**: 파룬궁의 기만 역할이 바로 이홍지의 말과 행동이 다르다는데 있다. 파룬궁의 정치화야 말로 아주 큰 비애다.

* **기열무**: 근년간 파룬궁 사교 조직의 반사회, 반인류, 반과학의 종종 표현들이 나를 깜짝 놀라게 한다. 당년의 소위 좋은 사람이 되고 병을 제거하고 몸을 건강히 한다 등이 모두 명목이고 법과 기율 준수는 궁여지책이며 수련으로 사람을 구도한다 함은 미끼일 따름이라는 것을 더욱 똑똑히 간파하게 했다.

* **우장신**: 이홍지는 아주 허위적인 사람이고, 진짜 큰 사기꾼이다. 파룬궁 전파에 정치 목적이 있었다. 그는 사회를 주재하려 한다. 이홍지는 궁극적으로 끝이 좋지 않을 것이다.

* **왕치문**: 이홍지는 파룬궁 사교 조직을 이용하여 광대한 민중들의 정부와 당에 대한 불만을 선동하고 사회 안정에도 해를 입혔다. 파룬궁은 연공을 수단으로 사람 구도를 미끼로 사회 관념과 시비 인식을 혼란시켰다. 그는 터무니없는 역설로 일체 과학을 압도하고 자기를 세상에 모르는 게 없는 구세주로 위장

했다.

4) 전 파룬궁 수련자

법에 의해 파룬궁을 단속한 후 정부는 인도주의 정신 차원에서 단결, 교육, 구원의 정책을 계속해서 집행해 왔다. 절대 다수의 기만당했던 사람들과 피해자들은 사교의 정신 통제를 벗어나 정상 생활로 돌아왔다.

① 중국 국내 수련자

천안문분신자살사건 당사자 왕진동(王进东): 원만이란 새빨간 거짓에 지나지 않는다! …… 나는 크게 한 번 외치고 싶다. 이홍지, 너는 큰 사기꾼이다. 어서 빨리 사기꾼의 수작을 그만 피우고 더는 사람을 해치지 말라!"

천안문분신자살사건 당사자 유운방(刘云芳): 파룬궁이란 바로 우매의 대명사다.

* 천안문분신자살사건 당사자 진과(陈果): 파룬궁은 이미 반인류, 반사회의 사교 조직으로 발전했다. 나는 아직까지도 여전히 사교를 믿고 있는 사람들이 정신 차리고 파룬궁과 멀리하기를 바란다. 다시는 나와 같은 피해자가 발생되지 말았으면 싶다.

* 길림성 구대시 소학교 부교장 주수지(朱秀芝): 세인을 기만하는 사람은 다른 사람이 아니라 바로 이홍지이다. 파룬궁은 의심할 바 없는 완전한 사교이다.

* 전 서안교통대학 파룬궁연공지점 보도원 진빈(陈斌): 이홍지는 사람이지 신이 아니며 더더욱 좋은 사람이 아니다. 이홍지가 파룬궁 수련자들에게 가리키는 길은 좋은 사람이 되는 길이 아니라 좋은 사람도 나쁘게 변하는 길이다. 이홍지는 진정으로 도덕 사기꾼이고 경제 사기꾼이며 정치 사기꾼이다.

② 해외 수련자

* 미국 죠지아주 시민 토니 스미스: 2003년 3월, 이홍지가 인터넷에서 발표한 한 편의 "경문" 내용이 이홍지가 전에 한 말과 서로 모순되기에 금년 2003년 3월 8일부터 나는 더는 이홍지를 믿을 만한 사부로 여기지 않는다……나는 이홍

지가 "그(신도)들을 신으로 변하게 할 수 있다"고 믿지 않는다.

 * **영국 브라이튼 시민 Sour Mango Powder**: 파룬궁은 선한 조직이 아니다……이 조직과 조직의 지도자는 정신병이 있는 것 같다." (2008년 1월 블로그)

5) 중국 전문가

파룬궁이 중국 내에서 전파되던 초기, 국내의 종교계 인사들과 사교연구 전문가들은 예리한 눈으로 파룬궁의 문제점과 사회에 미칠 해악 등에 초점을 맞추고 솔선으로 90년대 중반에 이미 중국의 관련 부문에 견해와 의견을 제출하여 파룬궁 문제를 신중히 고려할 것을 요청했다.

 * **중국과학원 원사 하조휴(何祚庥)**: 첫째, 파룬궁은 봉건 미신을 선양하고 "원신불멸법칙"을 고취한다. 둘째, 파룬궁을 수련하면 주화입마에 빠질 수 있다.

 * **중국반사교협회 이사 단계명(段启明)**: 이홍지는 "법륜불법"을 수련하면 "천목을 열 수 있고" "천목 층차가 아주 높은 사람은 우리 공간을 투과하여 다른 시공을 볼 수 있고 속인이 볼 수 없는 광경을 볼 수 있으며 층차가 높지 않은 사람은 꿰뚫는 힘이 있을 수 있어 벽을 사이에 두고 물체를 보거나 인체를 투시할 수 있다"고 했다. 많은 파룬궁 수련자들이 이런 허튼소리를 믿고 수련을 통해 이런 기적이 나타나기를 바란다. 결과적으로 정신착란이 생기고 정신 이상을 초래했다. 북경의과대학 제6의원 (정신병연구소) 관계자의 설명에 따르면, 1998년도에 치료를 받은 병신병 환자 중 5분의 1이 파룬궁 수련으로 인한 환자들이라고 한다. 파룬궁의 북경 수련 총부에서 제공한 소위 조사 자료에서도 이런 정신병 환자가 있음을 발견할 수 있다.

 * **중국과보연구소 연구원 곽정의(郭正谊)**: 파룬궁 수련자의 사유 방식과 행동이 보통인과 다르다. 이는 전적으로 이홍지의 요사스러운 말들이 대중을 현혹시켰기 때문이다…… 이홍지는 자기 제자들을 보고 그의 "전법륜"을 읽고 또 읽으라고 한다. 읽고 나면 나중에 모든 글자가 이홍지의 화신으로 변해 뛰어나올 수 있고 원신이 트이고…… 그 결과 수련자들이 맹목적으로 이런 특이 효과를 추구하여 정신 질병을 초래했다.

 * **저명한 학자이며 생물화학 박사인 방주자(方舟子)**: 파룬궁의 실제는 전통기공과

완전히 상반되는 주화입마를 추구하는 가짜 기공이다.

* **중국인민해방군총의원 원장 주사준**(朱士俊): 파룬궁은 이홍지가 긁어모은 소위 공법만 연공하게 한다. 일단 빠지게 되면 정신 질환을 앓게 되며 점점 더 깊이 빠져든다. 연공자는 무절제하게 장시간 "연좌"하므로 교감 신경의 과도 흥분을 조성하여 인체가 장시간 스트레스 상태에 처하게 되며 심한 자는 신경 전달 물질의 합성과 방출이 혼란을 일으켜 정신 이상을 초래할 수 있다. 즉 이른 바 주화입마로 자해 혹은 타인 상해 행위를 저지를 수 있다.

* **중국여성연맹여성연구소 부연구원 장영평**(蒋永萍): 이홍지는 여성의 일부 약점을 이용하여 정신 통제로 그들이 최종 자체 훼멸의 길로 나아가도록 했다. 파룬궁은 여성들을 잔혹하게 해치는 살인귀이다.

* **중국불교협회《법음》잡지사 편집부 주임 진성교**(阵星桥): 파룬궁은 일종의 전형적인 민간 종교 특성을 갖춘 "부불외도(附佛外道)"이다.

* **세계의학기공학회 전임 주석이며 중국중의학회 부이사장, 중국인민해방군 해군 총의원 부원장 풍이달**(冯理达)**교수**: 파룬궁은 남을 해치고 자기를 해치는 가짜 과학이다.

6) 국제 전문가, 학자, 사교 반대 인사

파룬궁은 국제 종교, 사교, 심리학, 의학 등 여러 분야 전문가들의 주목을 받았다. 일부 연구 협회와 학교에서도 파룬궁 문제를 검토 과제로 삼았다.

미국 심리학회 전임 회장이며 켈리포니아주 버클리대학 심리학 교수 Margaret Thaler Singer: 파룬궁은 사교 표준에 맞으며 미국이나 세계 어느 곳의 사교 기준에도 다 들어맞는다. 파룬궁의 수령은 신도들에게 하나님이나 기타 추상적인 교리를 신앙하라는 것이 아니라 자기를 신앙하라고 호소한다. 파룬궁은 또 하나의 사교에 지나지 않는다.

* **미국 플로리다 제임스랜디 교육재단 주석 제임스 랜디**: 파룬궁은 사이언톨로지교의 이용 수단과 마찬가지로 종교 그룹의 허울을 쓰고 있으나, 실제 근본적으로 가짜 과학과 초자연력을 기초로 설립된…… (이홍지)는 완전한 사기꾼이다. 추종자들의 존경을 받을 만한 자격도 없다…… 파룬궁이 그 허위성, 상해성과 위

험성으로 중국에서 금지된 후 이홍지와 그의 미국 신도들은 각종 활동을 조직하고 자기들의 눈에 거슬리는 사람들을 적으로 알고 분쟁을 일으키고 그들의 기만술을 믿지 않거나 폭로하는 사람들을 협박하고 고소한다. 그들은 사람들에게 파룬궁은 일종의 정상적인 종교라는 착각을 심어 주고 미국에서 부여하는 종교 조직의 일반적인 혜택과 보호를 얻으려고 애쓴다.

＊ **미국 저명 사교 문제 전문가 Rick Ross**: 파룬궁 즉 법륜 대법의 창시자 이홍지는 "동성애 혐오자"와 "종족주의자"로 묘사되었다…… 같은 사람인 그가 또 그와 그의 신도들이 중국에서 "박해"를 받는다고 한다. 그는 한 편으로는 인권 침해에 항의를 하고 한 편으로는 또 기타 사람들의 인권을 이토록 증오하고 "용인하지 못한다". 이것이 어찌 이상하지 않다는 말인가?

＊ **미국 샌스란시스코 파룬궁 문제 전문가 Samual Luo**: 이홍지는 마치 이 조직의 독재자와 같다. 2003년 2월 15일, 그는 신도들에게 "사부의 말을 기억하라, 일처리를 어떻게 하든 내가 하는 일은 다 맞는 것이고, 이를 의심하는 사람은 다 틀린 것이다. 왜냐하면 이것은 우주의 선택이고 미래의 선택이기 때문이다"라고 말했다. 이홍지의 신도들은 그를 하나님으로 떠받들고 숭배한다. 사람들은 파룬궁 조직이 작은 줄 안다. 사실은 그렇지 않다. 이 조직은 세력이 막강하다. 그들은 막대한 자금을 소유하고 있는 것 같다. 그리고 변호사들이 무료로 그들을 위해 일한다. 그들은 이런 우세를 이용하여 파룬궁을 비평하는 언론 자유를 억압한다.

＊ **미국 켈리포니아 대학 로스앤젤레스분교 Pasty Rahn**: 파룬궁은 정말로 가정파괴 역할을 한다. 일부 파룬궁 수련생은 병에 걸린 후 치료와 약을 거부하여 가정파괴와 사망을 초래했다.

＊ **플러싱 Queens College 대학 정치학 교수 손연**: 여기 혹은 중국 내의 절대 대부분 화인들은 모두 파룬궁이 아주 괴이하다 생각하고 있으며, 그들을 인정해 주거나 지지하지 않는다.

＊ **러시아 국가종교관계와 법률연구소 소장 bergin 교수**: 파룬궁이 중국 정부와 기타 종교 단체에 대한 태도는 전통 종교 가치관에 대한 비방과 충격이다. 그리고 자기 자신에 대한 수법 등을 봐서 파룬궁은 일종의 극단적인 사교 조직이라 나는 확신한다.

＊ **러시아 종교와 종교파별 연구센터연합회 총재 Dvorkin 교수**: 파룬궁은 이미 세계적 사교 단체로 그 총부가 뉴욕에 설치되어 있고, 이홍지의 지시를 받고 있다. 파룬궁 수련인이 중국에서 살든 프랑스나 미국 혹은 기타 어느 나라에서 살든 그것은 중요하지 않다. 그들에게는 파룬궁 조직이 소속 나라보다 우위에 있다. 우선 그들은 심리적으로 자신을 파룬궁 조직에 귀속시켰고 그들의 대통령 혹은 황제가 바로 이홍지이며 그들 행위의 합리성, 세계관, 행동거지 모두가 완전히 이홍지의 뜻을 따른다. 이홍지의 모든 지령이 그들에게는 모두 절대적인 것이고 무조건 복종해야 되는 것이다. 또 제때에 완성해야 하는 것들이다. 그 어떤 망설임도 있어서는 안 된다.

＊ **미국 뉴욕시립대학 정치학 교수 하명**: 파룬궁은 미국민선관원과 어떤 정치수완을 부려야 되는 지를 알고 있다. 파룬궁은 "양면파"로 중국에서는 자기가 도덕 개량 운동을 한다고 선전하고 서방에서는 자기는 종교 자유와 사상 자유 운동을 한다고 공언한다…… 대기원시보는 파룬궁이 일반 사회로 융입(融入)되어 영향과 합법적 지위를 얻기 위한 전술의 일부분이기도 하다.

＊ **미국 시사평론가 David Ewing**: 파룬궁은 세계에서 제일 큰 반공 조직이다.

＊ **캐나다 몬트리올대학 중국현대사 전문가 David Ownby**: 이홍지의 교의는 서방의 계몽 전통과 그리고 서방에서의 개인 권리와 부동한 관점에 대한 중시외 접수, 이런 모든 면에서 공통점이라고는 찾아볼 수 없다.

＊ **미국 Rocky Canyou 멀티미디어 회사 감독이며 모 사교 조직의 전 성원인 Daniel Marchiaz**: 파룬궁은 미국의 사교 조직보다 더 멀리 갔을 수 있다. 사교와 종교는 별개의 개념이다. 중국 정부에서 파룬궁을 단속했다 하여 종교 신앙을 존중하지 않는다는 것은 아니다.

＊ **미국 기독교 트리니티 방송 네트워크 총재 폴 크라우치**: 나는 파룬궁이 사교라는 관점에 찬성한다. 이홍지가 하고 있는 행태들이 최소한 정부에 대한 존중과 법률 준수를 제창하는《성경》의 교의와 같은 점이라고는 볼 수 없다.

＊ **미국 알칸서스대학 물리학교학과 연구 교수 Hobson**: 파룬궁은 잠재적 위험이 있는 가짜 과학이고 미신이고 사교이다.

＊ **미국 림측서 기금회 주석 황극장**: 파룬궁은 마약과 같이 나쁘다.

＊ **캐나다《화교시보》사장 주금흥**: 1. 파룬궁은 무조직의 단체라 자칭하지만 실

제 그들은 방대한 선전 시스템을 갖추고 있다. 예컨대 신문, 텔레비전 방송국, 인터넷 등 다원화된 선전 라인업, 그리고 끊임없이 여러 가지 시위와 활동을 진행한다. 조직이 없다는 말은 분명코 합당하지 않다. 2. 이홍지의 말에 따르면 파룬궁은 외부의 후원금을 받지 않는다고 하는데 그렇다면 거액 지출의 근원지는 어디인가? 도대체 그 돈이 어디에서 오는가! 3. 소위 종교와 수련의 명목을 내 건 그들의 실제 내용은 적나라한 반공, 반중국 정치활동이며 배후 세력의 지지를 받고 있는 철두철미한 정치 조직이라는 것이 날이 갈수록 뚜렷하게 폭로된다.

7) 해외 매체

* 영국 방송 공사(BBC)

파룬궁은 중국 "최대의 사교"이다. 파룬궁은 집단 자살을 초래한다.(1998년 11월 WORLD 프로그램을 통해 방송된 James Miles 기자의 기사)

파룬궁은 이홍지의 조잡한 철학에 불교, 도교에서 마구 끄집어 낸 교의에 완만한 연좌단련방법을 두루 보태 맞춘 잡탕이다. (2001년 5월 8일 《이홍지란 어떤 사람인가?》)

* 워싱턴포스트

중국 정부와의 충돌에서 이홍지는 아주 중요한 역을 맡았다. 이홍지라 하는 전 국가 종업원이 뉴욕 퀸지의 한 비밀 아지트에서 파룬궁을 지도한다. 그는 제자들을 동원하여 중국 경찰과 대결시키고, 계속해서 신도들을 중국과 대항하도록 선동한다.

파룬궁 제자들의 말에 의하면, 이홍지의 연설은 중국 정부와 대립하도록 그들을 부추긴다. 이래야만 정신 세계를 한 층 더 높은 경지로 승화시킬 수 있다고 한다. 이것이 바로 이홍지가 말하는 "원만"의 경지다.

이홍지의 추종자들은 여러 도시에서 활동하며 파룬궁이 정부와 대항하는 길로 치닫게 만들었다. 이홍지는 1999년 "4.25 사건" 전야, 중국에 돌아갔었다. 전대 미문의 연좌 활동을 지휘하기 위한 것이 분명하다. (2001년 3월 10일 《이홍지는

해외에서 파룬궁 활동을 원격 조종》)

* A.P통신사

"대기원"은 진정한 매스컴 매체가 아니다. 파룬궁 인원이 2000년에 설립한 것으로 단기간에 인터넷 사이트와 신문으로 확장되었다. 일정한 규모를 갖춘 후 "대기원시보"는 적극적으로 "파룬궁"과의 관계를 덮어 감추고 주류 매체로 부상하려고 시도했다. 평론가와 학자들은 "대기원시보"의 출현이 파룬궁의 전 세계 공공관계 전략의 한 구성 부분으로 목적은 동정자와 새로운 추종자를 끌어 당겨오기 위한 것이라고 인정한다. (2007년 2월 5일, 《대기원시보는 파룬궁의 나팔수》)

파룬궁은 중국 외의 기타 지역에서 일부 조직들을 끌어 모았다. 그러나 중국계 미국인 인사들 중에서 여전히 분쟁을 일으키고 있다. 많은 사람들은 파룬궁은 사교이고 파룬궁의 정치화 과정을 힐책한다…… 정치 평론가들은 파룬궁이 "대기원시보"와 "신당인 텔레비전 방송국"을 통해 광범위하게 발행, 전파하고 파룬궁의 메세지를 살포하는 과정에서 날이 갈수록 노련해진다고 평가한다. "대기원시보"와 "신당인 텔레비전 방송국"은 모두 파룬궁의 지지자들이 설립했고 공산주의를 반대하는 뉴스와 평론으로 가득 차 있다. (2007년 1월 20일, 《파룬궁 신닌 만회의 신진 본질》)

* 뉴욕타임즈

중국에서 최근에 발생한 지진 재해가 미국 뉴욕의 차이나타운에 꽤 큰 소동을 일으켰다. 일요일 파룬궁의 시위대오가 차이나타운에 들어섰을 때 일부 중국 정부 지지자들이 그들을 쫓아내며, 그들을 향해 물병 등 물건들을 집어던졌다. 차이나타운의 주민의 말에 의하면, 언제인가 부터 파룬궁은 도처에서 사람들에게 요언을 퍼뜨리고 모금 활동을 방해했다. 그들은 또 사람들에게 중국 정부에서 의연금을 절취한다고 했다. 파룬궁의 시위 대오가 차이나타운에 들어섰을 때 일부 파룬궁 성원들은 "공산당이 없어야 새 중국이 있을 수 있다"란 플래카드를 높이 펼쳐들었다. 이런 요언들이 사람들의 분노를 자아냈다. 방관자들이 끊임없이 그들을 향해 큰 소리로 꾸짖고 불만을 토로했다. 관중들은 분분히 그들을 향해 엄지 손가락을 아래로 향해 보였고, 중국 말로 큰 소리로 조롱하고 맹비난을 했다. 플라스틱 물병들이 그칠새 없이 공중에서 시위자들을 향해 날라 왔다. (2008년 5월 26일 《파룬궁 시위가 뉴욕 차이나타운에서 저지를 당했다》)

* 엘에이타임즈

파룬궁은 정신 사교 조직으로 미국 차이나타운에서 일반적인 공감을 잃었고, 현지에서 변두리 조직으로 소외되었다. (2007년 12월 30일, 《화인들이 함께 올림픽 꽃차 경축, 파룬궁은 헛고생만 하고 좋은 소리 듣지 못했다》)

실제 파룬궁은 진즉(趁卽)미국 주류 화인사회의 불만을 일으켰다. 사람들이 파룬궁을 변두리 조직 혹은 사교라 인정하기 때문인 것도 있고, 파룬궁이 끊임없이 사람들 앞에서 자기들의 훈시를 전파하기 때문이기도 하다. 파룬궁 수련인들은 항상 공공 장소에 모여 플래카드를 높이 걸거나 혹은 큰 길가에 나서서 전단지를 배포한다. 어떤 때는 인체 박해 사진과 문자 설명까지 포함시켜 배포한다.

어떤 사람들은 파룬궁의 신년 만회를 주도하는 것이 문화가 아니라 정치라고 논평한다. 기타 사람들도 파룬궁 수련생들이 자기들은 하나의 종교 단체라 하지만 전달하고 있는 내용으로 봐서는 정치 단체라는 것이 이미 표명됐다고 말했다. (2008년 1월 7일, 《파룬궁과의 관계로 인해 신당인 신년 만회가 더 큰 물의를 일으킨다》)

* 미국 위티어매일신문

코비나시 정부 문서에서 밝히다시피 2001년 이래 파룬궁 성원은 샌가브리엘산맥의 각종 회의에 빈번히 얼굴을 보이며 반중국 지지 결의를 얻어내려고 시도했다.

파룬궁은 줄곧 세계 각지와 각 도시의 자원봉사자와 활동가 양성에 주력하며 소송을 제기한다. 이를 자기들의 이익을 수호하는 일종의 도구로 삼는다. 그러면서 수치로 여기지도 않는다.

알함브라시의 관원도 파룬궁에서 제출한 2005년 중국 음력 신년 퍼레이드 행사 참여 요구 때문에 골머리를 꽤 앓았다. Paul Talbot는 파룬궁의 정치성 때문에 상회에서 그 요구를 거절했다고 말했다. 로스앤젤레스와 샌프란시스코의 퍼레이드에도 파룬궁은 여전히 같은 이유로 거절당했다. (2007년 12월 29일, 《파룬

궁의 해외에서의 남소》)

* 캐나다 오타와 공민보

데이비드 마타스의 보고는 파룬궁의 판단과 주장을 완전히 믿었다.

데이비드 마타스의 보고에 대한 힐책은 이미 소가둔 사건에 대한 힐책을 훨씬 초월했다. 미국 국회 연구기관에서 기초한 보고는 데이비드 마스타 보고의 대부분 관점이 "새롭거나 혹은 독자적으로 취득한 입증 자료를 제출하지 못하고 대부분 논리적 추론에 의존했다" 일부 핵심적 주장은 "기타 조사들과 서로 모순되는 점들도 발견된 것 같다"고 했다. 동시에 전화 기록에 의문을 제출했다. 이런 기록들이 중국 관원이 파룬궁 수련인들의 몸에서 장기를 적출했다고 실증하는 증거가 된다고 했다. 연구 기관의 보고는 "사람들은 이렇게 선명한 증거를 얻기는 그리 쉽지 않을 것이라고 한다. 왜냐하면 이런 민감한 정보는 중국 정부에서 통제하고 있기 때문이다. 이로부터 전화 기록의 신빙성에 대해 의문을 제기했다."

공산주의 중국 정부를 반대하는 전 정치범 오홍달이 소가둔 사건에 적용된 증거에 대해 의문을 제출하는 성명이 발표되면서 소가둔의 이야기는 더더욱 신빙성이 없게 되었다. 그의 조직의 조사에 의하면, 이런 증거들이 모두 "신뢰성이 없는" 것으로 밝혀졌다. 그는 이 사건은 "고의적으로 날조되었을 가능성이 크다"고 했다. 오선생 조직의 여 대변인 Lisa Pertoso는, "우리는 그들이 묘사한 지점, 숫자와 사건을 실증할 수 있는 그 어떤 증거도 찾지 못했다"고 했다. (2007년 8월 9일, 《소가둔 사건을 힐책》)

많은 사람들이 파룬궁은 "괴이한 사교"라는 관점을 찬성할 것이라고 믿는다. 때문에 어떤 지역은 파룬궁 동정자가 아주 적다. (2008년 5월 17일, 《사교, 그림자처럼 따라다닌다》)

* 캐나다 국가 프랑스어 방송국

우리들의 조사에 의하면, "파룬궁은 아주 조직이 있는 단체이며 그들은 막강한 자금 지원이 있다."

그들의 신문, 방송, 텔레비전 방송과 마찬가지로 파룬궁의 신도들은 그들의 진짜 의도를 덮어 감춘다. 실제로 그들의 진정한 목적은 그들의 진행 과정(进程)을 선전하고 중국 공산당 통치를 뒤엎는 것이다.

몬트리올대학 중국문제 연구 전문가 Loic Tasse는 이 방송국 기자와 가진 인터뷰에서, "파룬궁은 줄곧 자기들의 정치 색채를 부인했다. 하지만 그들이 정부의 탄압을 받기 때문에 그리고 그들이 이런 탄압에 저항하고 있기에 나는 그들이 일종의 정치 운동이라고 생각한다. 이점 만은 의심할 바 없다. (2008년 10월 30일 ENQUET 프로그램《차이나타운의 불안》)

* 오스트레일리아《The Age》

멜버른시 시장 John So는 "멜버른은 모든 사람을 환영한다. 파룬궁은 제외!"라고 선포했다. 그날 저녁 오스트레일리아 멜버른시 시장 John So는 시정청에 보내온 파룬궁의 성화 이어달리기를 접수한 데 대한 제의을 부결했다.

"어제 저녁 회의 진행 전의 질문에서 Cr Carl Jetter 의원은 파룬궁은 열광적인 신도들이다. 나는 모든 열광적인 종교 혹은 정치 단체를 지지하지 않는다"라고 했다.

2003년 멜버른시정청은 파룬궁 성원의 품바 퍼레이드 참여를 금지했다. 지나친 정치화 때문이다. (2007년 10월 31일,《멜버른은 모든 사람을 환영한다. 파룬궁은 제외!》)

* 뉴질랜드 scoop politics

근일 뉴질랜드 오클랜드 크리스마스 퍼레이드 조직위원회는 파룬궁이 퍼레이드 조직위원회에 크리스마스 퍼레이드 기간 정치 선전 활동에 종사하지 않는다는 보증을 할 수 없기에 파룬궁은 11월 25일의 오클랜드 크리스마스 퍼레이드 행사에 참가하지 못한다고 정식 선포했다. 조직위원회 주석 Michael Barnett는 성명을 통해 파룬궁 집단이 현재 선전 공세로 활동 규칙을 조종하려 시도한다고 했다. "조직위원회는 이번 회담이 파룬궁이 74년 역사를 갖고 있는 크리스마스전통 퍼레이드 행사에 참가하기 위한 또 한 차례의 계략으로 파룬궁의 정치화 진정을 추진하기 위한 것이라 확신한다." (2007년 11월 22일,《파룬궁은 연속 7년 오클랜드 퍼레이드 행사 참여에 거절을 당했다.》)

Chapter 12

12. 한국에서의 반(反) 파룬궁
활동 및 보도

12 한국에서의 반(反) 파룬궁 활동 및 보도

1) 한국 기독교, "파룬궁 등 사교 침투에 경각심 가져라!"

한국 기독교가 사교 침투를 대비한 가운데 모 잡지가 지난 2014년 9월호에 채성원(가명)의 "파룬궁은 사교다"라는 장문의 글을 발표하였다. 그 내용을 요약하면 아래와 같다.

① 파룬궁의 유래

20세기 말부터 중국 길림성 출신인 이홍지(李洪志)는 '구궁팔괘공'(九宮八卦功), '선밀공'(禪密功) 등 기공 공법의 기초 상에 태국의 무도(舞跳)의 동작을 결합해 파룬궁을 만들었다. 1994년, 이홍지는 '전법륜'이라는 파룬궁 서적을 출판하며 "진선인은 우주의 근본 특성"이라는 슬로건으로 모든 파룬궁 수련생더러 수련을 통하여 "심성(心性)"과 "층차(層次)" 등 면에서 향상시키라고 요구했고 최종 "원만(圓滿)"한 기공 수련이 있어야 병을 치료할 수 있다고 하였다.

파룬궁 집단의 발 빠른 팽창은 많은 사회 문제를 낳았다.

중국의 한 매체는 "파룬궁을 수련하여 정신 이상에 걸리고 자살, 스스로 몸을 망가지게 하는 등 극단적인 행위가 빈번히 생겼을 뿐만 아니라, 파룬궁이 병을 고칠 수 있다는 것을 믿고 약물치료 거절로 생명까지 잃는 사건도 발생하였다."고 보도했다.

중국 여러 매체의 파룬궁 관련 보도는 파룬궁 수련생으로 하여금 극도의 불만감을 야기시켰다. 1999년 4월 25일, 수만 명의 파룬궁 수련생들은 중국의 정치 문화 중심지인 '중남해(中南海)'에 모여 중국 매체에서 파룬궁에 대해 바르게 보도할 것을 요구하였으며 이홍지한테 사과할 것을 요구하였다. '4.25사건' 이후 중국 정부는 1989년 정치 풍파 이래 가장 엄중한 정치 사건이라고 판단하고, 파룬궁을 사교로 규정하였으며, 파룬궁 집단을 단속하기 시작하였던 것이다.

이홍지: 중국의 한 매체는, "파룬궁 창시자 이홍지 본명은 이래(李来)이고 1952년 길림성 공주령시에서 태어났으며 길림성 삼림 경찰 총대에서 트럼펫을 불었다. 제대한 후 길림성 장춘시량유공사보위과에서 근무하다가 1992년 5월부터 파룬궁을 전파하기 시작하였으며, 1998년 2월에 가족과 함께 미국으로 건너가 미국 영주권을 취득했다"고 보도했다. 지금 이홍지 및 가족들은 미국 뉴욕과 뉴저지주에서 생활하고 있는 것으로 밝혀졌다.

② **한국에서의 파룬궁의 발전**

1995년 중국에서 사업하던 한국인 이용섭(李勇燮)은 파룬궁을 접촉하게 되면서 한국어판 '전법륜' 책에 등재된 내용을 당시 국내 인터넷 '천리안 통신'에 게재했다. 그때로부터 국내에서 파룬궁이 확산되기 시작하였다. 2001년 3월 14일, 이홍지의 지시 하에 권홍대를 수반으로 하는 파룬궁 수련생들은 한국의 실제에 결부하여 '파룬대법학회(法轮大法学会)'를 성립하기에 이른다. 잇달아 총보도소, 분과 보도소, 연공지점 등 점조직을 발족시키면서 완벽한 조직 체계를 구축했다. 2011년 7월 7일 권홍대는 '파룬대법학회'를 종교 단체로 신청, 등록하고 사단법인 '파룬대법불학회(法轮大法佛学会)'를 설립하였다.

③ 파룬궁의 주장
ⓐ 기독교를 부정한다.

이홍지는 파룬궁이 진정한 우주대법이라는 것을 강조했다. 이홍지는 파룬궁과 기독교를 비교할 때 "파룬궁을 장엄하고 화려한 궁전이고 기독교는 초라하고 보잘 것 없는 집"이라며 "여호와는 유일한 신(神)이 아니고 기독교는 아주 작고 층차가 낮고 큰 지혜가 없다."라고 결론을 내렸다. 이어서 기독교를 "사교"라고까지 불렀다. 그것은 "기독교가 사람들이 파룬궁을 믿는 것을 교란했기 때문이다."라고 했다.

이홍지는 또 "기독교와 파룬궁은 아주 큰 차이점이 있다. 파룬궁은 우주를 만들어낸 대법이므로 사람도 신(神)도 하늘과 땅도 세상 모든 사물도, 기독교의 신(神)도 그 중에 포함돼 있다."라고 했다.

ⓑ 세기 종말론을 설파한다.

이홍지는 '전법륜'과 기타 경문(经文)에서 지구 멸망을 담은 내용을 81차례나 기재했다. 2001년 7월 이홍지는 미국 워싱턴 국제 법회에서 설교할 때 "나는 파룬궁을 수련하는 자만이 보호하지, 수련하지 않는 자는 세기 멸망과 함께 도태시킨다."고 했다.

ⓒ 파룬궁을 수련하면 병을 고친다.

이홍지는 "발병의 원인은 전생의 업(業)에 있다. 오직 수련을 통하여 업을 소멸해야만 병은 자연적으로 치료되게 돼 있다", "만약 병원에 가서 치료받고 약을 먹으면 파룬궁을 믿지 않는 것이다"라고 했다. 이 주장에 넘어간 수련자들은 중국 땅에서도 병에 걸려 치료받지 못하고 숨을 거두게 되었고, 국내에서도 이런 비극이 많이 생겨났다.

ⓓ 소극적인 도덕 관념을 선전한다.

이홍지가 파룬궁의 "진선인"과 모순되게 굉장히 부정적이면서도 소극적으로 도덕 관념의 기본 개념을 이상하게 설교했다. 예를 들면 헌혈(献血)하는 문제에서 이홍지는 "파룬궁 수련생으로서는 자신의 피를 남한테 주기에는 너무 아깝다. 때문에 우리 파룬대법 수련인과 제자 중에서 헌혈하는 사람이 적다."며 "의롭게, 불의에 타협하지 않는 행실에 대해, 또 사람과 사람 사이에 모순이 발생하여 싸우는 것은 전생에 인과관계가 있기 때문이므로 싸움을 통하여 전생에 진 빚을 청산해야 한다. 만약 그 속에 끼어든다면 나쁜 일을 하는 것이다."라는 이론을 설파하고 있다.

④ **파룬궁이 일으킨 사회문제**
ⓐ 파룬궁 수련으로 수많은 사람들이 목숨을 잃었다.

파룬궁이 국내에서 20년간 발전하는 사이에, 수많은 사람들이 파룬궁을 수련하여 목숨을 잃었다. 2014년 5월 파룬궁 수련생 A가 병원에서 최초에 유선암이라는 진단을 받았다. 그러나 그는 파룬궁이 병을 치료할 것이라고 믿고 과학적인 치료를 포기했기에 사망하였던 것이다. 동포 B의 사망도 마찬가지이다. B은 파룬궁을 수련하지 않았다. 그러나 부인과 딸은 파룬궁에 매료된 수련자이다. B가 병에 걸려 일어나지 못할 때도 부인은 파룬궁을 수련하라며 "파룬궁이 모든 병을 고칠 수 있다"고 하였다. B가 병이 악화되어 병원에 갈 것을 간절히 바랐지만 부인과 딸의 심한 반대에 최종 집에서 목숨을 거두었다.

ⓑ 남을 다치게 하여 목숨을 잃게 한 악성 사건도 여러 차례 있었다.

가장 전형적인 것은 파룬궁에 미혹되어 사람을 때려 목숨을 잃게 한 사건이다. D의 아들과 며느리는 모두 파룬궁 수련생이다. 그들은 파룬궁을 수련하는 과정에 주화입마(走火入魔)로 살아 있는 수련생 동수를 때려 숨지게 했던 것이다. 가정은 그때부터 파탄되기 시작하였으며 손자도 불치의 병에 걸렸고, D의 부인도 이에 타격 받아 세상을 떠났다.

ⓒ 일부 국내 민중들은 파룬궁의 사교 본질을 꿰뚫어보고 파룬궁 반대에 나섰다.

2013년 10월 국내 시민 50여명은 파룬궁 반대 집회를 열고 "병이 있으면 의원을 찾고 파룬궁에 의지하지 않는다", "우리는 파룬궁을 원치 않는다", "한국 정서에 맞지 않는 파룬궁을 반대하고 한중 우호관계를 수호하자" 등 플래카드들을 들고 집회하여 한국에서 최초로 파룬궁을 반대하는 집회가 있었다는 것을 국내외에 알렸다.

잇달아 2014년 3월 파룬궁이 주최하는 '션윈'이 한국에서 "수원 경기도문화의전당", "과천 시민회관" 등지에서 순회 공연을 할 때 국내 시민 단체가 반대 집회를 벌이고 "'션윈'은 5000년 중국 역사와 문명을 대표하지 못한다" 등 구

ⓓ 국내 기독교계에서도 파룬궁에 대하여 경각심을 가졌다.

2012년 9월 대한예수장로회 합동개혁총회에서는 "파룬궁 이단 사이비 대책 세미나"를 열고 중국에서 2000년 이래 파룬궁 수련으로 자살, 약물치료 거부 및 사망한 인수를 사례로 토론하였다. 금번 세미나에서 파룬궁은 "이단이 아니라 사교다"라고 규정지어 기독교계의 거대한 공명을 일으켰다. 또한 한국 사단법인 "기독교이단사이비연구대책협의회"에서는 2002년 4월부터 파룬궁을 연구 목표로, 파룬궁의 교의에 대해 분석 연구하였으며 파룬궁을 수련하는 집단 인원에 대한 관찰, 특히는 대량의 파룬궁 신도들이 병에 걸려도 치료를 거부하여 사망하게 된 원인을 추종 조사하여 파룬궁의 실체를 반영하는 수편의 글을 "교회와 이단"(현, 종교와 진리) 잡지에 게재했다.

2) 한 파룬궁 수련자의 자술서, "지난 날이 너무 후회스러워요!"

2004년 11월 중순, 한국 기독교 관련 A신문사의 김영훈 기자가 서울시 금천구에 거주하고 있다는 중국 동포 파룬궁 수련 피해자를 여러 번 취재하였는데, 당사자가 편지 형식으로 쓴 글을 소개한다.

아버지가 일찍이 세상을 떠나자 모든 것이 뒤죽박죽 됐다. 사업에서도 순조롭지 못했고, 의사라지만 자기 몸도 챙기지 않아 건강마저 악화됐었다. 그때 나는 저도 모르게 파룬궁에 빠져들기 시작했었는데, 얼마 지나지 않아 거기에 완전 현혹돼 세뇌당하였고 통제됐다. 수많은 파룬궁 수련자들의 개인 체험은 아마 나와 비슷할 것이다.
지난 세기 90년대에 법륜공이 생겨나서 폭발적으로 전파되어 나갔을 때는, 마침 중국 국유 기업의 체제 변경 및 사회 변혁의 시기였다. 수많은 사람들이 실업을 당하고 경제가 어려움에 처하였으며, 질병에 시달렸었다. 병을 치유하고 몸을 건강하게 할 수 있다고 선전해 왔던 법륜공은 이 때라고 거대한 기만술을 부려 "생활을 개선하고 보람된 인생을 추구하며 생명을 살리고자"하는 백성들의 소원을 악용해서, 파룬궁 수련을 통해 돌이킬 수 없는 길로 만들어 놓았다.
나의 이름은 박명수인데, 조선족으로, 연길 사람이다. 지식인 집안 출생인 나는 어릴 적부터 몸이 약해 잔병치레를 많이 하였다. 그러나 학습 성적은 우수하여 중점대학인 베 의과대학에 순조롭게 입학할 수 있었다.

대학교 1학년 때에 아버지가 갑작스럽게 세상을 뜨셨다. 효자인 나는 어머니를 돌보기 위해 대학 졸업 후 연길로 돌아가서 연변의 모 병원 유아과에 취직했다. 병을 치료하고 사람을 구하겠다는 다짐과 어머니에게 효도하겠다는 신념을 갖고 일에 뛰어들었다. 그러나 현실과 이상의 크나큰 차이는 이내 나를 소극적인 사람으로 만들었고, 파룬궁 이단에 나도 모르게 빠져들게 만들었다. 내가 파룬궁에 연류된 것은 우선, 사업에서의 좌절과 무력감이 원인이었다.

당시 내가 근무하던 병원은 연변주의 유일한 3급 우등 병원으로, 연변 병원과 의료 수준이 비슷했지만 많은 환자들은 연변 병원 문 앞에 줄을 서서 진료를 받을지언정, 우리 병원에 오려 하지 않았으며, 유아과에는 환자들이 더욱 없었다. 부푼 기대와 희망은 이내 사라졌다. 나는 그만 참혹한 현실의 벽에 부딪혀 좌절하며, 술과 도박으로 시간을 낭비했다. 정신적으로 공허하여 다른 무엇으로 채우고자 할 때 마침 "진실, 선량, 인내성"과 "원만함"을 고취하는 파룬궁이 나의 관심사에 들어왔다. 당시 반신반의하며 파룬궁을 수련하기 시작했다.

지난 날을 돌이켜 보면 정말 후회스럽다. 만약 내가 세간의 변화를 정확하게 파악하고, 정확한 인생관과 건강한 정신을 갖고 있었더라면 절대 파룬궁의 침해를 받지 않았을 것이다. 파룬궁의 창시인인 이홍지는 파룬궁 선양을 통해 금전을 갈취하였을 뿐만 아니라, 파룬공 수련자들로 하여금 운명의 풍파를 겪으며 기로에서 헤매이게 만들었다.

그 다음, 어머니의 악착같은 유혹과 주입이 나를 파룬궁 수련자로 만들었다.

아버지가 세상을 떠난 후 정신적으로 충격을 받은 어머니는 파룬궁에 완전히 빠져있었다. 1994년 이홍지가 연길에 와서 포교할 때에도 어머니는 활동에 동참했다. 완전히 세뇌가 된 어머니는 나를 권고하여 함께 파룬궁을 수련하게 하였고, 나로 하여금 아침 훈련과 교류에 반드시 참가하도록 강요하였다.

당시 가정에서 파룬궁을 수련하는 것은 연변 주에서는 흔히 볼 수 있는 일이었다. 부모들이 파룬궁에 세뇌되면 "원만함"과 "진실, 선량, 인내"라는 거짓으로 자녀들을 막다른 골목으로 밀어 넣었다. 이는 가정의 재난이라고 말할 수밖에 없었다.

세 번째는 조작된 병 치료 의학 증명과 "건강을 되찾을 수 있다"는 거짓 설교가 나를 이단(異端)에 입문하게 하였다.

처음 나는 "병이 있어도 주사를 맞지 않고 약을 먹지 않으며 다음 생을 수련하여 복을 받으며 원만함을 얻는다"는 이론에 콧방귀를 뀌며, "병이 있는데도 주사를 맞지 않고 약을 안 먹으면 우리와 같은 의사들은 왜 있겠느냐?"고 반박했다. 그러자 이들은 나를 어느 파룬궁 '을형간염' 환자에게 데리고 가서 조작된 병원 검사 기록을 내보이며 "파룬궁을 수련했기에 을형간염을 치료할 수 있었다"고 속였다.

나는 충격을 받았다. 내가 바로 을형간염 환자이기 때문이었다. 의학이 아무리 발달해도 오늘 날의 의료 기술로서는 그 병의 치유가 불가능하다. 나는 완전 무장해제 당한 기분이었다. 파룬궁에 대한 의심이 싹 가셔졌다.

솔직히, 이렇게 순간적으로 받아들이는 견해가 더 무서운 법이다. 나는 다른 그 어떤 검증도 거치지 않고, 전적으로 그들의 세뇌를 받아들이게 됐다. 후에 안 일이지만, 그 "을형간염이 완치됐다"는 수련자는 간암에 걸렸는데, "법륜공이 병을 치료를 할 수 있다"고 굳게 믿고 병 치료를 하지 않는 바람에 사망했다고 한다. 그때 나는 이미 진실을 가늠하는 판단력이 흐릿해 점점 깊이 세뇌당하고 있었다.

결론적으로, 파룬궁 광신자가 되어 허송세월한 대가가 몹시 컸다.

파룬궁에 미혹되어서부터 나는 "파룬궁이 있는데 무슨 일자리가 더 필요한가?"라고 생각하며 수련에만 일심 전력했다. 젊고 고학력자이며 직업이 좋은데다가 수련만 열심히 하니 나는 자연스레 소조장이 됐다. 교류 과정에서 나는 배운 의료지식으로 이훙지의 "원만함"과 "병 치료를 하고 건강을 찾는다"는 근거를 조작하였고, 심지어 가짜 화험 증명서를 떼서 "나도 파룬궁을 수련해서 을형간염을 완치하였다"고 설교했다. 나는 법륜공의 교육을 받아 거짓을 조작하는 이훙지를 믿을지언정 과학을 믿으려고 하지 않았다. 한번은 열이 나는 어린 아이가 치료를 받으러 왔는데, 의사인 나는 "주사를 맞지 않고 약을 먹지 않으며, 파룬궁만 수련하면 치료가 가능하다"라고 가르치며 아이를 사무실에 데려다가 파룬궁 치료를 하였다. 결국 어린아이는 열이 과도하게 나서 폐렴에 걸려 목숨이 위태롭게 됐고, 이 일로 인하여 나는 병원에서 해고당하였다.

중국 정부가 파룬궁 이단 조직을 단속하기 시작하자 나는 단식 투쟁을 하였고, 몇 번이나 교화소에 보내졌다. 그러나 잘못을 뉘우치려 하지 않았고 암암리에 수련을 계속하였으며, 파룬궁 집회도 가졌다.

또 파룬궁이 "공산당이 수련자들의 신체 기관을 산 채로 척출해 간다."는 가짜 정보를 조작하였으며, 교화 중에서도 "체벌 박해를 하고 있다"고 모독하며 시도 때도 없이 정부에 전화를 걸어 소란을 피웠다. 주택단지, 가두마다 법륜공이 좋다는 표어를 붙이고 다니었는 바 마치 정신병 환자와도 같았다. 그러다가 파룬궁을 믿던 어머니가 세상을 등지고서야 비로소 정신이 번쩍 들었다. 간암을 앓고 있던 어머니는 평소 병원 가기를 거부하고 파룬궁 수련으로 환우를 치료하려고 고집하였다.

어머니는 끝내 고통스럽게 세상을 떴었다. 나는 청천벽력을 맞은 것 같았다. 이것이 파룬궁을 믿은 결과란 말인가? 이훙지가 말한 '원만함'인가!?… 나는 악몽에서 막 소스라쳐 깨어난 듯 싶었다.

오늘 날 비로소 완전히 깨닫고 보니, 지난 날이 더 없이 후회스러워진다. 16년이라는 세월에 어리석게 파룬궁에 매혹돼 나는 아무 것도 얻지 못했었다. "파룬궁이 병을 치료하고 주사를 맞지 않고 약을 먹지 않아도 된다."라고 하는 것은 모두 사기꾼의 수법이었다. "위상이 오르고, 복을 받으며, 원만함이 이루어진다."라는, 이 모든 것은 공상에 불과했다.

현재 나는 한국에서 건설 공사에서 일하고 있다. 그러나 나의 미래는 희망으로 가득 차 있다. 암흑한 지난 날은 모두 지나갔고 다시는 돌아오지 않을 것이다.

매번 지하철에서 파룬궁 조직이 파룬궁을 선전하며 진실을 얘기하지 않고 혹형전시 등 활동을 벌이는 것을 볼 때마다 나는 그들 때문에 안타까움을 금치 못한다. 그중 수많은 파룬궁 수련자들은 조선족 동포들이다. 나이가 많고 몸이 약하며 배를 주리면서도 "원만함"이란 거짓말을 위해 분투하고 있다. 그들은 사이비 종교인 파룬궁에 빠져 있으며 자신이 죄인이고 가족들에게는 더욱 큰 재난인 것임을 모르고 있다. 파룬궁은 자식으로서 효도를 하지 못하게 하고, 어머니로서 자녀 교육을 다 하지 못하게 하며, 가족이 뿔뿔이 흩어지게 하고 있다. 정말 인생의 큰 비극이 아닐 수가 없다.

나는 이들이 하루 빨리 그 악몽에서 깨어나기를 진심으로 바란다.

3) 생명 해치는 사례로 파룬궁의 '진·선·인' 정체 드러내!

러시아의 저명한 반사교 'riney 정보 자문센터' 넷에서는 지난 9월 28일 알렉산드러 반사교 전문가의, "파룬궁의 '진·선·인'이 왜 허위인가"에 대한 사례모음을 실었다. 특히 중국에서 발생한 생명 피해 사례를 들어 러시아 자국 국민들로 하여금 사교에 빠지지 말고 자신을 보호하라고 호소하여 눈길을 끌었다.

중국에서 사교, 특히 파룬궁의 피해를 본 사례를 들자면 수없이 많다.

2004년 6월에 중국 길림성 모시에서는 사람을 놀라게 하는 살인 사건이 발생하였다. 여러 파룬궁 수련자들이 소위 "원만함"을 위해서 다른 파룬궁 수련자를 살아 있는 채로 때려 죽여 그 집안 노인으로 하여금 의지할 곳이 없게 했고, 어린아이는 키워 줄 사람이 없게 하였다. 정말 인간 비극이었다. 이런 생생한 사례는 파룬궁이 선전하는 '진·선·인'이란 내용과는 다르게 그가 철두철미한 이단이라는 사실을 입증해 주고 있다.

1997년, 파룬궁이 중국 대륙에서 기세가 하늘을 찌를 듯 재빠르게 전파되어 나갔다. 길림성 모시에서 파룬궁 수련자들은 평소와 다름 없이 수련하고 교류를 하고 있었다. 그 가운데에 방송국에서 일하는 형도와 이명영 부부도 있었다. "수련으로 원만함을 이루다"는 교류에서 형도 부부는 다른 파룬궁 수련자 왕효옥을 알게 되었고, 서로 비밀이 없는 "함께 수련하는 친구"로 발전하였다.

이명영의 동생이 이명화를 왕효옥에게 소개해 주어 "남녀 쌍수(男女双修)" 4인조 그룹을 형성하였다.

파룬궁 창시자 이홍지는 "수련이 비교적 높은 단계에 이르면 남녀는 서로 협력하여 수련하는 방식으로 음기를 취하고 양기를 보충하여 음양이 서로 보안하며 수련하여야만 음양의 평형을 이루고 몸을 정화하는 목적을 이루는 것이 남녀 쌍수(男女双修)이다"라고 설교하였다. 이 경문에 따라 형도, 이명영, 왕효옥과 이명화 4인은 교류 과정에서 "남녀 쌍수(男女双修)"하는 방식으로 알몸으로 늘 성행위를 하였으며, 심지어 근친상간도 서슴치 않았다.

2004년 4월부터 왕효옥은 파룬궁의 서적인 "전법륜"에서 서술한 것과 같이 "수련자는 생명까지 내려놓아야 만이 원만함에 이를 수 있다"라는 경구에서 착안하여 고난을 거쳐야만 "정진하고", "원만함을 이룬다"고 여겨 "마귀를 물리치는 수련법"을 고안해냈다.

파룬궁의 창시자 이홍지의 말에 의하면, 죽음의 변두리에서 만이 파룬궁 수련자 몸에 붙어 있는 악을 떨쳐버릴 수 있고, 수련의 최고 경지에 이를 수 있다고 하였는데, 이것이 바로 "마귀를 물리치는" 수련법이었다.

왕효옥이 "파룬궁 수련 목적은 바로 감정과 질투심을 버리고 생명을 버리고 속인(正常人)을 초월하는 과정이다"라고 설교히 형도, 이명회, 이명영도 폭력 수련의 행렬에 들어섰다.

처음에는 간단하게 서로 뺨을 때리고 목을 조르는 등 거친 행동을 하였는데 두 사람은 기절하는 경우가 여러 번 있었다. 그러나 그들은 이홍지의 "법신의 보호가 있기 때문에 자신들은 죽지 않을 것"이라고 장담하고 폭력 수련의 강도를 더 높였다. 이명화의 "마귀를 물리치기 위해" 왕효옥은 모두 4차례 이명화에게 폭력을 휘둘렀다. 그 기간에 늘 목검을 휘둘러 이명화의 엉덩이, 뺨과 가슴을 때렸다. 이명화는 곧 고통을 이기지 못하고 졸도하였다. 그러나 왕효옥은 그가 "생명을 버리지 못한다"라며, 라이터로 이명화의 흉부와 하체를 태웠다. 6월 8일 왕효옥은 "전법륜"의 지시를 받아 형도의 "몸 안의 마귀를 물리치고 생명을 버릴 의지가 견고하지 못한 것"은 마음 속에 있는 "마귀 때문이다"라고 말하였다. 곧 이어 이명영, 이명화 3인이 형도와 수련한 후 함께 형도를 위해서 "마귀를 물리치자"고 제안하였다.

이명화가 목검으로 형도의 고개를 수차례 내리치자 형도는 참지 못하고 아프다고 큰소리를 쳤다. 왕효옥은 형도에게 "너는 죽음을 구하여야 살아 있기를 구하지 말라. 파룬궁을 믿고, 자신을 이겨내야 대법(大法)을 얻게 된다."고 말했다. 이명화도 "생사를 내려놓지 못하면 어떻게 원만함을 이룰 수 있겠는가? 이것은 너의 마음 속에 있는 마귀가 너의 수행을 방해하고 있는 것이다."라고 형도를 심하게 질책하면서 형도의 고개와 음부를 계속 구타했다.

이명영은 형도 음부에 "마귀"가 제일 많이 몰려 있다고 하면서 목검으로 형도의 음부에 충격을 가했다. 이에 형도는 도저히 참을 수 없었지만 "원만함"을 포기하기는 싫고 이명영이 "생사를 내려놓지 못한다"는 질책도 듣기 싫어 왕효옥 등에게 자신을 묶어 달라고 했다.

이명영과 이명화는 밧줄로 형도의 두 손과 두 발을 묶은 뒤 20분 동안 계속 때렸다. 형도가 도저히 참을 수 없는 경지에 이르렀을 때 왕효옥은 형도에게 "참아야 한다. 꼭 이겨낼 수 있다"고 독려하였다.

목검이 부러지자 이명화는 화장실에서 60여센티미터 길이 되는 넓은 목각으로 형도의 머리를 내려쳤다. 형도가 기절하자 왕효옥은 이명영과 이명화에게 형도가 이미 "생사를 내려 놓고" 파룬궁에서 말하는 "인"의 경지에 이르렀으니 그만 하자고 말했다. 세 사람은 피의 흔적을 씻고 밧줄을 풀어 형도의 상처를 깨끗하게 닦아냈다. 옷을 갈아 입히는 과정에서 왕효옥은 형도의 생식기에서 너덜너덜해진 가죽을 잘라냈고 각자 잠자리에 들었다. 새벽에 왕효옥이 깨어나 보니 객실에 누워 있는 형도의 호흡이 이상이 있음을 발견하고 "형도가 몸을 버리려 한다"고 즉시 이명영을 불러 인공호흡을 시켰다. 그러나 왕효옥과 이명화는 옆에서 "법륜대법이 좋다!"고 높이 외치기만 했다.

오전 9시에 형도의 어머니인 팽수현이 형도의 집에 와서 이를 보고 함께 법륜공의 주문을 외우기 시작했다. 10일 새벽에, 왕효옥은 형도가 이미 죽어 있는 것을 발견하였다.

형도의 죽음은 파룬궁 수련으로 인해 발생한 악행 중의 전형적인 사례이다. 그 결과 이명영, 이명화, 왕효옥은 법률에 따른 징벌을 받았다. 그러나 이들 가정의 파멸은 그 누가 보상할 수 있겠는가? 사건 발생 당시에 형도의 와이프인 이명영은 이미 임신 상태여서 아이는 태어나지도 못한 채 아버지를 잃었다.

그러나 파룬궁 수련을 멈추지 않고 있는 형도의 어머니 팽수현은 아들의 죽음에 대해서 아무런 관심도 없었다. 이웃들이 팽수현에게, "아들이 죽어서 슬프지 않는가?"고 묻자 그녀는 "이미 죽었는데 어떻게 할 것인가?"라고 하면서 차가운 태도를 보였다.

'riney 정보 자문센터'넷에서도 이와 비슷한 사례들을 발표한 것을 본 적이 있다. 보다시피 파룬궁의'진·선·인'은 믿을 바 못 되는 거짓 설교이고, 자칫 잘못하다간 사교 수련자들이 인간성을 상실한 짐승으로 전락되기 쉽기에 이단에 대해 각별히 경각성을 높여야 한다.

4) 이홍지의 "정치하지 않는다"를 살펴보다.

▶ 대만 후이수이린(惠隨琳) 장편 칼럼

파룬궁 집단에서는, "우리는 수련을 하는 것"이지, "정치에 참여하는 것이 아니다"라고 말하고 있다. 왜냐하면 파룬궁의 창시자 이홍지는 중국 인민 마음 속에서의, "정치"의 지위와 영향력을 너무나 잘 알고 있기 때문이다. 특히 당대 중국에서, 민중들이 출처가 불투명하고 정치 색채가 농후한 민간 조직에 대해서 대부분 거리를 두고 있다는 것을 훤히 꿰뚫고 있었다. 이에 이홍지는, 1992년 파룬궁을 만들어 낼 초기에 "정치에 참여하지 않고 정부를 반대하지 않는다"라는 간판을 내걸었다. 또, 이로 민중을 미혹시켰고 민중의 참여에 신임을 얻어냈으며, 신도들을 성장시켜 향후에 장대해지고 세력을 키우는데 기반을 마련하였다.

그러나 당초에 "정치에는 손을 대지 않겠다"고 하던 이 사이비 교주는 일구이언(一口二言)을 일삼았으며, 후에는 아예 팔을 걷어 부치고 정치에 적극 참여하였다. 그는 중국 대륙에서 기세 등등하게 '정치'를 했을 뿐만 아니라, 심지어 대만에서도 크게 '활약'을 하였다. 사실이 증명하다시피, 그는 다른 국가와 지역에서도 '정치'에 손을 뻗치고 있었다.

① **소위 "정치를 하지 않는다"고 한 것은 거짓이다.**
이홍지는 파룬궁을 선전하는 초기 단계에 꼬투리를 잡히지 않기 위해서 "파

룬대법 수련자 준칙" 제5조에 "파룬궁 대법 학도는 심성을 수련하는 것을 기본으로 하고 절대 국가 정치에 참여하지 않으며, 더욱이 그 어떤 정치성 분쟁과 활동에 참여해서는 안 된다. 규정을 어긴 자는 더 이상 법륜대법의 제자로 인정할 수 없고 모든 후과는 본인이 책임져야 한다."고 명확하게 규정하였다. 「파룬대법대원 만법(大圓滿法)」

1996년 이홍지는 "수련은 정치가 아니다"라고 하는 이른바 "경문"을 내놓았는데, 경문 속의 내용에는 이런 말이 있다. "일부 학원생들은 사회나 정치에 대해 불만을 갖고 있는데, 이런 강렬한 집착을 내려 놓지 못하여 우리의 대법을 배우게 되었다. 심지어 우리의 대법을 이용하여 정치에 참여하려고 망상하고 있는데, 이것은 신을 모독하고 법을 모독하는 더러운 심리적인 행위이다. 만약 이런 마음을 버리지 못한다면 절대 원만(圓滿)함을 이룰 수 없다.… 사회가 우리를 어떻게 대하든 그것은 수련자들의 마음을 시험해보는 것이 아닌가? 우리들이 '정치에 발을 담구었다'고 말할 수 없다."

그러면 이홍지는 왜 "수련자는 정치에 참여할 수 없다"는 거짓 설교를 했을까? 그 목적은 바로 사람들의 시선을 따돌려 "파룬궁은 단순히 심신을 수련하고 각종 정치 활동에 참여하지 않는 수련 단체"라는 것을 강조하기 위해서이며, 눈가림 수법으로 사람들로 하여금 파룬궁을 수련하도록 기만하기 위해서이다.

1999년 6월, 이홍지는 소위 '경문'의 <안정>에서 "우리는 수련자이며 정치에 참여하지 않는다"라고 재차 강조하였다. <파룬대법 수련 국제 교류회의 마감연설> 가운데는 이런 한 단락이 있다. "우리는 절대 정계에 발을 들여놓지 않고 정치에 간섭하지 않으며 절대 정치 활동을 하지 않는다. 만약 이홍지가 정치에 참여한다면 오늘 날에 전도한 것은 올바르지 않은 법이다. 나의 말을 기억하라"

이홍지는 '마감 연설'에서 두 가지 뜻을 보여주려고 하였다. 즉 대내적으로는 이런 태도 표명으로 학원들의 진취심을 불러일으키고, 대외적으로는 파룬궁에 대한 비평을 억제하여 파룬궁의 합법성을 회복시키려는 것. 그러나 이홍지 본인이나 이후 파룬궁 조직의 전개 상황을 보면, 그들은 적극적으로 정치에 참여하였을 뿐만 아니라, 정치에 참여하기 위해 애써 변명을 하고 있음을 증명해주고 있다.

② 소위 "정치하지 않는다"는 수치(羞恥)를 가리는 무화과 잎에 불과하다.

　1999년 7월 22일, 중국 정부는 법적으로 파룬궁을 금지하였다. 비록 그때 이홍지는 미국으로 도망을 갔지만, 법률의 위력은 그에게 공포를 느끼게 했다. 그는 "나의 일부 성명"이라는 "경문"을 발표하며 "나는 본시 수련자로서 종래로 정치와는 인연이 없다"라고 말하였으며, "중국 파룬궁은 군중적인 수련 활동이지, 조직이 아니며, 또한 어떠한 정치적인 목적이 없다. 종래로 정치 활동에 참여한 적이 없다."고 변명을 하였다.

　그리고 "우리는 지금이든 미래에든 상관없이 정부를 반대하지 않을 것이다"라고 변명하였다. 그는 일부러 "군정성실수련조직(群众性实修组织)"을 "군중성수련활동"으로 고쳤는데 그 가운데는 현묘한 궤책이 숨겨져 있었다.

　2003년 7월, 이홍지는 미국 법회에서 "파룬대법 강의"를 하던 도중, 또 정치에 대해 무심한 듯 한 태도를 취하며 "우리들은 일반인들의 금전이나 일반인들의 정치, 또는 권력에 대해 조금도 흥미를 느끼지 않는다"라고 말하였다.

　2004년 11월, 이홍지는 뉴욕 국제 법회에서도 '눈 가리고 아웅' 하는 식으로 자신과 파룬궁에 대해서 "우리는 정치에 참여하지 않았다. 인류의 좋고 나쁨과, 중국 인민들이 어떤 제도를 선택하는지 하는 것은 사람의 일로써 나와 파룬궁 제자들은 종래로 어떠한 제도를 선택해야 히고 어떻게 생활해 나가야 하는지 입 뻥긋한 적이 없다"라고 입장을 표명하였다.

　이홍지는 표면적으로는 파룬궁 수련자들이 정치에 참여하지 않고 파룬궁 조직이 정치와는 무관하다고 주장해왔지만, 실제로 파룬궁 조직은 정치와 무관하지가 않았다.

　중국 공안부에 대한 조사와 중국 신문출판사에서 하달한 통지를 보면 파룬궁조직은 신문출판사를 적극적으로 반대하고 포위 공격하였는데, 마침내 세상을 떠들썩하게 한 '4·25 사건', 즉 중국 중앙에 소재한 '중남해 사건'을 일으켰는 바, 이는 정치적으로 영향력이 자못 악의적이었다.

　사실은 웅변보다 낫다. 이홍지가 "정치를 하지 않는다"고 한 말은 "정치에 참여했다"는 객관적인 사실을 가릴 수가 없다. 이는 결국 자신의 수치를 가리기 위한, 허위적인 베일에 지나지 않는 것이다.

③ 소위 "정치하지 않는다"는 일종의 기만술에 불과하다.

이홍지의 소위 "경문"과 "법회"는 모두 그 본인이 절대적인 숭배, "파룬궁"에 대한 절대적인 믿음을 기반으로 하여 세워진 사상 기초와 조직 체계로써, 날이 갈수록 정치적인 색채를 띠었다. 그는 수련자들이 신체 단련으로 병을 막는다는 초심의 훌륭한 소망을 미끼로, 진정 맹목적인 숭배에로 이끌었으며, 중국 정부를 위협하는 칩으로 삼았다.

예를 들면, 그는 중국의 민족 영웅 악비의 고향에 몇 글자 써 주면서 악비 묘에 비석을 세울 것을 요구하였는데, 민족 영웅의 영향력을 빌어 자신의 명성을 알리려고 시도하였다. 당시 문화 관리부가 이를 거절하자 그는 현지 정부 기관에 가서 소란을 피워대기까지 하였다. 또 예를들면, 이홍지는 사람들이 파룬궁에 대해서 조그마한 비판이 있기만 하면 파룬궁 신도들을 이끌고 가서 신문 단위와 정부 기관을 포위 공격하였는데, 특히 '중남해 사건'이 대표적인 예이다. 이는 실질적으로 신도들의 충성심을 이용하여 중국 정부와 대립하고 저항하여 정치상에서의 힘 겨루기를 함으로써 정치 자본을 얻어 "남에게 알릴 수 없는 정치적 목적"을 이루고자 함이었다.

파룬궁 신도들에게 중남해 앞에서의 정좌(静坐)를 계속 선동하기 위해 그는 "인내를 포기하고 죽음을 포기하면 신이다. 그렇지 않으면 평범한 인간이다."라고 격려하였으며, '정좌'에 참여하려 하지 않는 신도들에 대해 '경문(经文)'에서 그는 이런 위협을 하였다. "내가 너희들이 사람들과 결별하라고 할 때 너희들은 나를 따르지 않았다. 이런 기회는 두 번 다시 오지 않는다."

중남해를 포위 공격하여 악랄한 영향을 끼친 후 이홍지는 해외에서도 이렇게 선동했다. "북경에 있는 신도들은 모두 매우 훌륭하다. 더 이상 그들을 평범한 사람으로 봐서는 안 된다. 위대한 신이다." 이런 사례들을 놓고 볼 때 그가 어찌 "정치에 참여하지 않았다"고 할 수 있겠는가.

미국의 일부 매체와 전문가들은 이홍지의 "정치하지 않는다"에 대해 꿰뚫어 보았다. <워싱턴 우편신문>의 2001년 3월 10일에 실린 '이홍지가 외국에서 파룬궁 활동을 조종하고 있다'라는 글을 보면 "이홍지는 중국 정부와의 충돌을 일으키는데서 지대한 역할을 하였다. 그는 우선, 제자들로 하여금 중국 경찰들과 겨루도록 하고, 나아가서 제자들이 중국에 대해 저항하도록 계속 선동을 하고 있다."라고 쓰고 있다.

<2007 뉴욕 법회 강법>에서 이홍지는 이런 말을 하였다. "사회에 들어서는 순간, 당신의 일은 정치에 속한다. 이것은 자유사회의 각도에서 말한 것이다. 중국 공산당에 의해 변형된 정치 관념에 서서 말한다고 해도 과언이 아니다. 변이된 정치는 사람을 때리는 방망이다. 그렇다면 우리도 사용할 수 있는데 무슨 상관이 있는가?", 그는 "정치는 사람을 때리는 도구"라고 얼마나 잘 말했는가! 게다가 "정치"에 또 다른 기능을 부여하고 있다. 즉 정치를 통해 사람을 구할 수 있다는 것이다. 사람을 때릴 수도 있고, 사람을 구할 수도 있는 이런 "정치"에 대해 이홍지는 조금도 게의치 않고 "우리도 쓸 수 있다. 무슨 상관이 있는가?"라고 말하였는 바, 그는 이미 파룬궁이 내세운 소위 <9평> 등을 "정치 도구"로 이용하고 있음을 공개적으로 승인한 셈이 된다.

사실 이홍지는 이런 설법을 한 두 번 내놓은 게 아니다. <정치를 다시 논하다>는 문장에서 그는 "만약 '정치'가 박해를 폭로할 수 있다면 '정치'는 박해를 제재할 수 있어야 한다. '정치'가 진상을 보여주는데 도움이 된다면 '정치'는 중생을 구할 수 있는데 이런 장점을 갖고 있는 소위 '정치'를 왜 하지 않겠는가!", "대법제자들이 자체로 매체의 박해를 반대하고 세인을 구하는 것은 '정치'를 하는 것이다. 그러므로 정정 딩딩하게 이 '정치'를 이용하여 박해를 폭로하고 중생을 구하라!" 하고 크게 외쳤다.

<2005 샌프란시스코 법회 강법>에서 이홍지는 "박해를 받고 있는 사람들은 정치를 한다고 해도 수치스러운 것이 아니며, 이것은 마땅한 일이다."라고 더욱 적나라하게 말했다.

이로 보건데, 이홍지는 이미 "정치에 참여하지 않는다"는 술책을 버리고, 소위 "진·선·인"과 "평범한 사람"들과 어울려 "평범한 사회를 만들겠다"는 사실을 등 뒤로 한 지 오랜 것이다. "박해를 폭로하고 중생을 구원하겠다"는 황당한 설교는 이유가 못 된다.

<로스앤젤레스 법회 강법>에서 이홍지는 두 가지 가설을 내놓았다. 한 가지는 "무엇이 정치인가? 만약 나, 이홍지가 여러분을 이끌고 정치 속에서 수련한다면 수련이 성공할 수 있겠는가? 절대적으로 가능하다." 그는 또, 더 맹렬한 가설을 내놓았다. "만약 내가 오늘 여러분을 이끌고, 임금과 신하의 방식으로 신

하인 당신들을 이끌고 수련한다면 수련이 성공할 수 있겠는가? 이것도 절대적으로 가능하다. 뿐만 아니라 더 원만해질 수 있을 것이다. 문제는 어떤 방도로 이 길을 걸을 것이고, 어떻게 중생들을 책임질 것이며, 어떻게 하면 생명을 연장할 것인가 하는 것이다. 이 대법의 지도에 따라서 한다면 할 수 있을 것이다."

보다시피 이런 가설은 그가 "정치 불장난"을 하고 있으며, 심지어 "제왕"이 될 헛된 꿈을 꾸면서 자신을 "임금"이라 칭하고 소위 "대법 제자"를 "한 무리의 신하"로 여기고 있음을 알 수 있다. 또, 그가 왜 <9평>을 내놓았고, 왜 "중국 공산당을 해체"시키려고 하는지 보여주고 있다. 그 최종 목적은 "제왕"의 꿈에 있는 것이다.

일찍이 <로스앤젤레스 법회 강법> 전 몇 개월 사이에 이홍지는 경문을 발표하여, 자신의 "제왕"의 꿈을 "천하에 내비친 적"이 있다. "만약 내가 이 생에 제왕이 되어 한 무리의 신하들을 거느리고 수련을 한다면 되겠는가, 되지 않겠는가? 절대적으로 된다! 법의 정의의 에너지가 생명력을 늘릴 수 있고, 이 길을 정확하게 나아갈 수 있다면 무조건 될 수 있다! 정말로 그렇게 된다고 해도 미래의 선택이고, 미래의 우주가 요구하는 것이다."

그러나 <맨해튼 국제법제 강법>에서 이홍지는 "장래에 법이 바로 서는 인간세상이 올 때, 혹은 그 이전에 중국 공산당이 무너진다면 누가 집정을 하겠는가?"라고 문제를 제기하였다. 정말로 뻔뻔스럽고 부끄러운 줄을 모르는 자이다. 그는 꿈 속의 "제왕"에 대해 "신은 바로 큰 뜻을 품고 있고 능력이 있으며 도덕이 고상한 사람들을 찾는다. 절대적으로 그럴 것이다!"라고 묘사했다.

상술한 내용을 종합해 보면, 한편으로 그는 "정치에 참여하지 않는다"고 크게 표방하면서도 본질적으로는 이미 "정치"에 대해 "군침을" 흘리고 있는 것이다. 이런 "서방질하며 비석을 세우는" 수법은 그가 관용적으로 사용해오던 계략으로, 그는 "대법 제자"들로 하여금 자신을 위해 "충성"을 다 하기만 바랐다.

이홍지의 마음은 지나가는 사람들도 다 안다. 미국 시사 평론가 대위 유잉은 "파룬궁은 세계에서 가장 큰 반공산당 조직으로, 미국 정부에게는 더욱 관방적인 가치가 있다."라고 말했다. 러시아 반사이비 전문가 알렉산드레는 "파룬궁은 미국의 직책 부서가 중국 내정에 압력을 가할 수 있는 효과적인 도구로 볼 수 있다."라고 정의를 내렸다.

따라서 이홍지가 여러 번 다른 장소에서 남발한 "정치하지 않는다"는 말은, 그냥 우스갯소리요, 기만일 따름이라는 것을 알 수 있다.

④ 파룬궁이 대만 선거에 참여하는 '황당극'이 한국에서도 재연 가능하다.

10여년 간, 이홍지는 이론적으로 이런 계략을 꾸민 외에도, 실제적으로 사회에서 붙는 불에 키질하는 격으로 신도들을 현혹시켜 "정치적인 추행"을 크게 독려하였다.

여기에는 대만 민진당의 "정치 선거"를 지지하고 참여한 일도 포함된다. 이들은 민진당의 지지를 얻기 위해서, 2014년 "9합 1일 선거" 전에 파룬궁 신도들에게 전문 명령을 하달시켰다. 즉 매체를 이용하여 전적으로 민진당을 지지하도록 민진당 후보의 기세를 크게 돋워주었다. 그래서 파룬궁이 중점적으로 지지한 여러 명의 후보들이 모두 선거에서 순조롭게 당선될 수 있었다. 이홍지와 민진당은 "한 쪽에서 사람을 내고 다른 한 쪽에서 돈을 내는 거래"를 한 셈이다. 그러나 이홍지는 이런 일들을 비밀인 척 일부러 숨기며, 자기의 총명한 제자들더러 스스로 어느 쪽이 "친구"인지 "알아차리라"하고 명시해 주었다.

2003년 2월 <정월 대보름 법회>에서 그는 "저번의 대만 선거 때 나는 오랜 신도들에게 대만학회 책임지에게 전화를 걸어 '대법 학회는 선거에 아무런 태도 표시가 없다'고 말하라고 했다", "누가 투표하러 가고 싶으면 투표하러 가라, 아무 문제가 없다. 그 의원과 나 이홍지는 친구인데 그를 위해서 뭔가 해주는 것은 당연한 일이 아닌가. 아무튼 선거에 참여해야 하는 것은 의무일 뿐이지, 별 게 아니다."라고 에둘러 말했다.

보다시피 민진당이 금번 선거에서 대승리를 거둔 것은 "정치를 하지 않는다"를 선양하던 파룬궁과 밀접한 관계가 있음을 알 수 있다. 만약 그렇지 않다면, 하는 일도 없고, 개혁과 진보가 없으며, 중국 대륙과의 교류와 협력을 거절하고 반대하면서 대만 경제발전에는 상관하지도 않는 정당이 어떻게 선거에서 대승할 수 있었겠는가?

민진당과 허위적이고 이익만을 추구하는 파룬궁이 의기 투합하여 작당모의를 한 것이다. 그래서 대만의 정치 풍기에 대한 우려를 낳게 하였다. 이미 중국 정부에 의해 사이비종교로 판정이 난 파룬궁은 현재 한국에서도 발전하여 세력이 커지고 있으며, 한국의 개별적인 '정치 엘리트'들도 개인적인 정치 이익때문에 사적으로, 심지어는 공개적으로 파룬궁의 지지를 받는 것과 관계를 끊기 어렵게 되었다.

이런 식으로 나가게 되면, 미국에 둥지를 튼 사이비 종교 교주 – 이홍지가 소위 "정치를 하지 않는다"는 낭설을 대만에서 한국으로 다시 한 번 옮겨와서 실천할지, 누가 알겠는가? 정말 개탄할 일이다.

5) "너무 잦은 전시·홍보·시위 자제하고 충돌은 피해야"

▶ 중국인들, "불쾌감 주는 사진 전시, 혐한(嫌漢) 감정 불러일으킬 수 있어…"

서울시 영등포구 대림동은 대한민국에서 중국 동포들이 제일 많이 사는 동(洞)이며, 주말이면 또 중국인(동포 포함)들이 제일 많이 몰려오는 지역이기도 하다. 대림동은 특히 중국 동포 밀집 지구인 영등포구(5만199명), 구로구(3만7703명), 금천구(2만2523명), 관악구(2만1245명)의 동포 집거지 중심지로 널리 알려져 있다.

현지 경찰청의 통계에 따르면, 주말에 중앙시장을 찾는 손님들이 5~6만 명은 넘는다고 한다. 중국 동포들에 대해 관심을 갖고 있는 내국인들이나, 한국에 체류하고 있는 외국인들도 종종 눈에 띈다. 특히 전철역 2호선 대림역 8번 출구와 12번 출구는 중앙시장으로 통하는 '관문'이어서, 중국인(동포 포함)의 얼굴이고 자존심이다.

그런데 이 복잡한 구역과, 중국 동포 집거지 가리봉시장 입구에 파룬궁 단체들은 하루가 멀다 하게 '중국 장기 밀매의 실체', '부패와 폭정을 일삼는 중국 공산당' 등 전시물을 내건다. 온 몸에 피투성이로 고문당한 알몸들이거나, 장기 적출을 하는 장면들이 아주 끔찍하게 전시되어 있고, '퇴당 중심'이란 간판이 보란 듯 세워져 있다. 즉 중국 공산당이 싫어 퇴당한 사람의 숫자가 어마어마하다고 선전하고 있다. 그 신도들은 자기들의 대표 신문과 홍보 전단지들을 끊임없이 행인들에게 건네준다. 그러나 이런 장면과 행위들에 익숙한 현지 주민들과 동포들은 신도들이 건네는 신문을 간혹 호기심으로 건네받기도 하나, 거들떠보지 않거나, 눈살을 찌푸리며 그냥 지나치는 경우도 많다. "시끄러워요, 왜 이래요"

라고 때로는 신경질을 내기도 한다.

그러나 외지인의 경우는 다르다. 호기심에 신문을 받기는 하지만, 중국을 욕하는 기사를 보면 그냥 던져버리기도 한다. 옛 정치를 운운하며 중공 중앙의 누구누구는 어떻게 나쁘다는 식의, 끈질긴 '정치 참여'적인 면이 싫어서이다. 이런 행위들로 파룬궁의 진정한 수련적인 모습들이 완전 묻혀버리게 된다. 동포 대부분은, 수련 단체는 이런 저런 이유가 없이 정말 수련이나 착실하게 해서 사람들의 건강을 책임지게 이끌어주면 그것으로 만족해야 한다고 생각하고 있다.

또 하나의 중요한 포인트가 있다. 세상은 변하고 있는데 개별 파룬궁 수련자들의 행동과 행태는 거의 변하지 않고 있다는 점이다. 10년 전이나 지금이나 거의 같은 모습을 보이고 있기 때문이다. 이를테면 거의 같은 내용물, 거의 같은 홍보물, 거의 같은 '정치적'인 모습과 행태로 행인들에게 접근을 시도하고 있다.

요즘, 한국에 거주하고 있는 동포 포함 중국인들은 G2로 올라선 중국의 비약적인 발전과 시진핑 국가 주석의 반부패 청렴한 국가 건설에 매진하는 모습을 아주 자랑스러워하고 있고 큰 자부심을 갖고 있다. 일부 파룬궁 수련자들이 해외에 나와서 계속 똑 같은 패턴으로 '반공 반중국'의 행태를 보이며, 중국 정부의 '탄압'을 받았다고 주장하고 있는, 핏자국 낭자한 이미지를 계속 전시하고 있으니 재한 중국인은 물론, 특히 중국 관광객들은 머리를 가로 젓는다. 또, 중국인의 자존심이 깎이고 창피하다고 생각하고 있다.

얼마 전, 대림역 12번 출구 근처에서 양재에서 왔다는 중국 동포와 전단지를 돌리는 파룬궁 수련자가 시비가 붙었다.

"싫다고 하는데 왜 자꾸 이래? 중국에서 먹고 자라고서 한국에 와서 중국을 욕하면 되나? 배은망덕 아닌가?…"라고 목소리를 높였다. 그 수련자가 "싫으면 그만 두지, 왜 성을 내냐"고 대들자 그 동포는 "당신도 조선족이구먼. 파룬궁이 좋으면 수련이나 할 거지… 우리처럼 땀 흘려 일해서 벌어먹어요, 정치 그만하고"라고 삿대질을 했다. 결국 근처에 있던 경찰이 달려오자 그 동포는 사람들 속으로 슬쩍 몸을 피하고 말았다. 안산 등 지역에서는 개별 파룬궁 수련자들과 동포들 간에 이런저런 충돌로 경찰에 입건되는 경우가 자주 발생한다고 한다.

현재 한국과 중국은 전략적 협력 동반자 관계로 서로 돕고, 서로 의존하며 함께 발전을 하고 있는 좋은 모습을 보이고 있다.

한국의 관광 및 쇼핑 업체들에서는 제주, 인천, 서울을 비롯해 중국의 요우커(游客)를 잡기 위해 아우성이다. 지난 해 한국 방문 중국 관광객 수가 610만 명으로 방한 외래 관광객(1,400만명)의 44%를 차지하고 있다는 통계이다. 이들은 한국의 문명에 감복을 하나, 무질서한 데모나 시위 같은 것을 보면 눈살을 찌푸리기도 한다. 특히 파룬궁 시위나 전시 홍보는 대륙인들의 감정을 상하게 하고 있다.

벌써, 2011년 11월 26일자 조선일보는 "어떻게 생각하십니까?" 中 관광객 자극하는 인천공항 파룬궁 시위 – "혐한 감정 불러… 막아야" 불쾌감 주는 사진 등 전시, 입국 관광객들 얼굴 찌푸려 – 라는 제하의 기사를 실은 적이 있다.

기사에서 보면, "25일 인천 국제공항 1층 출입구로 요우커(游客)들이 무리지어 빠져나왔다. 가이드의 안내를 받아 대형 관광버스들이 주차하는 12번 출구로 나가던 이들이 일제히 발걸음을 멈추는 곳이 있었다. 중국 파룬궁(중국 정부가 불법으로 규정한 기공수련 단체) 회원들이 대형 관광버스 주차장 근처에 세워놓은 전시물 때문이다. … '중국인 여러분 안녕하세요'라고 중국어로 씌어 있는 전시물에는 중국 정부에 강제로 장기를 적출당했다고 주장하는 파룬궁 회원들의 사진이 실려 있었다. 전시물을 본 대부분의 관광객은 얼굴을 찌푸렸다"라고 쓰고 있다.

전단지를 받은 요우커는 항의하며 "거꾸로 생각해보세요. 중국 공항에 내리자마자 한국 국회 썩었다는 식의 전단지 받으면 기분이 좋겠습니까"라고 질문했다. 중국에서 사업을 하는 한국인 이모(52) 씨는 "중국인을 불필요하게 자극하는 건 현명하지 못한 일 아니냐."라고 말했다. 그러나 경찰들은 이들이 집회신고를 했기에 "합법적… 막을 방법이 없다"고 말한다.

민주주의 국가에서는 집회 허가를 내면, 시위를 할 수 있는 것은 당연지사. 그러나 그런 일은 없겠지만, 이런 일들이 끊임없이 발생하여 양국 관계에 악영향을 끼치거나, 좋지 않은 인상을 심어주거나, 또 극단적인 일이 발생하여 한국 민주주의 이미지가 추락되어서는 안 될 것이다.

시대는 급속하게 변하고 있다. 정치도 변하고 사람들의 의식도 변하고 있는 게 국제 정세요, 요즘의 현실이다. 과거를 고집하고, 그냥 보기 안 좋은 것들을 포장해서 들추어내며, 앞을 바라보지 않고 간단없이 시위를 하거나 전시 홍보로 서로 이미지를 추락시키는 것은 결코 바람직하지 않은 것이다.

할 말은 하되, 자제가 필요하며, 수련 단체이면 본연으로 돌아가 수련으로 사람들의 건강을 책임지는 직분을 다 하면, 그것이 곧 앞으로의 방향이 될 것이다. 또 그런 좋은 모습을 보일 때 사람들의 시각도 차츰 바뀌어 지리라고 본다. 한국 문화관광부나 경찰서 등도 개별적인 수련자들로 하여금 이런 쪽으로 의식의 변화를 유도하고, 시위나 홍보물 전시를 적당히 자제시키면서, 모두가 함께 아름다운 미래를 여는 방향으로 이끌어 가는 것이 바람직할 것이다. (글, 신림 김철수 제공)

6) "파룬궁은 사교(邪敎)의 특성을 현저하게 보여준다!"

미국권위저작 전문가 파룬궁 등 사교 세뇌 진상 폭로

미국의 저명한 사교문제 연구 전문가 Rick Alan Ross는 최근 세계 범위 내의 사교를 적발한 저작 <사교: 세뇌 배후의 진상>이란 책을 출판하여 '옴 진리교', 파룬궁 등 허다한 사교에 대하여 상세히 소개하였다. 특별히 주의할 점은, 이 책은 사교의 인정 표준과 진실한 사례로부터 출발하여 대량의 안건 분석 및 피해자에 대한 조사를 거쳐 파룬궁에 대해 계통적으로 진술하였는데, 당면 파룬궁 사교에 대한 둘도 없는 권위적인 저작으로 인정받고 있다.

<사교: 쇠뇌 배후의 진상> 작가 Rick Alan Ross는 '파룬궁'은 사교의 가장 현저한 특징인 인격 구동형(驱动型)에 부합된다며 '강력한 카리스마'를 갖고 있는 지도자가 그 조직을 공제한다면 이미 중국의 수백 만 사람들의 생활에 영향을 주고 있을 것이며, 신문지상에서도 이미 수 천 인이 죽었다고 보도됐다고 밝혔다.

'파룬궁'은 하나의 열광적인 숭배 조직인가?

저명한 정신병 전문가이며 작가인 Robert Jay Lifton는 1981년에 출판한 '열광적인 숭배의 형성'이란 글에서 '열광적인 숭배'에 대해 아래와 같이 정의를 내렸다.

1 이런 조직은 일반적으로 카리스마가 넘치는 지도자를 갖고 있으며, 이런 정신 지도자가 점차 사람들의 예배의 대상이 된다. 이는 대다수 열광적인 숭배

조직의 일반 특징이다.

2 하나의 강력한 설득력과 사상 전복의 과정을 갖고 있다.

3 지도자 혹은 통치 집단은 모두 신도들에게서 경제적인, 성적인, 그리고 기타 방면에서 이용을 하게 된다.

파룬궁 신도들은 무조건적으로 이홍지의 교지를 접수하고 있는데, 이 점은 열광적인 정의 중에서 가장 중요한 점이다. 왜냐하면 "'이스푸'(Lee 사부) 는 초자연적 능력을 갖고 있다든가, 이홍지가 스스로 자신은 '우주의 궁극적인 비밀을 밝혀내는 인물'로 묘사한 점" 등이다. 또 '전능대법' 이외에 어떠한 종교도 인류를 구원할 수가 없다고 말하며, 자신이야 말로 '전능대법'의 계승인이며 인류를 구원할 사람이라고 자칭한 것 등이다.

<전법륜>에서 이홍지는 "8살 때 처음으로 자기가 갖고 있는 힘을 의식할 수가 있었다"고 자칭했다. 그가 가르치는 아주 중요한 주역이 바로 회전하고 있는 '법륜', 즉 아주 신비한 힘이 있는 '법률지륜'이다.

이홍지는 신도들에게 그들의 가슴 속에도 바로 그런 '법륜'이 있다고 선전했다. 이런 신화와 같은, 세상에 둘도 없는, 영수의 언론이 바로 '열광적인 숭배' 중의, 하나의 정의에 해당된다. 즉 이 조직의 지도자가 개인 성격 카리스마를 일으켜 점차 사람들의 숭배 대상이 되는 것이다.

파룬궁 신도들은 이홍지는 영원히 옳다고 믿고 있다. 그들은 심지어 이홍지의 초능력 및 관점에 대해 다른 사람들이 질의하는 것조차 허락하지 않는다. 때문에 적지 않은 신도들은 기본상 이성적인 사고 능력을 잃어버렸다고 볼 수 있다. 신도들은 자발적으로 '우상'을 세웠고, 효율 또한 높았다. 또 대량의 신문과 전문학교를 만들어 선전을 하고 있는데, 전 세계 범위 내의 시위 및 비정기적인 선전과 집회 활동 등은 이들이 이홍지를 추종하는 것이 얼마나 견고한지 알 수가 있다.

자기의 '진, 선, 인'를 선양할 때면 이홍지 본인이나 신도들은 어떠한 질의나 비판도 받기 힘들어 한다. 신도들 중 어떠한 사람도 '이스푸'(Lee 사부) 의 교지에 대해 질문할 수가 없으며, '이스푸'(Lee 사부) 에 대해 의심하거나 비평하게 되면 '박해'의 표지가 되기 십상이며, 수련자들의 인신 공격과 진리에 대한 위협으로 간주하게 된다. 그들한테 이홍지는 영원히 만물의 주재자이기에 파룬궁의 찬란한 햇빛을 받아 무변무제의 역량을 얻게 된다.

사회과학자 Richard J는 "유세와 사상 전복은 한 사람 혹은 조직이 강제력을 통해 타인을 조종하거나 영향을 주게 되는데, 최종 행위와 태도상에서 철저한 개변 과정을 거치게 되며, 정신상의 자아감을 훼멸하게 된다."고 말했다.

이홍지는 파룬궁을 통해 외부 세계에 대해 공포감을 갖게 하는데, 이를테면 천재(天灾)나 사악한 음모와 박해가 임박한 듯 말한다. 신도들에게 세계는 본래 곧 파괴가 될 것을 자기가 세계를 구했다고 광고한다. 또 하나님이 곧 자기가 혐오하는 일체를 훼멸할 것이니 신도들은 부지런히 그의 '정신배양대법'(spiritual cultivation), 혹은 "소멸대법"(risk obliteration)을 수련해야 한다고 설교한다.

신도들이 조직을 이탈하는 것은 착오이며, 심지어는 사악한 것이라며, 끊임없는 수련을 통해 '원만'을 이뤄야 한다고 설교한다.

그러나 이런 경계는 모든 사람들이 노력해도 도달할 수 없는 경계이며, 이홍지가 극력 주장하는 이런 유세법은 끝이 보이지 않는 공포와 편견 위에 세워진 것이다.

이홍지는 이런 수법으로 신도들의 감지(感智)와 사상을 배향하려고 했다. 열광숭배 전문가이며 임상실험 정신병학자인 Margret Singer는 파룬궁 수련자 병예를 들 때 "이런 수련자들은 사고를 하지 않으며 그들 '스푸'(사부)의 명령만 듣는다"고 말했다.

파룬대법 세뇌연습 중, 이런 수련은 수련자들로 하여금 '사고 정지'를 하도록 하며 부단히 '스푸(사부)의 가르침'을 듣도록 하게 한다. 이는 곧 미국의 소통학가이며 열광숭배문제 전무가 Flo Conway 및 Jim Siegelman의 저작 '미국유행성돌발성돌변조사'에서 서술했듯, 거의 모든 사람이 열광숭배조직, 혹은 이와 비슷한 열광숭배조직들은 신도들로 하여금 사고를 하지 말도록 하는 것을 수련의 첫 번째로 하고 있다.

이런 과정 실시를 살펴보면, 반복적인 기도와 설명과 자아 최면, 혹은 각종 형식의 명상 등 형식이 다종 다양하다. 물론 이런 기술을 적당히 운용하면 사람들로 하여금 정신과 신체 상에서 건강하게 된다. 그러나 정신 상에서 지속적으로 간섭을 하게 되면 두뇌의 정상 운영에 영향을 주게 되며, 외부 세계에 대해 새로운 평판을 하게 되고, 최종 사고도 정지된다. 이런 상황이 발생이 되면 두뇌의 정보처리 기능이 손상을 입게 되며, 두뇌가 곧 혼란스러워지고, 허공에 뜬 신세가 되며, 고립적인 상태, 혹은 환각이나 착각의 상태에 빠지게 된다. 최종 두뇌가 엄중한 후퇴를 하게 된다.

파룬궁의 지도자는 어떻게 신도들을 이용하는가? 이홍지는 신도들에게 "사람들이 병을 얻게 되는 것은 금생 혹은 전세에 뿌린 악마의 씨앗 탓이다. 현대의학은 질병의 겉만 치료할 수 있지 정신 측면의 질병을 깊이 치료할 수가 없다. 이런 병근을 철저히 치료하려면 파룬궁을 수련해야 한다."고 설교했다.

이홍지는 그의 저작 '전법륜'에서 "유일하게 당신이 질병의 고문을 피할 수 있는 방법은 곧 수련이다"고 지적했다. 그러나 이런 잘못된 가르침의 결과, 허다한 이홍지의 신도들은 병이 나도 즉시 약을 먹고 치료하지 않아 사망하게 되는 경우가 많았다. 그러나 이런 신도들은 의연히 수련을 멈추지 않아 자기 병이 더욱 악화되도록 가중시켰다.

미국에서 이런 불만들이 터져나왔다. 즉 파룬궁을 질책하게 되면 가족끼리 서로 멀어지고 가족의 화목이 파괴된다는 것이다. 이런 정황은 가족의 누구가 이홍지, 또는 그의 교지에 대해 질의하거나 비평할 때 더욱 엄중하다.

특히 주의할 점은 이홍지는 '파룬궁을 통해 거대한 돈과 재부를 수렴하였다는 점이다. 그는 1995년 미국으로 건너가서 1998년에 293,500달러를 주고 부동산을 샀으며, 이듬 해에 뉴저지에 580,000 달러를 주고 두 번째 집을 샀다. 현재의 가치로 계산하면 100만 달러 호가하는 부동산이다. 이와 선명하게 대비되는 것은, 전 세계 파룬궁 신도들은 의연히 경제상에서 극도의 빈곤 중에서 생활하고 있다는 것이다.

7) 사이비종교 파룬궁 션원(神韻) 공연은 데모 공연이다!

아래에 2014/3호 '종교와 진리'에 실린 파룬궁 션원(神韻) 공연에 대한 기사를 싣는다. 션원 공연에 대한 비평 참작하기 바란다.

2015년 2월 9일, 경기도문화의 전당에서 사이비종교인 파룬궁 집단이 예술단인 神韻(션원)예술단 공연이 있었다.

공연은 총 20가지 공연 및 독창, 파룬궁 선전 데모 내용으로 이루어졌는데,

입장 표가 8만원부터 30만원까지 부동했다. 공연 프로그램부터 보자.

(1부)

첫 번째, 신들이 세상에 내려오다.

해설: 눈부신 천상세계, 창세주(創世主)가 손에 건곤을 쥐고 있다. 뭇 신들이 세상으로 내려와 은하수처럼 찬란한 5,000년 문명을 창건한다. 디지털 배경 스크린에는 천상세계가 보이고 자칭 生佛인 파룬궁 교주 이홍지가 가부좌를 틀고 내려오는 장면이 연출된다. 그러면서 5천년 문명이 시작되었다는 것이다. 사이비종교 파룬궁에서는 교주 이홍지를 창세주(創世主), 생불(生佛)로 표현하고 있다. 불교승들도 다수 관람하였는데, 그들은 이를 어떻게 보았을지 궁금하다. 중국에서 신도들을 버리고 미국으로 도주한 교주가 生佛, 창세주라니 코미디가 아닌가.

두 번째, 왜 거부하는가?(노래)

소프라노: 위닝(宇寧)

(가사)

"세상에 내려오기 전, 당신은 창세주(創世主)와 약속했노라, 대법이 널리 전해지면 반드시 당신을 찾으리라고 지금 당신에게 진상을 알려주건만 당신은 왜 거부하는가. 얼마나 많은 사람의 머릿 속에 탄압 중의 거짓말이 가득한가. 선량한 사람들이여 선동에 이끌리지 말라.(이하 생약)…"

위의 노래에서도 교주 이홍지를 창세주(創世主)로 표현하는 오만함을 보이고 있다. 이렇듯 선원(神韻) 예술단 공연은 시작부터 교주 이홍지 찬양과 파룬궁 포교를 하고 있다. 그러면서 탄압을 받고 있다고 한다. 데모를 하고 있는 것이다.

이어서 3. 태극선. 4. 당(唐) 황궁의 궁녀들. 5.나 타(哪吒)가 바다를 휘젓다. 6. 요족(瑤族) 춤 등 종교심이 가득한 내용의 작품들을 선보인 후.

일곱 번 째, 비바람 속의 연꽃 "(해설) 신불(神佛)에 대한 굳건한 믿음이 있는 사람은 고난 앞에서도 마음 속에 선량과 희망을 간직할 수 있다. 고난 속에 광명이 있듯이 신불도 그에게 수승한 정경을 나타내 보여줄 것이라는 해석이다. 파룬궁에서 신불(神佛)은 곧 교주 이홍지를 뜻한다. "고난 속에서도 교주 이홍지가 지켜준다."는 의미이다.

(2부)
[11~17 생략]

열 여덟 번 째, 이 노래는 진실이라네 소프라노: 장민(姜敏)/(가사)
…"나는 안다네 세상 사람들 대다수가 천상에서 왔음을. 창세주(創世主)를 기다리기 위해 죄업을 없애야만 천상으로 다시 돌아갈 수 있나니. 신불(神佛)이 세상에 오면 반드시 마(魔)가 날뛰리라. 붉은 마귀의 거짓말 믿지 말지니. 당신이 신성한 인연을 잇지 못하게 하려는 것이로다. 어서 빨리 대법제자를 찾아 진상을 알아보시라. 그것은 당신이 천만년을 기다린 것…."

여전히 창세주(創世主),신불(神佛)을 노래하고 있다. 파룬궁 교주 이홍지를 찬양하며 어서 빨리 파룬궁 수련을 하라는 노래이다. 이런 데모 공연을 만들기 위해 파룬궁 집단에서는 막대한 투자비와 활동비를 들여 세계 곳곳을 누비며, 포교 활동을 하고 있다. 단순히 예술 공연이 아니다. 파룬궁 포교를 위한 공연이며, 데모 공연이다.

스무 번 째, 불은호탕(佛恩浩蕩)
"(해설) 각 민족의 가람들은 모두 신불(神佛)이 돌아오기를 기다리고 있다. 오직 마음 속에 선념(善念)을 지켜야만 창세주의 구도를 받을 수 있고 겁난(劫難)을 무사히 넘기고 새로운 기원으로 들어갈 수 있다"는 것이다. 이 또한 이홍지를 신불(神佛), 창세주로 명명하며, 마음 속에 믿어야만 구원을 받을 수 있다는 것이다.

공연 작품은 파룬궁 선전 작품 4. 파룬궁 찬양하는 독창 4(여자 2, 남자 1, 여자 1명이 두 곡을 불렀다.) 전통 무용 12 등. 총 20작품으로 구성되었다. 무대 뒤 배경에 커다란 디지털 스크린이 설치되었고, 각각의 작품을 위해 준비된 영상물이 뒷 배경을 장식하였다….

지난 2007년 어린이공원 돔 아트홀에서 공연할 당시에도 독창 4 작품은 각각의 성악가들이 불렀는데 그 내용은 주로 파룬궁 수련을 노래하는 내용이고, <천안문이여 열려다오>는 파룬궁 홍보용이었다. <창세>를 비롯하여 <귀위>라는 작품도 파룬궁 수련 여성이 탄압을 받는 장면을 연출하며, 어린 여성을 짓밟는 공권력의 부당성을 인식하게 하고, 무의식 중에라도 반감을 갖기에 충분하다. 그러나 그것이 사실이라는 증거가 없고, 파룬궁 집단에서만 흘러나오는 풍문에 불과한 것이다. 무용 자체의 예술성도 뛰어나다고 보기에는 무언가 부족한 것처럼 보였다. 이렇듯 무용에 치중한 작품보다는 스토리가 있는 메세지 전달이 주 목적이었다.

공연을 이용하여 악의적 여론을 조성하고 있다. 이러한 내용은 예술이라고 보기 어렵다. 다분히 정치적인 색채가 강했다. 파룬궁에 대해 무지한 관객들이 폭력적인 내용을 보고는 오해할 소지가 있었다. 예술 표현의 자유 운운할 성질이 아닌 것으로 보인다.

교주 이홍지, 파룬궁이 세상을 구원한다 주장!

이홍지는 "대법제자는 각 지역, 각 민족 중생이 구원받을 수 있는 유일한 희망이다. 그들이 한 것을 소중히 여김이 바로 당신들 자신을 소중히 여기는 것이다. 다시 한 번 당신들의 문안에 감사를 드린다!"며 파룬궁 수련을 해야만 구원을 받을 수 있다고 가르치고 있다.

이홍지(李洪志)는 또, "이 인류 대겁난의 카운트다운이 시작되었으므로, 사회 각 계층과 종교계의 인사들에게 제안한다. 당신들은 자신의 신앙이 있으나, 말법시기 신이 알려준 '만 가지 법이 하나'로 되는 예언을 잊지 말고 파룬따파(파룬궁)가 세인을 구도하는 것을 방해하지 말라. 그렇지 않으면 자신과 남을 해치게 되고 그 죄악은 엄중한 것이다. 태양 폭풍이 지구를 습격한다는 소식은 흔들리는 공산당 정권에는 치명적인 비보다. 중공은 이를 원한과 위수 지역의 대지진에 대한 예보와 같이 우민 대책으로 대할 것이다. 중공은 과학자들과 학자들을 내세워 "자기장의 변화와 태양 폭풍은 예측하지 못한다", "2012년 지구는 큰 재해가 없을 것이다."라는 거짓말을 할 것이다. 당신들은 중공의 거짓말을 믿는가? 아니면 신의 충고를 믿는가? 나는 여러분이 정확한 선택을 하리라고 믿는다. 마지막으로 또 한 번 당부하고 싶다. 기억하라. 오직 신의 가르침 대로 '파룬따파는 좋습니다! 진선인은 좋습니다(眞善忍好!)'를 믿고 중공과 결별해야만 신의 보호를 받을 수 있고 겁난을 무사히 넘어 신기원에 진입할 수 있을 것이다."라며 신도들을 거짓으로 현혹하고 있다.

션원 예술단원은 모두 파룬궁 수련생들이다!

2013년 대뉴욕지역 법회 이홍지 설법(李洪志, 2013년 5월 19일)은 이렇게 말했다. "션원 문제를 좀 이야기하겠다…수련인이 하고 있기 때문에, 표현된 것들은 모두 순선순미 한 것이다. 션원을 꾸릴 당시에 나는 생각하고 있었다. 션원을 제일이 되도록 하려면 우선 배우들을 양성해야 했다. 그래서 나는 학교를 꾸려 배우들의 문제를 철저하게 해결했다… 내가 션원을 하는 것은 바로 사부가 어떻게 하는지를 보여준 것이다. 그뿐만 아니라 각지의 수련생이션원을 널리 알리는 중에서 너무 많은 사람을 쓰기 때문에 기타 항목에 영향을 주었는데, 이 일을 변경시켜야 한다. 현재는 아주 많이 바뀌었는데, 작년부터 올해의 소재는 그렇게 많은 사람을 쓰지 않았다. 나는 뉴욕지역에 되도록 적게 쓰라고 이미 알려주었다. 80% 이상의 관객이 모두 광고를 보고 온 것이다. 그러므로 우리는 적은 일손으로 광고를 잘 하기만 하면 된다. 점차 이렇게 할 것이다."

이렇게 이홍지가 밝혔듯이 션원 예술단원은 모두 파룬궁 수련생들이다.

파룬궁은 이홍지라는 인간을 신(神)으로 추앙하는 사이비종교이다. 그들은 이홍지를 살아있는 부처, 생불이라 믿고 있다. 파룬궁 수련소를 가보면, 온통 이홍지의 사진들로 가득하다. 그 사진에서 기(氣)가 나와 그 앞에서 수련하면, 병이 낫고, 몸 속의 좋지 않은 마(魔)가 쫓겨나간다는 것이다. 또한, 세상 종말 때에 파룬궁 수련자들만 구원받아 천국에 간다고 주장하고 있다. 이런 사이비 종교에 현혹되어 인생을 허비하는 일이 더는 있어서는 안 된다.

8) [인물탐방] 오명옥 대표 "파룬궁은 사이비종교… 피해예방 잘하자"

「종교와 진리」 잡지사 발행인 및 취재부장인 오명옥 대표는 현재 '큰샘출판사'와 '파룬궁사이비종교대책위원회' 대표직을 겸하고 있다. 그는 2009년 '파룬궁사이비종교대책위원회'의 설립과, 그 이후 '파룬궁 사이비종교'를 반대하는 사역에 적지 않은 영향력을 미쳤다. 이에 기자는 오 대표와 인터뷰를 가졌다. (M신문사 편집자 주)

▶ 오 대표님은 백석신학대학원 대학교에서 신학을 전공한 독실한 기독교 신자인줄 안다. '파룬궁'을 왜 단순 수련 단체가 아닌 종교라고 하는가?

▷ '종교'라면 신앙의 대상과 그 신앙의 내용인 교리와 신앙인(추종자)들이 있다. 파룬궁은 이런 종교 구성의 요소를 다 갖추었다. 신앙 대상은 이홍지이고, 교리는 바로 이홍지의 가르침들이다. 이홍지를 신으로 대하는 무리들이 있다. 이런 것들은 파룬궁이 단순한 수련 단체가 아닌 일종의 종교라는 것을 말한다.

▶ 언제부터 '파룬궁 사이비종교'에 대해 관심을 가졌는가?

▷ 2006년부터이다. 파룬궁에 대한 조사 의뢰가 본 이단문제연구소로 끊임없이 들어왔다. 특히 한국 사람들 중 중국 조선족과 결혼한 파룬궁 신자들이 있다. 이들은 몸이 아파도 병원에 가지 않고 약도 안 먹는다. 심지어 가족까지 병원에 가지 못하게 하며, "파룬궁을 수련하면 든 병이 다 낫는다"고 강요를 했다. 그래서 취재를 결심하고 중국대사관 앞과 영사관 앞, 또 대전, 천안, 서울에 있는 파룬궁 지부와 수련자들을 찾아다녔다. 실제로 파룬궁을 믿는 한국 남자가 말기암이었지만 치료 안하고 수련만 하다 죽는 사고가 발생했다. 사태의 심각성을 절실히 깨닫고 나는 거의 매월 기사를 실어 피해사례를 사람들에게 알렸다. 그리고 2009년 '파룬궁사이비종교대책위원회' 출범에 일조했고, 또 여러 지역을 다니며 사이비종교 관련 세미나 심포지엄, 연구 발표를 하고 책자를 발간하였다. 2013년에는 파룬궁 사이비종교 피해사례를 알리는 갤러리 전시를 서울 인사동에서 열기도 했다.

▶ '파룬궁사이비종교대책위원회' 창립과정을 좀 더 설명하면?

▷ 파룬궁 집단이 국내에서도 활발하게 활동하는 것을 보면서, 그 피해를 방지하고 대책하기 위해 '(사)기독교이단사이비연구대책협의회'에서는 2009년 4월 23일, 서울 종로구 종로5가 여전도회관 회의실에서 '파룬궁사이비종교대책위원회(이하 대책위원회)' 창립 총회를 개최하였다.

파룬궁은 수련에 따른 질병 극복과 건강 유지, 치유, 가난 극복을 강조하고 있는 사이비 종교이다. 이 집단은 2001년 1월 23일 베이징 천안문 광장에서 '분신자살 사건'을 일으켰다. 이것은 전 중국 인민들에게 파룬궁에 대한 강력한 거부감을 심어준 사건이었다. 천안문 광장에서 열렸던 파룬궁 수련자들이 집단으로 분신을 기도한 사건으로 이중 12살 소녀가 포함돼 있었다는 사실은 많은 이들에게 충격을 던져 주었다. 파룬궁 집단의 과격성을 여실히 보여준 것이다.

▶ "파룬궁이 사이비종교이다"라고 주장하는 이유를 종합하면?

▷ 파룬궁은 이홍지라는 교주를 신격화하여 믿고 따르는 사이비 종교이다. 이홍지의 가르침과 이홍지의 말에 절대 복종하고 있다. 파룬궁이 민중 속으로 쉽게 접근할 수 있었던 이유도 그러한 신비주의적 종교성 때문이었다.

ⓐ 파룬궁은 시작부터 사이비 종교였다. '법륜'(法輪 Dharma cakra)이란, 석가모니의 가르침을 말하는데, 이것은 범륜(梵輪)이라고도 하며, 석가가 설법하는 것을 법륜을 돌린다(전법륜 轉法輪)고 한다. 법을 전륜왕(轉輪王)의 수레바퀴 모양의 고대 인도의 무기인 윤보(輪寶)에 비유한 것으로, 세속의 왕으로서의 전륜왕이 윤보를 돌려 천하를 통일하는 것과 같이, 정신계의 왕자로서의 석가는 법륜을 돌려 삼계(三界)를 구제한다는 것과 같다. 석가의 교법은 원만하여 결함이 없는 것을 륜의 원만한 모양에 비유하며 타파(타파)의 뜻으로, 석가의 교법은 중생의 망건(망건)을 타파하는 것을 륜을 돌려 어떤 물건을 부서뜨리는 것에 비유한 말이다.

ⓑ 교주 이홍지가 지구의 폭발을 언급하며 종말론적 종교 활동을 하고 있다. 파룬궁 집단의 '선원예술단' 공연은 지구 종말이 올 때 파룬궁이 이 지구를 구한다는 내용을 전파하고 있다.

ⓒ 파룬궁을 믿어야만 구원을 받을 수 있다고 하며, 파룬궁 수련생들이 수련을 할 때 이홍지의 혼이 돌아온다(개인 숭배)고 주장하고 있다.

ⓓ 이홍지가 스스로를 신격화하고 자신만이 세상을 구원할 수 있다며 혹세무민하였다.

ⓔ 현대과학을 부정케 하며 많은 수련자들이 병원 진료를 받지 못하고 죽게 했다.

ⓕ 이홍지를 추앙하다가 목매 자살한 사례, 뱃속의 법륜을 확인하려고 할복자살한 사례들도 있다.

ⓖ 파룬궁 수련생들은 이홍지가 하늘에서 온 부처라고 믿고 있다. 파룬궁은 건강을 증진시키기 위한 단순 기공이 아니다.

ⓗ 불법적으로 재산을 착취했다. 이홍지와 그의 핵심 인원은 파룬궁의 자료들인 불법 출판물을 판매, 탈세로 얻어진 수백만 달러라는 거액의 이윤을 남겼다.

ⓘ 비밀 단체를 조직하였다. 파룬궁의 가장 높은 기관인 '파룬따파(법륜대법)'부터 39개의 상위 조직과 1천 900개의 하위 조직, 그리고 2만 8천 개가 넘는 기공 연마소를 구성하여 210만의 '파룬궁' 수련자를 규제했다. 조직상으로 '파룬궁'은 점 조직을 형성하고 보안을 지키는 불법 결사 조직으로 지도자를 중심으로 하여 신앙으로 무장하고 행동하며 본부에서 각지까지 엄밀한 조직 체계를 형성하고 있다. 심지어 당정에까지 침투하여 각 부분에 해를 끼치기도 하였다.

ⓙ 정치상으로 그들은 사건을 조장하여 안정을 파괴하고, 사회 질서를 문란시키며, 군중을 선동하여 신문 방송을 포위하고, 당정기관을 교란시키며, 심지어 대규모 불법 시위로 당과 정부에 압력을 가하고 있다. 이홍지와 그가 조종하는 '파룬궁' 조직이 선동한 '4.25' 불법 집회 사건은 그 정치적 본질을 가장 분명히 보여주었다.

▶ '사단법인 기독교이단사이비연구대책협의회'는 어떤 조직인가?

▷ (사)기독교이단사이비연구대책협의회는 지난 20여 년 동안 진리 수호와 바른 신앙을 위하여 '기독교이단문제연구소'를 운영해 온 이대복 소장이 보다 능률적이고 광의적인 입장에서 이단 사이비종교 연구 대책을 세우고자 2000년 1월 5일에 창립한 조직이다. 미국, 일본, 브라질 등에 지부를 두고 있다.

협의회와 연계 단체인 월간 <교회와 이단('종교와 신리' 전신)> 잡지사는 각종 이단 사이비종교를 전문적으로 다루는 연구 기관지로 한국을 비롯한 세계적인 전문 잡지로 성장하였다.

이 잡지사에서는 2002년 4월부터 중국에서 발생한 파룬궁에 대하여 연구하고 취재하게 되었다. 조사 취재 과정에서 파룬궁이 한국에서도 TV방송이나 일간 신문 등을 통하여 대대적인 포교활동을 하고 있는 등 그 심각성을 파악하였으며, 중국을 공략하기 위해 한국을 전진 기지로 삼고 있음을 감지하였다. 그리고 기독교 단체를 비롯한 불교계의 진보적인 단체나 각종 이단 사이비 단체, 시민단체, 저명 인사(국회의원, 각계 인사 등)들과도 유대 관계를 맺고 있음이 드러났다. 뿐만 아니라 한국의 주요 도시를 비롯한 세계 곳곳에 파룬궁 선전 책자, 신문, 홍보지 등을 다량으로 발간하여 매일 같이 배포하며 '션윈예술단'을 조직하여 전 세계를 무대로 순회 공연을 하면서 종말론 주장과 교주 신격화 등 포교활동에 박차를 가하고 있으며, 취재 연구한 결과 건전한 종교 단체가 아닌 사이비성을 띤 집단임을 확인하게 되었다.

더 나아가 파룬궁의 본거지인 중국 정부에 대하여 악의적인 선전을 하며, 자신들이 선의의 피해자라며 타국에 와서까지 비방·선전하는 것을 볼 때 이는 인류, 사회의 안녕과 질서에 합당치 않은 집단임을 월간 『교회와 이단』 2007년 6월호 특집으로 게재하였으며, 2007년 7월 19일 "기독교이단사이비연구대책협의회"에서 "전문연구위원 전원 일치"로 파룬궁을 사이비종교로 규정 발표하고, 월간 『교회와 이단』 2007년 8월호에 특집으로 게재하였다.

▶ 앞으로의 계획을 한마디로 종합하면?

▷ 앞으로 '대책위원회'를 전 세계적으로 확대하고 강력한 대책을 강구하여 파룬궁사이비종교를 통한 피해를 사전에 예방 대책하여 인류 사회의 안녕과 평화와 진리를 수호하려고 한다.

이상, 취재에 감사하다.

9) 파룬궁사이비종교대책위, '반(反)파룬궁 사진전' 개최

파룬궁 사이비종교로 인한 피해를 알리고 더 이상의 피해를 방지하고 대책하기 위한, 반(反)파룬궁 사진전"이 2015년 8월 19일과 20일 서울역 광장에서, 21일부터 23일까지는 지하철 2, 7호선 대림역 9번 출구 근처에서 개최됐다.

'파룬궁사이비종교대책위원회'(이하 '대책위', 대표 오명옥)가 주최한 행사는 그 동안 소위 '중공으로부터 인권 탄압을 받았다'는 '이유'로 선량한 한국 국민들과 인권단체로부터 동정을 받아왔던 파룬궁이 실제로는 "스스로 신도들의 인권을 유린하고 있다"는, 그 피해사례를 알리는데 주력하고 있다.

오 대표를 비롯한 '대책위'가 사진 전시를 통해 공개한데 따르면, 파룬궁은 어리석게도 한 인간(교주 이홍지)을 주불(主佛) – 신(神)으로 추종하며, 이홍지는 예수, 석가모니, 마호메트, 공자도 이루지 못한 구원을 자신이 이루었다고 주장하고 있다.

또, 파룬궁은 거짓으로 조작된 허위 사실(생체장기적출 주장, 탄압 주장, 탈당 주장)들을 갖고 길거리나 인터넷상에 유포하며 '인권'을 외치고 있다. 심지어 세상 종말이 곧 오게 되는데, 그날이 오면 파룬궁 집단만이 살아남는다고 신도들을 미혹시키고 있다. 그러나 정작 이홍지 본인은 미국에 대저택 11체를 갖고 호화생활을 하고 있다.

더욱이 경계해야 할 것은, 파룬궁은 수련을 하면 불치병이나 난치병이 치료된다며 병원에도 가지 말라, 약도 먹지 말라고 하고 있다. (이홍지는 신도들에게는 병에 걸려도 병원 치료 받지 말라면서 자신의 매부에게는 병원 치료를 허락하는 이중성을 보여주고 있다.)

오 대표는 "파룬궁 신도들이 중국 정부가 자신들을 박해하며 중국 현지에서 생체 장기적출이 일어나고 있다는 악소문을 퍼뜨리고 있는데 이는 전 세계를 상대로 벌이고 있는 사기극이다"며 "저들이 얼마나 사회에 악영향을 끼치는 집단인지 직접 사진전을 통해 보고 실체를 분별하시기 바란다"고 전했다.

한편, '파룬궁사이비종교대책위원회'는 2009년 4월 23일 서울 종로구 종로5가 여전도회관 회의실에서 창립된 후 현재까지 꾸준히 활동해 오고 있는 중이다.

10) 내가 겪었던 '삼퇴(三退)'의 진실

최근 파룬궁 조직은 또 '삼퇴(三退: 공산당공청단소선대에서 탈퇴)'의 숫자를 조작하고 있다. 이미 몇 억이 되는 사람이 '퇴출하였다'느니, 지금도 매일 몇 만 명이 '퇴출한다'는 등 끊임없이 숫자 부풀리기에 나서고 있다. 지난 몇 년간 나는 이런 놀라운 소식들을 접하고 진실을 찾기 위해 애썼다. 사이비종교 반대 지원자로서 나는 몇 년 동안에 이미 전화(轉化)한 파룬궁 수련자들을 수없이 취재하였다.

아래 글은 이런 직접 '삼퇴'를 경험한 자들을 취재한 기록들이다. 나는 글을 수정하지 않는다. 나는 설득력 있는 진실의 힘을 믿는다.

집이 광주시 강남대로에 있는 황위중은 이렇게 말했다. "나는 1999년부터 수련을 하였다. 2005년부터 이홍지는 우리들더러 '삼퇴'를 하라고 했다. 그때 나는 마음 속 깊이 회의가 들었다. 왜냐하면 이홍지는 처음부터 파룬궁 수련자는 정치에 참여하지 않는다고 성명하였는데 왜 지금에 와서 '삼퇴'를 하라고 하지?…… 몹시 당혹스러웠다. 그러나 파룬궁 사이트에서 '삼퇴'를 하라는 많은 글들이 발표되었고, 이홍지도 경문을 읽듯이 요구해 왔기에 나와 다른 학도들은 '삼퇴'에 참여하였다.

처음에는 나부터 '퇴출'을 하였고, 또 다른 사람들더러 '퇴출' 하도록 권유하였다. 그러나 야채를 파는 아주머니나 이웃들은 모두 내가 사람들을 설득하여 이런 일을 하는 것이 너무 어리석지 않느냐고 따져 물었다. 따르는 사람이 없었다. 후에 파룬궁 조직은 또 남을 대신하여 '퇴출'해도 되고, 가명으로 '퇴출'해도 되며, 죽은 이를 대신하여 '퇴출'해도 된다고 꼬드겼다. 나는 소위 '원만(圓滿)'을 위해서 세상을 떠난 아버지와 친척, 그리고 이웃들의 이름을 바꾸어 '삼퇴'를 하였는데, 모두 100여 명이나 됐다. 어느 하나도 당사자의 동의를 거치지 않았다."

"내가 '삼퇴'를 시작했을 때 처음에는 여러 가지 장벽에 부딪혔다. 후에는 할 수 없이 음모 궤계를 꾸몄다." 예전에 심천에서 보험회사에서 일했다는 장상모는 자신의 '삼퇴' 경험에 대해서 이렇게 정리했다. "나는 먼저 나와 세상을 뜬 할아버지와 할머니를 '퇴출'시켰다. 그러나 다른 사람을 권고하여 '퇴출'시키는 것은 매우 어려웠다. 늘 질책을 당했고, 아버지와 엄마, 친척, 동료들은 한 명도 퇴출시키지 못했다. 후에 '방법' 하나를 생각해 냈는데 보험회사의 고객 설문지 문서에 '삼퇴를 동의한다'는 네 글자를 적어 넣었다. 자신의 고객들이 자세히 보지 않거나 혹은 대답을 하지 않는다면 '삼퇴를 동의한다'고 여겼다. 이렇게 하여 나는 '성공적'으로 200여 명의 '삼퇴' 명단을 만들어냈다. 그때 나는 자신의 총명한 처사에 득의양양했는데, 지금 생각해보면 비열하기 짝이 없었다."

파룬궁에 십여 년간 빠져 있던 집이 양서현에 있는 온화생은 이렇게 서술했다. "나는 이홍지가 말하는 '삼퇴'를 하지 않으면 도태될까봐 두려워서 '삼퇴'를 시작했다. 그러나 실제로는 나 자신만을 '퇴출'시켰을 뿐이다. 그리고 이미 세상을 뜬 이웃집 종지권과 학교를 다니지 않는 조카의 이름을 '심하'로 바꾸어 '퇴출'시켰다. 다른 사람들은 감히 권유하지 못했다. 사람들에게 욕을 먹을까봐 겁나서이고, 경찰에 고발을 당할까봐 두려워서이다."

호남 상담의 왕상우는 웃으면서 자신이 왜 '삼퇴'를 하게 되었는지에 대해 이렇게 해석하였다. "나는 이홍지의 말을 믿었다. '삼퇴'를 해야만 장래에 정법(正法)이 끝난 후에 기회가 생겨 남겨져서 새로운 우주에 들어갈 수 있으며 도태되지 않고 형상과 영혼이 사라지지 않는다고 믿었기 때문이다. 그리하여 '평안'이라는 가명으로 '퇴출'하였다." 그러나 그가 친우들에게 '삼퇴'를 선전하였을 때

조소만 당했을 뿐 한 번도 성공하지 못했다. "다른 사람을 권유하여 '삼퇴'를 했는데 몇 사람 설득하지도 못하고 사람들에게 정신병자라고 수도 없이 욕을 먹었다. 가도의 사이비종교 반대 지원자들이 집을 찾아와서 말렸다. 그들과 쟁론할수록 이유가 성립되지 않아 나는 할 말이 궁해졌다. 결국 나는 파룬궁에서 빠져 나오게 됐다."

집이 심천 뤄후 황배령에 있는 장위조는 자신의 '삼퇴' 경력에 대해 이렇게 말했다. "나의 아버지는 캐나다에 있고 동생은 홍콩에서 경찰을 하고 있었다. 평소에 나는 해외와 연락이 많았고, 파룬궁에 심취해 있었다. 그래서 기회만 되면 이홍지의 요구에 따라 '진상'을 얘기하고 '삼퇴'를 권유하였다. 그러나 부모 형제들은 모두 나더러 정신병자라고 욕하면서 그 누구도 나를 본체만체하였다. 전화한 후에야 나는 '삼퇴'라는 것은 결국 파룬궁이 신도들로 하여금 '자아 마취'시키는 정신적인 마약이라는 것을 깨달았다."

집이 광동 산두에 있다는 왕치의 '삼퇴' 경험은 다음과 같다. "나와 나의 부모는 모두 파룬궁을 수련하였다. 나의 아버지는 광동 산두시의 파룬궁 지부의 부점장이다. 정부에서 파룬궁에 대한 제재를 내린 후 아버지는 장기간 저항하다가 결국 파룬궁을 포기하였지만, 건강 상태가 몹시 좋지 않았다. 어머니는 아직도 깊이 빠져 있고 나는 애매모호한 상태이다. 2005년 파룬궁은 '삼퇴'를 선전하였는데, 아버지는 '삼퇴'에 큰 반감을 가졌다. "이것이 정치를 하는 것이 아닌가"라고 어머니와 쟁론하자 어머니는 이홍지의 경문 "정치를 하는 것이 아니다"를 예를 들면서 "지금 정법의 형세가 변하였기에 우리들은 반드시 '삼퇴'를 해야만 정법의 형세에 따라갈 수 있다"고 설득하려 했다. 결국 어머니는 아버지와 크게 싸우고 나서 우리 가족 족보 상의 명단을 모두 갖고 '삼퇴'를 하였다. 아버지가 "이건 분명 조작이다"라고 크게 화를 냈지만 어머니를 설득하지 못했다. 아버지는 화도 나고 원망도 하고 피로가 쌓여서 결국 병이 나서 얼마 안 되어 한을 품고 세상을 떠났다.

파룬궁 조직은 제자들에게 '삼퇴'를 하라고 요구할 때 사람을 대신하여 '퇴출'하거나, 이름을 바꾸어서 '퇴출'할 수 있도록 허락하였으며, 또 세상을 떠난 사람을 대신하여 '퇴출'하게 하였는데, 실제로는 제자들이 가짜를 조작하도록 암

묵적으로 용인한 것이었다. 이미 밝혀진 많은 사실들과 내가 직접 취재한 결과는 이를 충분히 설명해주고 있다. '퇴출'자 몇 억이 넘는 숫자에는 얼마나 많은 거품이 깔려있는지 상상만 해도 알 수가 있다.

(출처: 2015년 '8월 10일 개풍망 사이트(凱風罔), 저자 설린(薛麟) : 사이비종교 반대 지원자로서 사이비종교 퇴치에 힘쓰고 있다.)

11) 공영 방송사 KBS 홀 측의 '션원공연' 취소는 아주 정당하다!

'션원예술단'은 '예술'이란 이름을 빌어 '파룬궁'을 홍보하는 도구

서울 KBS 홀에서 2016년 5월 6일부터 8일까지 예정되어 있던 션원(神) 예술단 공연이 취소되자 공연기획사 뉴코스모스미디어(NCM) 이창식 대표는 2일 오후 프레스센터에서 항의 성격의 기자회견을 가졌다. KBS가 취소 통보서에서 "션원공연이 정치적·종교적 중립을 지켜야 하는 공영 방송사의 품위를 해할 우려가 있기 때문에 승인을 취소한다"고 했다며, "독재 국가도 아닌 대한민국에서 전체 공연 가운데 일부 파룬궁을 예술적으로 표현한 부분을 문제 삼는 것은 이해할 수가 없다"고 항의를 했다.

뉴코스모스미디어(NCM)는 또 기자회견을 통해 "KBS가 갑작스레 취소 통보를 한 배경으로 중국대사관을 지목했다. 근거로 션원 공연이 예정돼 있는 울산문화예술회관과 경기도에서도 중국대사관의 공연 취소 압력이 있었다는 사실을 공연장 측에서 알려 주었다"고 지적했다.

이에 KBS 측은 "지난해 KBS홀 대관 신청을 할 때 '파룬궁'에 대해 한 마디도 제기하지 않았는데, 1월 4일 계약서에는 공연에 '파룬궁'과 연계가 있었다. 우리는 파룬궁의 좋고 나쁨을 논평하지 않는다. 다만 우리들이 알기로 션원 연출은 단순한 문예 연출이 아닌 것 같다."고 공연 취소 이유를 밝힌 것으로 알려졌다.

조선닷컴 2월 26일자 뉴스에서도 "KBS가 내세운 취소 사유는 '션원 공연이 정치적·종교적 중립을 지켜야 하는 공영 방송사인 KBS의 품위를 해할 우려가 있기 때문'이라는 점과 '이 공연이 파룬궁 수련 단체와 관련이 있으며 공연 내용

가운데 파룬궁 관련 내용이 일부 있다'라고 전했다."고 보도했다.

우리 '파룬궁사이비종교대책위원회'는 KBS 측의 '션원공연' 취소가 아주 정당하다고 본다. 정치적·종교적 중립을 지켜야 하는 공영방송의 바른 처사라고 보기에 KBS 홀의 입장을 지지한다.

주지하다시피, 한국의 정치1번지 여의도에 위치하고 있는 KBS는 대한민국의 정치 문화의 중심지이다. 따라서 아무리 민주주의 사회라고 하여도 KBS 홀은 절대 '중국 전통문화 공연'의 탈을 쓰고 사교 조직 파룬궁을 홍보하는 공연의 장이 되어서는 안 될 것이다.

우리 '파룬궁사이비종교대책위원회'는 션원 공연은 이홍지가 파룬궁의 영향을 확대하고 사교와 반화(反華)홍보에 종사하기 위해 만든 정치 도구에 지나지 않는다고 본다. 따라서 '션원 공연'은 중국의 전통문화를 오히려 왜곡하고 더럽히고 있다고 봐야 할 것이다.

따라서 우리는 파룬궁을 홍보하고 파룬궁의 세력을 확장시킬 목적으로 조직한 '션원예술단'의 공연을 격렬히 반대한다. 일언지하(一言之下), "정치적·종교적 중립을 지켜야 하는 공영 방송의 KBS 홀 측의 션원 공연 취소"는 아주 정당한 것임을 천명하며, KBS 홀 측의 입장을 지지한다. 우리나라와 국민들도 하루 빨리 '션원 공연'과 '파룬궁'의 진실을 파악하고 세계 각국 '파룬궁' 반대 행렬에 동참하여 우리나라의 문화 주권이 '파룬궁'과 같은 사이비종교에 이용당하지 않도록 주의를 기울여야 한다.

우리 '파룬궁사이비종교대책위원회'는 파룬궁 사이비종교 행태들을 낱낱이 밝혀, 더는 내국인과 중국 동포들에게 피해를 주도록 내버려 두지 않을 것이다. 수련 단체는 순수하게 수련으로 끝나야 한다. 그리고 사람들에게 희망과 복을 가져다주는 종교야 말로 진정한 종교인 것이다.

12) 서울 대림동서 단편영화 '실낙원' 감상 토론회 가져

"'원만'을 이루면 천국에 갈 수 있다는 것은 파렴치한 거짓말"

단편영화 실낙원(일명, '분신날개 천사') 감상 토론회가 지난 4월 8일(금요일) 오후 영등포구 대림동에서 개최됐다. 파룬궁사이비종교대책위원회(대표 오명옥)의 주최로 이루어진 '실낙원' 감상 토론회에는 반사이비종교 기독교 인사 및 반파룬궁 중국 동포 유지 인사 약 10여 명이 참석했다.

2009년부터 파룬궁을 사이비종교로 규명하고 파룬궁사이비종교 피해사례를 한국 사회에 널리 알리며 이단들과 싸워온 오명옥 대표는, "실낙원은 '파룬궁 천안문 분신 자살'을 배경으로 파룬궁 사이비종교에 빠져들어 아까운 청춘을 망친 주인공 도림림의 운명을 그리고 있다. 한국에도 아직 도림림과 같이 소위 '원만'을 추구하면서 사이비종교에서 헤어나지 못하는 사람들이 많다. '실낙원'은 이들에게 아주 날카로운 경종을 울려주고 있다"고 말했다.

기독교인 임철수(52세) 씨는 "인생에는 자신의 바른 신앙이 있어야 한다. 바른 신앙을 가져야만 극단적인 인생의 길을 걷지 않을 수 있다"라고 지적했으며, 중국 동포 김인순(40세, 가명) 씨는 "실낙원을 보고 너무 놀랐다. 어떻게 자기 몸에 불을 지를 수 있나? 신앙을 갖는다는 것은 행복하게 살기 위한 것이지 무슨 '원만'을 이루기 위해 불행을 자초하기 위한 것이 아니다. 정말 사이비종교가 겁이 난다"라고 말했다.

감상 발표회에서 토론자들은 제각기, "젊은 사람들일수록 바른 신앙을 갖고 분주하게 움직여야지 절대 사이비종교의 유혹에 빠지지 말아야 한다.", "진정한 종교는 인간이 정상 생활을 할 수 있도록 돕고 힘이 되어 주어야 한다. 아니면 사람에게 피해를 주는 사이비종교이다.", "솔직히 한국의 파룬궁 조직에는 조선족 동포들이 꽤 많다. 이들은 자주 전단지를 뿌리며 사이비종교를 홍보하고 있는데, 이제는 그들에게 넘어가는 사람이 거의 없다. 그들도 정신차릴 때가 됐다.", "진·선·미란 말은 너무 좋은 표현이다. 그런데 이는 진정으로 수련을 할 때만이 만들어지는 말이다. 수련 단체가 정치에 참여하고 한 사람을 우상화하고 있는데, 이게 무슨 수련 단체인가. 파룬궁 신도들은 각성해야 한다."라고 열띤 토론을 이어갔다.

이날 참석자들은 "앞으로 사람들로 하여금 각성토록 하여 파룬궁사이비종교 피해를 막는 것이 중요하다"는데 인식을 같이 했다.

최근, 실낙원(일명 '분신날개 천사')이라고 하는 공익 단편영화가 국내외 각 유명한 동영상 사이트에서 상영되었는데 단시일 내에 수백만 클릭 수를 달성하였다.

이 단편 영화에서는 2명의 무용 학원의 대학교 퀸카인 한효선과 도림림을 묘사하였다. 그들은 친밀하게 지내는 절친인데다가 전교 남학생들 마음 속의 "여신"이다. 두 사람의 앞날은 창창했다. 하지만 결국 각자 다른 인생 길을 걷게 되었다. 한효선은 시종일관 그의 무용수의 꿈을 향해서 무대에서 휘황한 빛을 발하면서 청춘을 춤추었으나 도림림은 "선미회"라고 하는 사이비종교에 빠져들어 자신의 꽃과도 같은 앞날을 망치고 말았다.

단편 영화 '실낙원'에서의 주인공과 그 이야기는 비록 허구이지만 사람들에게 큰 교훈을 남겨 주었다. 왜냐하면 우리들의 주변에서는 확실히 도림림과 같은 "분신날개 천사"가 존재하기 때문인데, 그것은 바로 천안문 분신자살 사건을 일으킨 당사자 - 진과이다.

2001년 1월 23일, 때는 중국의 전통 명절인 추석인데 7명의 파룬궁신봉자들이 천안문 광장에서 분신 자살을 시도하였다. 그로 인해 2명이 사망하고 3명이 부상을 입는 비극(7명 가운데서 2명은 분신자살 미수)이 발생하였다. 중앙음악학원 풍악과 비파 전공인 대학교 2학년생 진과는 이 7명 파룬궁 신봉자 가운데의 한 사람이다.

도림림과 마찬가지로 진과는 꽃이나 옥처럼 아름다울 뿐만 아니라 다재다능하였다. 그는 어려시부터 음악 빙면에서 천부적인 재능을 나타내었는데 5세에 스승을 모시고 비파를 배우기 시작하여 1993년에 중앙음악학원 부속 초등학교에 선발 입학하였고 학교의 추천으로 중앙 TV 은하예술단에 들어가 싱가포르를 방문하여 공연을 펼쳤다. 1999년에 그녀는 중앙음악학원 풍악과에 합격하였는바 만약 파룬궁이 아니었더라면 그녀의 앞길은 상상할 수 없을 만큼 햇빛 찬란했을 것이다.

아쉽게도 그녀의 어머니 학혜군의 영향을 받아 진과는 파룬궁 사이비종교에 심취되어 이홍지의 "극락세계", "승천성불", "원만"에 대해서 믿어 의심치 않았고 헤어나올 수 없는 정도에 이르렀다. 이홍지의 "원신불멸설", "육신무용설", "원만승천설" 등의 영향을 받아 진과는 분신사후, 고통스럽게 자신이 분신 자살을 시도하게 된 과정을 회상하면서 "그 때에 분신 자살을 하는 것이 두렵지 않았다. 왜냐하면 '원만'을 이루면 천국에 갈 수 있기 때문이고", "나를 버리고, 나의 생명을 버리더라도 이 법을 지키겠다고 결심했었다"고 말했다.

한 차례의 처절한 큰불이 일어난 후에 겨우 19세인 진과는 화상 면적이 80%에 달했고 깊은 3도 화상이 50%에 달했고, 머리와 얼굴은 4도 화상을 입었다. 예전에 용모가 아름답고 다재다능하였던 진과의 용모는 전부 훼손이 되었고, 두 손은 영원히 불구가 된 것은 물론 한쪽 눈은 영원히 실명이 되었다.

　　이렇듯 비참한 대가를 치른 후 진과는 이홍지가 주장한 "원만"의 경지는 그의 분신 자살 시도로 인해서 그저 피상(皮相)이었다는 것을 깨달았고, 진정한 원만한 생활은 이미 오래 전에 그녀를 등지고 떠나고 말았다는 것을 발견하였다. 이때에 이르러서야 진과는 정상적인 한 사람으로 정상적인 생활을 누린다는 것이 얼마나 행복한 일이었는지를 깨닫게 되었다.

　　"나는 정상인의 생활을 하고 싶다", "나는 나의 비파를 타고 싶다", "만약 나에게 기회를 한 번 더 준다면 나는 절대로 이 길을 포기하지 않겠다."라고 입술을 깨물었다.

　　이홍지의 강변과 괴변이 아니었더라면, 그 때의 분신 자살에서 큰불이 없었더라면, 진과는 이미 오래 전에 사랑하는 사람과 행복한 가정을 꾸렸을 것이다. 그녀는 자신이 좋아하는 비파를 연주하면서 음악 생애에서 자기의 재능을 마음껏 발휘할 수 있었다는 것을 우리는 상상할 수 있다.

　　진과는 자기의 잘못을 깊이 깨닫고 용감하게 행복을 추구하기 시작했다. 그녀는 용기를 내어 자선가 진광표에게 3통의 도움 편지를 보냈다. 진광표는 학혜군,진과 모녀를 병문안 한 후 그들에게 가장 훌륭한 성형의원을 찾아주겠다고 결심하였다. 2014년 6월 27일 , 미국에서 반년 가까이 걸리는 수술을 거쳐 진과는 진광표와 동행하여 고향으로 돌아왔다. 반년 간의 성형을 거쳐 진과는 수술 부위를 치료하였고 귀국한 후 후속적인 성형 수술을 하였다. 의사의 말에 따르면, 진과의 미모는 80%로 회복됐다. 진과는 모든 것을 다시 시작할 수 있다는 새로운 삶에 대한 희망을 갖게 됐다. 미래의 생활에 대해서 진과는 "나는 새롭게 시작하여 나의 인생을 잘 개척해 나가겠다", "책을 많이 읽고 글을 써서 자신의 인생 경력을 풍부하게 하고 힘에 닿을 수 있는 일을 해나가야겠다"고 말했다.

　　역경을 겪고 나서야 진과는 깨달았다. 그러나 아직까지도 사이비종교에 빠져 있고 "원만"에 대해서 망상을 갖고 "불도신"이 되려는 도림림 같은 사람들은 위험을 감수한 후에야 정신을 차리고 돌아서지 말고 지금부터 사이비종교를 멀리 해야 한다. 그리고 이것이야 말로 진정으로 그들의 '원만'한 생활의 시작인 것이다. ('개풍망'에서, 저자 : wuque)

13) 파룬궁사이비종교대책위, '反파룬궁 사진전' 개최

"파룬궁 사이비종교로 인한 피해를 알리고, 더 이상의 피해를 방지하고 대책하기 위한, 반(反)파룬궁사진전"이 ① 전주 한국 소리문화의 전당 앞(4월 30일~5월 1일), ② 울산 문화예술회관 앞(5월 3일~4일), ③ 서울 여의도 KBS 홀(5월 6일~8일), ④ 수원 경기도 문화의 전당 앞(5월 10일) 등이다.

'파룬궁사이비종교대책위원회'(대표 오명옥)가 주최하는 이번 행사의 전시 명칭은 <사이비종교로 인한 피해사례를 알리는 전시회-反파룬궁(法輪功 Falungong) 사진전>이고, 테마별 주제는 "파룬궁(法輪功, Falungong)? ① 어리석게도 한 인간(교주 이홍지)을 신(神)으로 추종한다! ② 거짓으로 조작된 허위 사실(생체장기적출 주장, 탄압 주장, 탈당 주장)들을 유포하고 있다. 종교를 이용한 국제 사기집단이다! ③파룬궁 사이비종교대책위원회 활동-파룬궁 사이비종교의 피해를 방지하고 대책을 강구하고자 한다! ④ 경계하라! 파룬궁!" 등이다.

오 대표는 "파룬궁 신도들이 중국 정부가 자신들을 박해하며 중국 현지에서 생체 장기적출이 일어나고 있다는 악소문을 퍼뜨리고 있는데 이는 전 세계를 상대로 벌이고 있는 사기극이다"며 "저들이 얼마나 사회에 악영향을 끼치는 집단인지 직접 사진전을 통해 보고 실체를 분별하시기 바란다"고 전했다.

14) 션윈(神韵)예술단 공연을 보고
- 사이비종교대책위원회 대표 오명옥

션윈(神韵) 예술단: 파룬궁(사이비종교) 소속
단원 양성소: 파룬궁 산하 비천(飞天)예술학원 출신들이다. 모두 파룬궁 수련생들로, 대법 제
자들이라 한다. 키 160㎝ 정도에 몸무게 40~45kg 정도로나 보이는 남녀 무

용수 (대법 제자들)들이 각각 15여명 씩, 교대로 등장해 무용을 한다.

션원 예술단 공연 기법: 중화 5천년 문명을 바탕에 두고, 중국 전통 무용을 선보인다고 하나, 배경과 의상 및 음악 등은 중국의 정취를 느낄 수 있으나, 무용은 텀블링, 공중회전, 점프, 회전 등의 기법을 이용하여 거기에 파룬궁 연공법들이 가미되었다.

션원(神韵)예술단 공연 내용 평:

제1부의 시작은 구세정법(救世正法), 즉 창세주가 인간 세상을 만들었다며, 평화로운 세상이 펼쳐지고, 하늘에서 수많은 대법 제자들(파룬궁 수련생들)이 세상으로 내려온다. 이들이 세상을 다스린다.

이어서 중화 문명은 옛부터 신전(神傳)문화라며 당나라를 황금기로 표현, 궁녀들이 춤을 추는 장면이 연출되고 평화로운 세상에 갑자기 붉은 용이 나타나 괴롭히나 단번에 물리치고야 만다. 그리고 다시 평화를 찾는다. 현재 중국에서 민감하다 싶은 내용들인 티베트, 몽골, 만주족 등 소수 민족들의 전통 의상을 개작하여 무늬만 형태를 띨 뿐, 배경 음악이며, 무용은 큰 틀에서 각색된 기법을 동원, 전통 무용이라는 인상을 주지는 않는다.

단련되고 숙달된 기법의 무용들이다. 무던히도 연습하여 탄생한 사상 주입품들이다. 예술적 감정이나 창작이나 다양하고도 풍성한 내용을 담은 스토리가 있는 예술품은 아니다.

배경만 중국 색깔을 띨 뿐, 전통 무용이라고 보기엔 너무나 현대적이고, 그렇다고 전혀 '발레'다운 면들도 없다. 궁녀들이 춤을 추고, 남정네들이 힘차게 부채를 펄럭이며 북을 두드린 들, 거기에 무슨 내용이 담겨 있는지, 도대체 무엇을 애기하려고 하는 건 지, 다만 숙달된 무용수들이 힘들게만 보일 뿐이다.

내용이 있다면, 파룬궁이 탄압을 받고 있다는 것이다. 그것이 중국 역사와 무슨 연관이 있고, 전통 무용과 무슨 관계가 있는 지는 모르겠으나, 중국 공안을 어리바리하고 무능하고 바보스럽게 표현하면서 탈당하는 장면들을 연출하는가 하면, 때로는 파룬궁을 수련하는 여린 여성을 무섭고 과격한 해적같은 공안들이 이리저리 끌고 다니며 폭력을 가하고, 탄압하고 있다는 것을 연상케 하는 장면에서는 이 공연이 참으로 데모 공연이구나 하는 것을 느끼게 한다.

여실히, 탄압받는 여린 여성은 교주 이홍지를 연상케 하는 인물과 수련생들이 등장하여 구해주는 장면을 연출해주고, 끝내는 이홍지를 불상에 덧입혀 우담바라 꽃(상상의 꽃, 부처를 상징)으로 묘사를 한다. 이홍지가 우담바라 꽃으로 피어나는 장면이 대형 스크린을 가득 채우고, 이를 본 관객들(대부분 파룬궁 수련자들)은 함성소리와 함께 열렬한 박수를 보낸다.

파룬궁 집단 소속의 예술단원들의 작품이고, 그 예술단원들 모두 파룬궁 수련생들이다. 관객들도 대부분 수련자들이다.

그렇다면 그 공연은 무엇을 목적으로 하는 공연이겠는가, 본국인 중국 정부를 타국에 와 비방하고, 탄압 받는다는 유언비어를 퍼트리며, 파룬궁을 홍보하기 위한 공연이다.

성악가가 나와 노래하는 가사들에서도 파룬궁 찬양 일색이었다. 중국 정부를 붉은 마귀로 비유하며, 결국 세상을 구원하는 것은 파룬궁이고, 파룬궁 교주 이홍지가 창세주라며 찬양한다. 이 창세주가 우주의 법을 바로 잡아준다는 것이다. 거기에 대법 제자들, 즉 파룬궁 수련생들이 쓰임받는다는 것이고, 결국 파룬궁 수련을 해야만 천국에 간다는 노래를 부른다.

션원 예술단 공연은 파룬궁 사상 주입 공연이다!

15) 파룬궁 '션원 공연'의 진상

신당인(新唐人)텔레비전 방송국' 및 그 소속의 '션원 예술단'은 사교 파룬궁의 부속 기구이다. 2004년 이래 이들은 "중화 전통문화를 널리 알린다"고 가장하며 세계 각지에서 소위 '션원 공연'을 개최하여 진실을 모르고 관람하러 온 관중들을 기만하였다. 파룬궁은 온갖 수단을 이용하여 '축하', '포상' 등을 받아냈다. 따라서 '션원 공연'을 보기 전에는 반드시 파룬궁 및 공연의 진실을 알 필요가 있다.

① 파룬궁은 사회에 해를 주는 사교

파룬궁은 반인류 반과학의 그릇된 주장을 조작하고 선양한다. 파룬궁을 수련하면 신체를 건강하게 하고 도덕수준을 높여주며 신선이나 부처가 될 수가 있다"고 하며 선량한 민중을 속여 자기들 조직에 끌어들인다. 파룬궁의 대표 이홍지는 인류는 이미 81차례의 훼멸을 거쳤고, 지구는 이제 곧 훼멸될 것인 바, 오직 자기만이 이 재앙을 막을 수가 있다고 현혹하였다. 인류가 타락하여 지구는 우주의 제일 큰 쓰레기장이 됐다며 오직 파룬궁을 수련해야만 그 속에서 구출될 수가 있다고 설교했다.

또 신도들로 하여금 다른 신앙을 배척하고 파룬궁 만이 일체 종교 위의 '정법(正法)'이라는 것을 믿게 했다. 그는 "병이 생기는 것은 '업'때문이라며, 의사한테 보이지 말고 약을 먹지 말며 오직 파룬궁을 수련해야 '병'을 치료할 수가 있고 위험에서 벗어날 수가 있다"고 설파했다.

통계에 의하면, 이홍지의 사교에 속아 중국에서는 2천여 명의 파룬궁 신도들이 병이 생겼지만 치료를 거부한 탓으로 사망하였고, 수백 명의 파룬궁 신도들이 자살 혹은 자해를 하였으며, 30여 명의 무고한 사람들이 파룬궁 신도들에 의해 살해됐다. 미국에서도 일부 파룬궁 신봉자들이 병이 발병되었지만 치료를 하지 않아 생명을 잃었다. 예를 들면, 펑리리(封莉莉), 리따융(李大勇) 등이 그러하다. 파룬궁은 입으로는 '진선미'를 표방하지만 실제로 다른 관점들은 일체 용납하지 않는다. 그는 신도들을 조직하여 여러 차례 파룬궁의 과도한 행위들과 그릇된 주장에 대해 질문하는 민중과 언론 매체, 정부 기관 등을 포위 공격하였는데, 이를 테면 AP통신, 로저스 등 일부 신문사들에 대해 그러하였다.

2014년 12월, 미국 사교 문제 전문가 액슬로즈는 <사교: 세뇌 배후의 진상>이란 책에서 "파룬궁은 세계적인 영향력을 가진 파괴적 사교이다"라고 지적했다.

② **파룬궁 '션원 공연'의 사기성**

소위 '신당인 텔레비전 방송국'과 '션원예술단'은 모두 파룬궁이 설립 조종한 것이다. 이들은 "중국 문화를 널리 알리고 동방 션원을 전시한다"는 명목 하에 세계 각지에서 션원 공연을 하고 있는데 격이 저속하고 예술 가치도 결여되어 있으며 내용상 파룬궁의 사교를 홍보하고 사교 교주 이홍지를 치켜 세우며 중국 정부를 공격하는 내용들로 꽉 채워져 있다.

이홍지 본인도 션원 공연은 자기가 "세계 각지 파룬궁 조직에 지시하여 실행한 것이다"고 인정했다. 공연은 "사람들에게 오락을 즐기게 하는 것"이 아니고

"대법 제자의 풍모를 드러내고…… 중생을 구도하고 진상을 알려주는 것이다"라고 말했다. 사실 이들 공연은 무슨 '예술 공연'이 아니라 파룬궁의 사교 및 반중국 홍보, 돈을 긁어모으려는 정치 도구에 지나지 않는다. 이는 중화 문화에 대한 모독과 왜곡이며 관중들에 대한 기만과 우롱이고 독해이다.

션원 공연 내용을 보면, 첫째 중국 전통문화 부문, 파룬궁교의 홍보 부문, 중국정부를 모욕하여 소위 파룬궁을 '박해'하였다는 부문 등으로 구성됐다.

첫 번째 부문은, 상반부에 적은 비중으로 중국 각지 민족 춤과 음악 프로를 넣어 '이목거리'로 짜여졌다.

두 번째 부문은, 이홍지를 찬미하고 파룬궁 교의를 선전하는 내용인데 파룬궁과 '대법제자'의 '위대'함을 노래하고 있다. 연출의 주선율은 실제상 아주 은밀한 방식으로 이홍지를 신격화 하고 그를 "중국 역사상 당조개국 황제 이세민이고 불교 창시자 여래불이 세상에 내려온 것이다"라고 신격화하고 있다. 이홍지도 여러 번 그런 뜻으로 자기를 미화했다. 따라서 션원 공연의 대부분 내용은 이 주제를 에워싸고 창작된 것이다.

세 번째는, 중국 정부가 파룬궁에 대해 '박해'를 했다는 부문인데, 파룬궁을 박해한 이야기를 꾸며내서 중국 정부와 집법관원들을 부정적으로 묘사하고 있다.

이들이 션원 공연을 고집하는 본질은 소위 파룬궁이 '박해'를 받았다는 것을 홍보하는 동시에 파룬궁의 사교성 이론 도출의 중요한 플랫폼을 만들려 하는 데 있으며, 선량한 관중들을 속여 파룬궁을 수련하게 하고 정신·사상 상에서 그들을 통제하려데 있다.

최근 미국의 적지 않은 매체들에서는 파룬궁의 소위 '션원 공연'에 대한 진실한 내막을 밝혔다. 미국 <로스앤젤레스시보>는 2008년 1월 7일 <파룬궁과의 관계로 신당인(新唐人) 신년 파티가 말썽에 휩싸여>란 기사를 실어 로스 앤젤레스 중화회관 주석 Michael Cheung의 말을 빌어 "화인지역 대다수 사람들은 신년 파티와 정치가 너무 많은 연계가 있다고 인식하고 있다. 일부 내용들은 정치와 인권을 너무 드러내 보이는데 이는 예술이 아니다"라고 지적했다.

미국 <뉴옥시보>는 2008년 2월 6일 <한 차례 눈 뜨고 볼 수 없는 중화문화연출>이란 보도에서 "대부분 관중들은 이런 내용들이 중화 신년을 경축하기 위한 내용인 것만 아니라 중국에서 금지된 파룬궁 활동에 지나지 않는다고 생각한다"는 보도를 하였다.

캐나다 토론토 <싱보(星報)>는 2008년 1월 20일에 문장을 발표하여 <파룬궁 공연은 홍보 허울에 지나지 않는다>란 문장을 실어 "가무가 관중들에 주는 유쾌감을 상쇄시켰다"며 "진정한 예술은 이렇지 않다."라고 지적했다.

영국 <뗀신보(电讯报)>도 2008년 2월 25일, <션윈, 오락의 미명 하에 실제 홍보를>이란 기사를 내서 공연의 "잡기, 노래, 무도 등 소위 연출 기교는 모두 방법을 바꾸어 파룬궁을 홍보 서비스 하는데 지나지 않았다"며 "션윈의 대부분 성원들은 파룬궁 신도들이다. 공연 중에 이들은 파룬궁에 대한 신앙을 중국의 전통 무도와 전설의 이야기 배경 속에 숨기지 않고 그것을 전반 공연의 초점으로 부각시키고 있다. 가곡은 아주 적나라하게 자기들이 신앙하고 있는 파룬궁 종교의 갖 가지 좋은 점을 고취하고 있다."라고 보도했다.

16) 파룬궁으로 인한 피해사례를 알리는 사진전, 언론 보도

고양·춘천·부산 등 공연장 담당자에게 탄원서도 보내

파룬궁사이비종교대책위원회 오명옥 위원장은 지난 1월 15일, 2월 초부터 중순까지 션윈 공단의 내한 공연 관련, 경기도 고양과 춘천 및 부산 문화회관 등에 탄원서를 보내 "대한민국 국민의 한 사람으로서, 우리 국민의 안위를 해치고, 잘못된 신앙으로 인하여 가정이 파탄 나고, 자살을 하고, 정신 이상에 걸려 자해를 하는 등 심각한 피해를 양산하는 사이비종교 집단의 홍보 공연을 그대로 묵과할 수 없다"며 대관 중지를 호소했다. 또 이는 "헌법에도 명시되어 있듯 '종교 비판의 자유' 뿐만 아니라, '공공의 이익'을 위한 목적에서이다."고 탄원서를 내는 이유를 밝혔다.

'탄원서'의 주요 내용은 다음과 같다.

파룬궁이란 단체는 중국 길림성에서 태어난 교주 이홍지(중국 한족 신분)가 유교·불교·도교의 사상들을 혼합하여, 기공 수련 단체로 시작한 것이다. 이후 본인이 생불(生佛) 즉, 살아있는 부처이고, 파룬궁 수련을 하면, 어떠한 불치병, 난치병도 치유될 수 있으니 병원에 갈 필요 없다, 약도 먹을 필요 없다, 가난에서도 벗어날 수 있다, 세상 종말이 왔을 때, 파룬궁 수련자들만 살아남아 천국에 간다, 예수 그리스도, 부처, 마호메트는 다 실패했고, 가장 고층 차에 있는 자가 바로 파룬궁 교주 이홍지이다. 파룬궁 수련자들은 어떠한 어려운 상황 가운데 처해져도 이홍지의 불신(佛神)이 도와준다며 교주를 신격화 하고 섬기고 있다.

　이홍지는 자신이 생불(生佛)이라며, 자신이 태어난 일시를 부처의 탄신일과 같은 날로 변경까지 한 사람이다. 실제 한국인들 중 말기 암 환자, 간경화 등의 질환자들이 파룬궁 수련만 하면 나을 수 있다며 병원 치료를 거부하고 약도 먹지 않아, 가족들의 안타까운 제보들이 있었고, 결국 사망한 사태에도 이르렀다.

　스스로 생불(生佛)이라고 주장하고 만병 치유한다던 이홍지는 자기의 모친 노숙진(芦淑珍)이 미국 뉴욕에서 2016년 8월 24일 사망하였지만 속수무책이었다.

　이홍지는 "우주의 주세불", "창세주"라 자칭하면서 항상 "나는 병을 치유할 수 있다. 그러니 내가 병 치료해줄 때, 달리 병원에서의 진료할 필요가 없다.…… 그 어떠한 병일지라도 치료할 수 있고, 또한 완치시킬 수 있다"라고 거짓 주장을 했다. 그러나 그의 모친의 사망으로 인하여, 그의 이러한 주장들이 모두 거짓이고, 이단 사설에 불과하다는 것이 증명되었다. 이러 함에도 그는 계속하여 세상 사람들을 속이기 위해 노숙진(芦淑珍)이 사망한 후에도 줄곧 이 소식을 외부에 알려지는 것을 차단 봉쇄하고 비밀에 붙이면서 어머니의 장례를 얼렁뚱땅 마무리해 버렸다.

　이홍지의 여동생 이평(李萍)의 전 남편 공삼륜(쿵선륀, 孔森伦)의 증언에 의하면, 노숙진은 사람들 앞에서 "그 아들이 무슨 능력이 있다고? 그가 어릴 적에 무슨 능력이 있었는지 내가 모를 리가 있나? 그 아들의 헛소리를 곧이듣지 말게나", "그 아들이 지껄이는 건 모조리 허풍이고 날조이고 속임수야. 자네들은 절대 그 아들을 믿지 말게나.", "그는 애당초 부처가 아니야, 자기가 그저 평범한 인간임을 본인이 제일 잘 알 거야"라고 사람들을 설득하여 자기 아들의 종교를 이용한 사기 행각에 피해를 당하지 않도록 하기 위해 노력했다고 한다.

　한편 탄원서는, 이홍지가 "자신에게 우주를 움직이는 힘과 능력이 있다면서, 신도들에게 돈을 받고 수련을 가르치고 있다. 여타 다른 사이비종교들과 동일하게 돈 문제, 신앙 교리 문제, 기타 여러 문제들을 안고 있다."며 뉴욕에 소유하고 있는 여러 개의 부동산 소유 정황들을 낱낱이 밝혔다.

또, 탄원서는 "파룬궁 '션원(神韵)예술단원'들은 모두 파룬궁 측 학원인 '비천(飞天)예술학원' 출신들로 파룬궁 수련생들"이라고 지적하며, "지난해 서울지역 KBS 홀에서는 션원 공연을 거부하였다"고 밝혔다.

션원(神韵) 예술단 공연 내용에 대한 평에서는 "……내용이 있다면, 파룬궁이 탄압을 받고 있다는 것이다. 그것이 중국 역사와 무슨 연관이 있고, 전통 무용과 무슨 관계가 있는 지는 모르겠으나, 중국 공안을 어리바리하고 무능하고 바보스럽게 표현하면서 탈당하는 장면들을 연출하는가 하면, 때로는 파룬궁을 수련하는 여린 여성을 무섭고 과격한 해적 같은 공안들이 이리저리 끌고 다니며 폭력을 가하고, 탄압하고 있다는 것을 연상케 하는 장면에서는 '이 공연이 참으로 데모 공연이구나' 하는 것을 느끼게 한다. 여실히, 탄압받는 여린 여성은 교주 이홍지를 연상케 하는 인물과 수련생들이 등장하여 구해주는 장면을 연출해주고, 끝내는 이홍지를 불상에 덧입혀 우담바라 꽃(상상의 꽃, 부처를 상징)으로 묘사를 한다. 이홍지가 우담바라 꽃으로 피어나는 장면이 대형 스크린을 가득 채우고, 이를 본 관객들(대부분 파룬궁 수련자들)은 함성소리와 함께 열렬한 박수를 보낸다."며 결국, "션원 예술단 공연은 파룬궁 사상 주입 공연이다!"라고 비평하였다.

탄원서는 끝으로 "파룬궁은 이홍지라는 인간을 신(神)으로 추앙하는 사이비 종교이다. 그들은 이홍지를 살아 있는 부처라고 믿고 있다. 파룬궁 수련소를 가 보면, 온통 이홍지의 사진들로 가득하다. 그 사진에서 기(氣)가 나와 그 앞에서 수련을 하면, 병이 낫고, 몸 속의 좋지 않은 마(魔)가 쫓겨 나간다는 것으로 믿고 있다. 또한 세상 종말 때에 파룬궁 수련자들만 구원받아 천국에 간다고 주장하고 있다. 다분히 포교활동을 위한 도구로 '션원예술단' 공연을 펼치고 있다."고 주장했다.

따라서 "현재 국내에서 아무렇지도 않게 활동하고 있는 저들의 활동을 저지해야 한다. 불치병에 걸린 환자가 병원에 가지 않고 약을 먹지 않고 있다. 파룬궁 수련을 하다가 정신 이상에 걸려 집에 불을 지르고, 반대하는 가족들을 살해하고, 자해를 일삼고, 자살을 한다. 지금까지 수많은 피해사례들이 있다. 그것을 알리는 것이다. 더 이상 이러한 비극이 이 땅에 있어서는 안 된다. 파룬궁(法輪功) 집단은 거짓으로 조작된 내용들을 가지고 길거리에서 인터넷 상에서 허위 사실을 유포하며, 인권을 주장하고 있다. 대부분 조작된, 허위 주장들이다. 저들이 얼마나 악한 집단인지, 얼마나 사회에 악영향을 끼치는 집단인지, 그 폐해를 보고 저들의 실체를 분별할 수 있어야 한다. 이단, 사이비종교는 사회의 암적인 존재들이다. 그러한 종교를 분별하여 올바른 생활을 하도록 돕고자 파룬궁 피해사실을 알리는 사진전을 개최하려고 한다"고 밝히며 "올바른 문화 형성을 위해, 사회에 유익을 주지 못하는 사이비종교 집단 관련 집회나 공연은 재고해 주십사 간절히 요청 드리는 바이다."고 하였다.

Chapter 13

13. 반인륜적 사교(邪敎)집단 파룬궁에 대하여

13

반인륜적 사교(邪敎)집단 파룬궁에 대하여

I. 사교(邪敎) 집단 홍보물 - 션윈(神韻, Shen Yun) 공연 재론

1. 션윈(神韻)예술단 공연에 이홍지 동행하나?

션윈(神韻)예술단 공연 안내 브로슈어(Brochure) 맨 앞 페이지에는 항상 감독 소개가 있다. 그런데 매 공연마다 출연진과 악단 소개는 하지만, 감독 소개는 하지 않는다. 여타 공연들에서는 볼 수 없는 경우이다.

서면 상으로 감독의 이름은 D.F.라고만 되어 있다. 파룬궁 교주 이홍지는 원래 중국 한족이나 현재는 미국 시민권자로 개명한 상태이다. 이 D.F.라는 사람이 션윈 예술단 설립자이고 감독이라고 하는데, 이홍지가 설립했으며, 총 기획을 하고 있다고 신도들도 말하고 있다. 때문에 이홍지와 D.F.는 동일 인물일 가능성이 높다. 사진을 봐도 가늠할 수 있다.

이씨 스스로도 본인이 션윈(神韻) 예술단을 설립했고, 직접 이끌고 있다고 주장했다.

감독 이홍지. 자신이 신이라며 천상에서 신들을 이끌고 하강하는 장면

나는 션원을 하나의 독립적인 세계 일류 예술단체로 내놓았다. 절대로 시장처럼 보이게 하지 말라.[1]

어쨌든 그래도 일부 잘한 수련생이 있어서, 겨우 버티며 지나왔다. 그러나 당신들은 아는가? 본래 작년에 (공연을 보게 하여) 구해야 할 사람인데, 영원히 (구원받을) 기회를 잃어버렸다. 왜냐하면 정법은 끊임없이 앞으로 밀고 나아가고 있기 때문이다. 비어 있는 좌석은 다음 번에는 다른 사람의 것이며 그의 것이 아니다. **당신들이 얼마나 많은 생명을 잃었는지 아는가?! 그 공연장의 비어 있는 좌석을 보는 나의 심정이 어떤지 당신들은 아는가?** 당신은 션원이 1년에 몇 백만을 소비해야 하는 것을 알고 있는가, 그럼 그 돈은 어디에서 나오는가? 대법제자는 모두 션원을 초청해 오면 사람을 구할 수 있고, 이 일을 할 수 있다는 것을 다 알고 있다. 그럼 당신은 션원을 위해 필요한 조건을 책임져야 된다. **특히 사부가 직접 션원을 이끌고 있다.**[3]

공연 효과에 신의 도움을 더한 것이다. 그들은 춤 동작, 부른 노래, 울려 퍼지는 음악 소리에서 가리지 않고 그 속에 모두 바른 에너지를 지녔으며, 심지어 무대의 색채마저도 에너지를 발산하였다. 무엇이든 모두 물질이다.

어떤 사람은 공연을 보면서 병이 나았고, 또 문을 나서자마자 문제가 단

---

1) 법륜대법(法輪大法) 각지설법 11, p.68
2) 법륜대법(法輪大法) 각지설법 11, pp.130~132
3) 법륜대법(法輪大法) 각지설법 11, p.48

▲ 션원공연 - 자신이 기획한 공연에서, 스스로 생불(生佛)이라 표현

번에 해결되었다.[4]

파룬따파(法輪大法, 파룬궁) 교주 이홍지는 사람이 션원 공연을 보면 구원받는다는 거짓 주장을 하면서, 어떤 이는 병이 나았고, 문제가 해결되기도 했다는 낭설을 퍼트리고 있다. 본인이 직접 예술단을 이끌고 있고, 감독, 기획을 했다면서 신(神)이 역사하고 있다고 한다. 또한 직접 동행하며 좌석을 살피고 있다고도 밝혔다.

2. 이홍지, 션원(神韻)예술단 공연 목적은, 폭로에 있다!

이씨는 자신의 저서에서 션원(神韻)예술단 공연 목적은 사악을 폭로하는 것에 있다고 밝히고 있다. 중국 5천년 문화를 계승한 고전무용이라 홍보하고 있지만 실상은 반정부 활동을 목적으로 한 공연인 셈이다.

> 션원(神韻)에 대해 모두 알고 있듯이, **목적은 사악의 박해를 폭로하는 데 있다.** 동시에 독해 받은 세인이 비방 속에 사악을 따라가서 가상(假相)에 속으면 아주 위험하므로, 당신들이 세인을 구해야 하고, 진상을 알려야 하는데, 이것이 바로 당신들이 현재 잘해야 할 일이다. 션원은 예술의 형식으로 사람을 구하고 있다.[5]
>
> **동시에 션원은, ○○이 파룬궁을 박해하기 위해 많은 거짓말을 만들어냈다는 것을 관중에게 알려주었다.**[6]

중국 고전무용이라 함은, 단지 그들의 생각일 뿐, 발레나 덤블링, 부채춤이 어찌 고전무용이 될 수 있는가? 명확한 목적이 있고, 사상을 담은 무용은

---

4) 이홍지 저, 법륜대법(法輪大法) 각지설법 11, p.119
5) 이홍지 저, 법륜대법(法輪大法) 각지설법 11, p.116
6) 이홍지 저, 법륜대법(法輪大法) 각지설법 11, p.123

反 파룬궁 시위

예술일 수 없다.

3. 주류사회 열기 위해 티켓 값 올렸으니, 불만 말고 열심히 팔아라!

공연 초청도 신도들이 하고, 티켓(최저 6만원, 최고 18만원) 팔아 자리 채우는 것도 신도들의 몫이었다. 직접 만난 어느 신도는 10만원 짜리 티켓 10여 개를 보여주며 직접 팔고 있다고 했다. 대부분 어렵게 살고 있는 조선족 신도들이다.

전석 매진은 거짓 홍보 전략일 뿐이다. 대개 1,500석 이하의 공연장을 대관하는데 매진은 아니다. 매표에 관하여 이홍지는,

> 일부 수련생은 "나는 이전에 표를 아주 잘 팔았는데……."라고 한다. 일부 티켓 가격은 아주 낮았으며, 어떤 때는 무료로 티켓을 주었는데, 우리가 영원히 이렇게 할 것인가? 주류사회를 열어야 한다. 그래야 전반 사회를 열 수 있다. 션윈의 티켓이 이만 한 값어치가 없는가? 작년에 매표가 힘들었던 이유를 안다. 어떤 수련생은 왜 기어코 주류사회를 공략하려 하는가? **이 표가 이렇게 비싼데, 사람들이 살 수 있겠는가?!** 말한다. 가소롭다. 서방 주류사회에서 이런 일류 공연을 만들어, 이렇게 만들어 냈다면, 당신들은 그들이 티켓 한 장에 돈을 얼마나 받을지 아는가? 어떤 도시에서든 한 장에 **최소한 5백 달러는 받을 것이다.** 우리는 그처럼 비싸게 팔지도 않았잖은가. 당신은 무엇이 두려운가? 당신이 그에게 더 많은 돈을 요구한 것도 아니고, 당신은 정말로 그를 구하고 있지 않은가.[7]

이홍지는 티켓 값이 올라 팔기 힘들다는 신도들을 향해 공개적으로 서방 주류사회 같으면 한화로 57만원도 받았을 것이라며 호통을 치고 있는 것이다. 그러면

---

7) 법륜대법(法輪大法) 각지설법 11, pp.126~129

서 그런 신도들을 향해 가소롭다고 한다.

4. 션윈 공연 티켓 안 팔리면 신도들 수련 덜 된 탓!

파룬궁 교주 이홍지에게 있어서 션윈(神韻) 공연은, 신도들 매표 앵벌이 시켜 수익 챙기는 수단이다. 초청해 대관, 홍보, 매표는 모두 신도들의 몫이고, 수익만 빼가는 형식이다.

> 내 생각에 기타 지역은, 대법제자 당신이 션윈을 주최하는 이 일을 하는데, 당신은 정말로 공을 들여서 했는가? 더욱이 **유럽, 당신들은 해마다 이렇게 손해를 보는데, 나는 또 갈 것인지를 고려하고 있다.** 당신들은 더는 이렇게 해나가서는 안 되며, 진지하게 이 일을 대해야 한다. 소모한 인력, 물력, 재력이 모두 아주 큰데, 그럼 무엇 때문에 당신들은 그것을 잘하지 않는가? **그렇지 않으면 하지 말라.**[8]
> **이것이 바로 수련의 격차**이며, 이것이 바로 사람을 구하는 마음이 같지 않음에서 나타난 현상이다. 지난 몇 년 동안 거리에서 전단지를 배포하고, 차이나타운에서 소리치면서 표를 파는 것이 습관이 된 수련생이 말하기를, 티켓도 잘 나가고, 사람도 왔고, 온 사람이 적지도 않고 만석을 이뤘다고 한다. 하지만 당신들은 이런 사람들이 어떻게 왔는지 아는가? 모든 대법제자의 힘을 다 동원해서 온 것이다![9]
> **여러분이 매표함에 있어 어려움을 알고 있다. 어려워도 당신이 갈 길이 있으며 당신이 찾는지 찾지 않는지에 달렸다. 어떤 사람은 우리가 발정념을 하면 된다고 한다. 당신이 거기서 발정념만 하고 가서 하지 않는다면 그것을 수련이라 할 수 있겠는가?**[10]

표를 다 팔아 좌석을 꽉 채우는 것이 수련을 잘 하는 것이라는 주장을 하고 있

---

8) 법륜대법(法輪大法) 각지설법 11, p.59
9) 법륜대법(法輪大法) 각지설법 11, p.126
10) 이홍지 저, 법륜대법(法輪大法) 각지설법 11, p.196

▲ 이홍지의 저서들

다. 거기에다 가만히 앉아 발정념만 하지 말고 움직이라고 지시한다. 그런데 지난 2011년 파룬따파 정견망에 발표된 글을 보면, 발정념을 집중하여 형성된 강대한 에너지장은 다른 공간의 사악한 요소를 제거한다. 극장 부근과 상점 매표소에서 근거리 발정념으로 장(場)을 청리하고, 연분 있는 사람을 보호해 표를 구입하게 한다. 릴레이 발정념은 새벽 5시부터 밤 11시인데, 반 시간씩 나누어 배치한다. 연분 있는 사람들에게 선원 매표 소식을 알리고 재빨리 표를 사서 구도 받게 하기 위해 공연 한 달 전에 극장 부근과 매표 상점에서 발정념 장소를 설치해 근거리 발정념을 하여 장을 청리하고 선원의 매표로 사람을 구원하게 한다.[11]

발정념으로 주위 장소들(마, 魔)을 청소하고, 사람들로 하여금 선원(神韻) 공연 표를 사게 한다고 명시하고 있다. 가만히 앉아 기도하고 있으면 사람들이 알아서 표를 사 간다는 것이다. 그런데 이홍지는 그러한 능력을 믿지 않고 움직이라고 호통을 치고 있다.

II. 사이비종교 파룬궁의 교리들

1. 이홍지, 대법(大法)이 우주 만물을 창조했다 주장!

이홍지가 영혼이 있는 생명체 즉, 파룬(法輪)을 수련인의 아랫배 부위에 넣어주면 그것이 내부에 있던 나쁜 기(氣)들을 빼내주어 건강하게 해주고, 젊어지게까지 해준다. 이는 곧 영혼이 있는 생명체가 이 씨에게서 나오고, 그것이 수련인을 보호해줄

---

11) 파룬따파 정견망, 2011년 2월 발표 문장

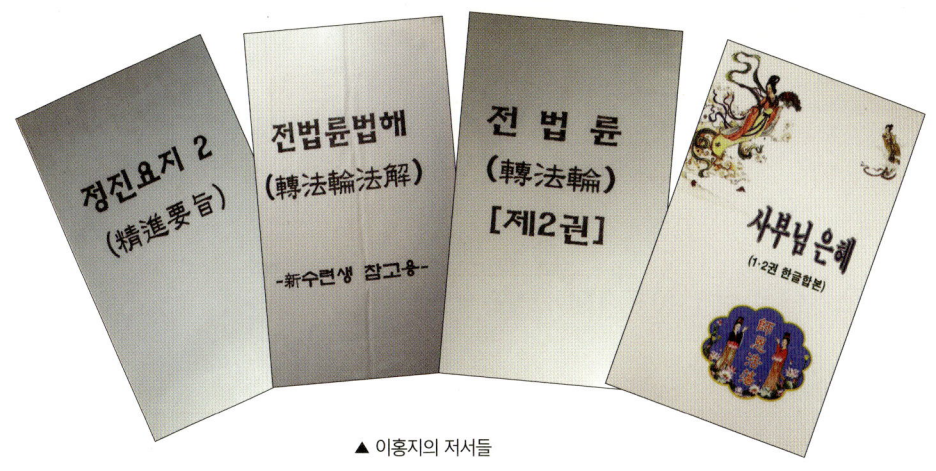

▲ 이홍지의 저서들

뿐만 아니라, 우주 만상을 움직인다는 것이 파룬궁의 핵심 교리이다. 자칭 신(神) 중의 신이라 주장하는 것이다. 이를 대법(大法)이라 한다.

> **대법(大法)이** 우주 중의 일체 생명을 **창조**하였다. 또한 생명의 생존 환경과 지혜를 창조해주었고, 인류의 문화를 창조해주었다.[12] 대법(大法)은 창세주의 지혜이다. 이 대법이 시간·공간·수많은 종류의 **생명 및 만사 만물을 만들었다.**[13]

이홍지는 대범하지도 않고, 비굴하다. 자신이 신(神)이라 확신한다면 왜? 고국과 따르는 신도들을 버리고 미국으로 도주해 미(美) 시민권자가 되었겠는가? 위의 글에서도 자신이 창조주라고까지 감히 주장은 하지 못한다. 다만, 자신이 우주 만물을 창조한 대법(大法)을 전한다고만 한다. 참으로 비굴한 자이다. 그런데도 어리석은 신도들은 "스승님께서는 파룬을 만드실 수 있고, 생명을 요해(了解)하시며, 업을 제거해 주신다."[14] "스승님의 손에서는 끊임없이 다양한 색깔의 빛발이 나온다. 눈꽃 같은 파룬(法輪)들이 나온다. 누구는 금광이 도는 것처럼 보인다고도 한다."[15]고 믿고 있다. 한번은 이홍지가 신도들에게 "파룬(法輪)을 받으라"해서 동그란 것이 도는 것을 받았다[16]고 했다. 그래서 그들의 집에는 여지없이 이홍지의 사진 그림이 걸려 있다. 천목이 열리면 거기에서도 파룬(영靈)이 나오는 것을 본다는 것이다. 이래서 사

---

12) 이홍지 저, 정진요지(精進要旨) 2, p.12
13) 이홍지 저, 전법륜, pp.1~2, 2015년 판
14) 사부님 은혜(1·2권 합본), p.14
15) 사부님 은혜(1·2권 합본), p.29
16) 사부님 은혜(1·2권 합본), p.39

이비다. 그러면 그 그림을 그린 사람은 뭔가?

2. 이홍지, 내가 제3차 대전과 종말을 막았다 주장!

어떤 사람이 "내가 태어날 때, 많은 신들이 따라서 내려왔다. 그들이 나를 돕고 있다. 내가 제3차 세계대전을 막았다." 하면 곧이곧대로 들을 사람이 있을까? 파룬따파 교주 이 씨의 주장이다.

> 사부가 대법을 전한 지 10년이 되자, 혜성의 재난이 지나갔고, 제3차 대전을 피했으며, 천지가 훼멸될 것을 막았다. 세간의 중생들은 은혜를 갚아야 한다.[17] 국내·외에서, 진정하게 고층차로 공을 전하는 것은 현재 나 한 사람만이 하고 있다.[18]
>
> 내가 태어날 때, 많은 신들이 따라서 내려왔다. 그 후부터 해마다 모두 있었고, 신들은 줄곧 아래로 내려왔다. 내가 법을 전할 때가 되어서는, 그 신들이 마치 눈꽃처럼 내려왔다.[19]
>
> 우주의 정법을 교란하는 마(魔)들을 제거하였다.[20] 천신(天神)들이 돕고 있고[21], 불상들이 사부님을 뵙자 눈물을 흘렸다.[22]

불상들이 이홍지를 보자, 눈물을 흘렸다고 한다. 세계의 뉴스거리이다. 그런데 한 번도 발표되지 않았다. 사이비종교 파룬궁 집단의 책에만 있다. 그런 내용을 가지고 이홍지 씨가 직접 불교를 찾을 일이다.

3. 예수는 천상에서 내려와 환생(윤회)한 것이다. 마(魔)가 내려온 것이다?

파룬궁 교주 이홍지는 불교뿐만 아니라 기독교 신앙까지 심각하게 왜곡하고 있다. 자칭 생불(生佛)이라며 신도들은 그의 사진을 액자화 해 사진전을 하거나, 학습장들에 걸어놓고 추앙하고 있고, 기독교의 창조론, 삼위일체관이나 구원관 등을 심히 훼손하고 있다.

---

17) 이홍지 저, 신경문(新經文) 1, p.19
18) 이홍지 저, 전법륜, 제1강 p.1
19) 파룬따파 명혜망, 2016년 5월, 이홍지, 뉴욕법회 설법
20) 사부님 은혜(1·2권 합본), p.157
21) 사부님 은혜(1·2권 합본), p.99
22) 사부님 은혜(1·2권 합본), p.100

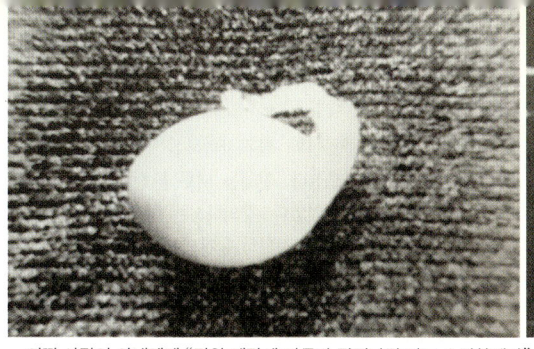

어떤 사람이 아내에게 "만약 계란에 자루가 달린다면 나도 수련하겠다." 라고 했는데 이튿날 집에서 키우던 닭이 자루가 달린 계란을 낳았다.

사부님의 자비로 손 한 번 젓는 사이에 멍청한 아이가 새로운 얼굴로 바뀌다.

▲ 거짓 파룬으로 신도들을 현혹하고 있다.

역사상 내가 대법을 전하기 전, 파견되어 내려온 신들이 몇 종류 있었다. 여호와, 예수는 삼계(三界) 내에서 만들어졌다. 천상에서 내려와 사람으로 환생하였다.[23]

예수가 강림할 때, 그 신이 오려고 할 때, 그는 하늘에서 나타나는 것이 아닌가? 신이 크게 나타나고, 광명(光明)이 크게 드러났다. 내가 당신에게 알려주겠는데, 그건 반드시 마(魔)가 온 것이다.[24]

과거에 중생을 구도하기 위해 온 예수는 삼계(三界) 내의 산물로, 신과의 차이가 아주 커서 더욱 높은 층의 생명을 이해하기가 쉽지 않았다. 대법제자야 말로 우주의 왕(王)이요, 주(主)이다.[25]

생명의 삼위일체(三位一體)가 모두 해체되어 존재하지 않게 되므로 아무리 높은 생명이라 해도 아무 것도 없게 된다. 이 개념은 우주 중의 일체 생명에게 있어서, 망연하게 알지 못하고 이해하지 못하는 것이다. 정법이 영(零)이다. 낡은 이치는 괴멸된다.[26]

이 씨의 주장들은 그의 주장들일 뿐이다. 어떤 지식이 있어 나온 말들이 아니다. 자신을 신격화하기 위해 타종교에 대해서는 낡은 이치로 치부해버린다.

4. 이홍지, 나의 본질은 삼위일체(三位一體)이다!

성경의 단어들을 모방해 자신을 신격화 하는데 이용하는데, 그 의미도 제대로 파악하고 모방하는 것도 아니다.

---

23) 이홍지 저, 신경문(新經文) 1, p.97
24) 파룬따파 명혜망, 2016년 5월, 이홍지, 뉴욕법회 설법
25) 이홍지 저, 신경문(新經文) 1, pp.12~13
26) 이홍지 저, 신경문(新經文) 1, p.115

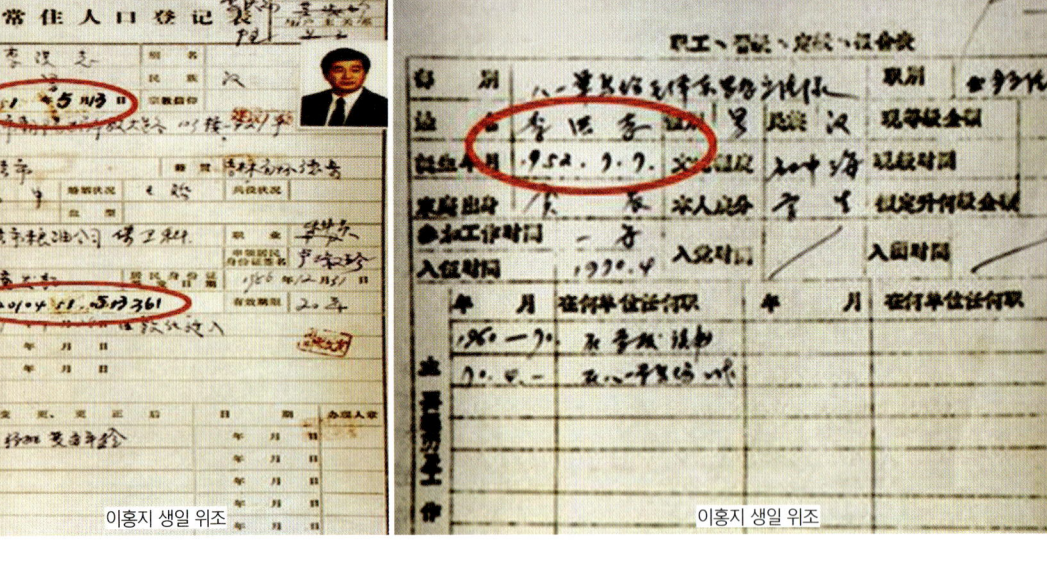

이홍지 생일 위조   이홍지 생일 위조

    무엇 때문에 예수가 사람을 제도하는 일을 하고도 십자가에 못 박혔는가? 이는 과거 낡은 우주의 법으로, 지혜가 없었다. 대법이 미래의 생명, 미래의 인류에게 복을 줄 것이다. 대법제자가 중생을 구도한다. 사실 사람이 신이 되는 일을 나는 실천해 보았다. 나의 육신은 이미 파룬세계를 주지하고 있다. 나는 당신들의 모든 것을 알 수 있지만, 당신들이 나의 주체 본질, 진정한 주아(主我)를 알려면 매우 어렵다. 나는 올 때 층층이 아래로 걸어가는 과정을 거쳤다. 아주 높은 신으로 말하면, 삼위일체(三位一體)가 있다. 나는 유형신(有形神)에서부터 이야기하는 바, 그것은 바로 진신(眞身), 진신(眞神), 사상(思想)의 삼위일체를 이룬다. 나는 진신(眞神)이 진신(眞身)으로 연화한 것이다. 석가모니 부처이든 기타 신들이든지 그들은 낮은 생명의 사상만 알 뿐, 그 속에 들어가지는 못한다. 그러나 대법제자는 무엇이나 다 알게 된다.[27]

    오늘은 부활절이다. 신의 부활! 아주 좋은 날이어서, 대법제자의 신의 일면 역시 부활하라![28]

    본인이 신(神)이라면 태어날 때부터 괴기한 면이 있어야지 다 성장한 20代 때 기공을 수련한 후 자칭 신(神)이라고 하면 누가 믿겠는가? 기독교 국가인 일개 미국 시민이 소속 국가의 종교는 따르지 않고 망령된 주장을 펴고 있다.

---

27) 이홍지 저, 신경문(新經文) 1, pp.123~125
28) 이홍지 저, 신경문(新經文) 1, p.286

거창 연공장-법원 직원 관사

김해 연공장

5. 이홍지가 수명을 2년 더 연장해줬고, 망자(亡者)를 살려냈다 주장!

파룬궁 집단의 교리는 정리돼 있거나 체계화 되어 있지 않다. 1992년부터 유·불·도 교리들을 답습해 활용하다가 급기야, 천상천하 상상을 초월하는 주장들을 펼칠 뿐이다.

> 남편의 건강이 좋지 않아 사부님께 여쭸더니, 얼마 남지 않았다고 하기에, 어려운 사정을 하소연하며 수명을 연장해 줄 것을 요청했더니, "당신 남편은 이번에 구원받았다. 그의 생명을 2년간 연장해 주었다"고 하셨다.[29]
> 사부님께서 딸이 환생하기 전, 전생 사부를 냉궁에서 구원해주셨다.[30]
> 사부님께서는 바다 밑에도 연공하는 사람이 있다고 하셨다. 외계인으로 에너지가 상당히 크기 때문에 인류를 교란할까봐 바다 밑에 두셨다고 하셨다. 3계 각 층 공간의 생명들을 구원하신다.[31]
> 매 기마다 학습반 강의 시간에 스승님은 사람들의 신체를 조절해 주었다. 한 기 학습반이 끝나면 어떤 사람은 한평생 얻었던 병이 모두 나아 아주 신기해했다.[32]

---

29) 사부님 은혜(1·2권 합본), pp.317~320
30) 사부님 은혜(1·2권 합본), p.320
31) 사부님 은혜(1·2권 합본), p.139
32) 사부님 은혜(1·2권 합본), p.12

사부님 신변에서 내가 본 신기한 일

【명혜망 2007년 3월 24일】

1. 2년 연장된 수명

> 11월 23일 북경에 돌아가시는 사부님을 배웅하기 위해 우리 여섯 사람은 요성(聊城)에 갔고 함께 사진을 찍었다. 이때 사부님께서 남편의 이름을 한번 부르셨다. 사부님을 따라왔던 그 제자가 뛰어와 내게 말했다. "당신 남편은 이번에 구도되었습니다. 사부님께서 그의 생명을 2년간 연장해 주셨습니다."

▲ 수명 연장

나는 병이 많았고, 후두암에 걸린 지 7년이 되었다. 그러나 스승님과 함께 기차에 올라타자마자 발에서 땀이 나기 시작했는데 그것도 모두 끈끈한 점액이었다. 나중에야 사부님을 만나 뵙기도 전에 사부님께서 이미 내 몸을 청리해주셨음을 알게 되었다.[33] 약이나 침을 쓰지 않고 손만 움직여 낫게 했다.[34]

사부님께서는 우리에게 자신의 몸에 불편한 곳을 생각하거나 혹은 자신이 불편한 데가 없으면, 가족이나 친척의 병이 있는 곳을 생각하면 청리해주신다고 말씀하셨다. 한번 생각하기만 해도 없어진다고 하셨다. 그 자리에서 나는 수십 년 동안 고질병이었던 두통 증상이 사라졌다.[35]

사부님께서 만 리 밖 프랑스에 있는 아이의 병도 치료해주셨다.[36] 각종 불치병도 치료해주었다.[37] 사부님께서는 LA에서 "나는 병을 치료한다. 손을 대지 않고 그저 바라보기만 해도 좋아진다."고 했다.[38] 어느 사찰은 아주 난잡하여 여우, 족제비, 귀신, 뱀 등 무엇이나 다 있었다. 스승님께서는 가시는 곳마다 청리(淸理)하셨는데, 손만 한번 휘저으면 되었다.[39]

대부분 증명된 바 전혀 없는 비상식적 주장들일 뿐이다. 굳이 언급한 이유는 이렇듯 사이비종교이니 주의를 요망한다는 이유에서이다.

---

33) 사부님 은혜(1·2권 합본), p.29
34) 사부님 은혜(1·2권 합본), p.170
35) 사부님 은혜(1·2권 합본), p.37
36) 사부님 은혜(1·2권 합본), p.133
37) 사부님 은혜(1·2권 합본), p.244
38) 사부님 은혜(1·2권 합본), p.344
39) 사부님 은혜(1·2권 합본), p.20

밀양 보육원 차량

밀양 보육원 연공장

6. 이홍지가 날씨/기상도 좌지우지 한다 주장!

파룬궁 집단에서는 이러한 내용들을 책으로 엮어, 신도들에게 판매하고 있다. 1·2권 낱권으로 했다가 나중에는 합본을 하여 판매하였다.

> 강의가 진행되고 있는데 갑자기 광풍이 불면서 천지가 어두워졌고 큰 비가 우박과 함께 내렸다. 지붕이 뚫려 빗물이 줄줄 흘러내렸다. 스승님이 두 손으로 허공에서 무엇인가 잡으시고 물병에 넣자, 비가 멎고 태양이 나타났으며 햇빛이 건물 안으로 비쳐 들어왔다... 스승님이 자상하게 나를 바라보시는데 온몸에 뜨거운 것이 솟구쳐 올라왔다.[40]
> 강의 중 갑자기 천둥번개, 소나기, 광풍에 우박이 내렸는데, 전기도 끊어져 강단이 캄캄했다. 사부님이 대수인(大手印)을 하시자 천둥번개가 적어졌고 전기도 들어왔다... 비가 오지 못하게도 하신다...[41] 큰비가 와도 사부는 우산을 쓰지 않았다. 그래도 비에 젖지 않았다.[42]

이런 것을 믿는 데가 파룬궁 집단이다. 이홍지의 가족 및 친척, 그리고 수많은 신도들이 병으로 죽어갔다. 왜? 그들의 죽음을 막지 못했는가? 더군다나 그의 어머니는 그를 신(神)으로 인정하지 않았다.

---

40) 사부님 은혜(1·2권 합본), pp.21~25
41) 사부님 은혜(1·2권 합본), p.39
42) 사부님 은혜(1·2권 합본), p.179

밀양 한빛보육원 현관에 붙은 선원 공연 홍보물

밀양 보육원 연공장 내부

7. 파룬궁 수련해야만 천국 간다. 기독교에는 구원 없다 주장!

이홍지 씨는 참으로 종교에 관심이 많은 사람인 것 같다. 그런데 공부는 전혀 하지 않은 것 같다.

> 기독교나 유대교는 착하게 살아야 천국에 갈 수 있다고 가르친다. 예수는 자신을 믿어야 천국에 갈 수 있다고 한다. 그러나 나는 가지 못 한다고 말한다. 왜냐하면 수련을 가르치지 않기 때문이다. 당신이 하늘로 올라가는 사닥다리는 전법륜이다.[43]

> 석가모니, 예수, 노자 등등, 그리고 더 이전의 일부 선철, 성인, 위대한 신이 세상에 내려왔는데, 그들은 단지 인류역사문화의 기반을 다졌을 뿐이다. 그들이 진정으로 데리고 간 것은 다만 그들이 파견한, 그들을 도와 이 문화를 남겨놓은 그러한 생명, 게다가 세간에 들어오지 않은 사람의 副元神(푸웬선) 뿐이었다. 역사의 마지막 결정적인 시기에 진정하게 이 일을 할 수 있는 것은 대법제자이다.[44]

> 예수가 그 해 사람을 구하면서 사람을 구한다고 했는데 왜 십자가에 못 박혔는가? 예수가 구원한 것은 그래도 자신의 사람이었다! 그러나 그의

---

43) 이홍지 저, 법륜불법(法輪佛法), pp.9~22, 도서출판 그룹필
44) 이홍지 저, 법륜대법(法輪大法) 각지설법 11, p.140

밀양 보육원 연공장 | 대전 연공장

사람은 전생하는 과정에서 다시 업을 지었으며 그 역시 그것들을 해결할 수 없었다.[45]

예수는 능히 다른 사람을 대신하여 죄를 감당하며 죽었다. 그렇다면 왜 사람을 모두 올려가지 않는가? 그것은 한 층의 표준에 부합되지 않기 때문이다. 은하계에는 백여 개의 천국이 있는데 그중 한 층차이다.[46]
나의 법신도 직접 대법제자를 책임지고 있으며 동시에 또 나의 법신이 지정한 일부 진정하게 능히 정법을 협동할 수 있는 신들이 도와주고 있다. 낡은 세력들 중 불(佛), 도(道), 신(神)도 있는데, 모두 낮은 층차의 것이다.[47]

층차를 지정하는 것도 이씨 본인 생각일 뿐이고, 성경책에 손을 얹고 선서하며 대통령이 된 미국 대통령의 국민의 한 사람의 주장일 뿐이다.

8. 일체 중생 구원자는 나, 이홍지다!

이홍지 본인은 인간의 부속품을 달고 있을 뿐이기에, 사람의 생각으로 자신을 똑같은 인간으로 보면 안 된다고 가르치고 있다.

당신들이 본 사부의 형상은 바로 사람이다. 완전히 사람 모습을 완비하

---

45) 이홍지 저, 법륜대법(法輪大法) 각지설법 11, p.157
46) 이홍지 저, 전법륜(轉法輪) 제2권, pp.14~15
47) 이홍지 저, 신경문(新經文) 1, p.137

고 있고 사람의 부속품을 완비하고 있는데, 사람과 똑같다. 그러나 정법이 종결되기 전까지는 누구에 대해서도 신처럼 하지 않을 것이다. 그러므로 당신들은 사람의 생각으로 사부를 보지 말라.[48]

스승은 오직 한 분이다. 오로지 스승님만이 사부이다. 감히 사부라고 자칭하는 자가 있다면 난법(亂法)을 시도함이다. 佛·道·神, 天神이 모두 이 파룬대법을 배우고 있다. 이 파룬은 새로운 에너지 물질로 영체(靈體)이다. 사부가 파룬을 넣어주면 24시간 멎지 않고 돈다.[49]

나의 법신(法身)은 나의 지혜와 에너지의 형상화로서 나와 티끌만큼도 차이가 없다.[50] 사부는 일체 중생을 구원한다.[51]

차마, 자신이 신(神)이라고는 말 못하고 자신 안에 신(神)이 있다고 주장하고 있는 것이다.

사부가 아랫배 부위에 파룬(法輪, 법신)을 넣어주고, 공(功)을 자라게 한다. 이 공(功)이 체외의 덕(德)과 연화(演化)하는데, 연마하는 공이 신체의 세포 중에 저장되고, 이를 고에너지 물질이라 한다. 공력이 높을수록 밀도도 높아진다. 이 고에너지 물질이 곧 영성(靈性)이다. 수련을 함으로 외관상 나타나는 변화는 우선 젊어지고, 각종 질병·불치병이 치료된다. 이를

---

48) 이홍지 저, 법륜대법(法輪大法) 각지설법 11, pp.211~212
49) 전법륜법해(轉法輪法解) - 新 수련생 참고용, p.12
50) 이홍지 저, 정진요지(精進要旨) 2, p.13
51) 이홍지 저, 정진요지(精進要旨) 2, p.34

청리(清理)라 한다.[52]

한번 들어온 파룬은 항상 돌 뿐만 아니라 멎을 수도 없다. 이것이 신체의 각 부분에 필요한 에너지를 공급해주고, 무의식 중에 다른 사람의 질병을 치료해주기도 한다. 또한 영성이 있기에 사람을 보호해준다.[53]

하나의 세뇌 교리이다. 상상을 통해 들어온 파룬을 무의식 중에라도 의식하려 하고 상상하는 그것이 자신의 아랫배 부위에서 돌고 있다고 생각하면, 그것이 곧 신앙이 되는 것이다.

수련 중 천목이 열리면 특이공능(特異功能)이 나와 다른 사람의 병도 봐줄 수 있는데, 이 천목도 내가 열어준다. 불가에서는 땀구멍 하나하나가 다 눈이라 한다. 이것이 열리면 벽을 사이에 두고 물체를 보거나, 인체를 투시하는가 하면, 다른 공간에 존재하는 것들도 볼 수 있다. 초상(超常)적인 것이다.[54]

울산 신도들

수련을 계속 하다보면, 일명 투시력이 생긴다는 것이다. 그것이 또한 영적 능력이 있다면서 병 치유도 할 수 있다는 것인데, 이 또한 근거 없는 거짓 주장일 뿐이다.

고에너지 물질은 능력도 있어서 인체의 모든 세포에 충만해지면, 사람의 육체 세포, 가장 무능한 세포를 억제하고 그것을 대체하게 된다. 차후

---

52) 이홍지 저, 전법륜, pp.33~49
53) 이홍지 저, 전법륜, pp.53~54
54) 이홍지 저, 전법륜, p.63

울산 연공장

울산 연공장 내부

에는 신체의 모든 세포가 이 고에너지 물질로 대체된다. 이렇게 해서 속 에너지가 개변된다. 이때부터 이 사람은 자연 노쇠하지 않을 것이며, 그의 세포는 죽지 않고 항상 청춘에 머물게 된다. 수련과정 중 사람은 젊어 보일 것이고, 결국에는 거기에 고정된다. 그는 자연적으로 죽지 않을 것이고, 노화되지도 않을 것이며, 신진대사가 없을 것이다.[55]

이렇게 해서 80세 할머니들도 파룬궁 수련을 해서 젊어졌다고 착각하고 있는 것을 보았다.

중생은 천상·지상·지하 삼계로 33층천 내에서 윤회가 일어난다. 연공을 통해 삼계를 벗어나 공기둥을 형성하여 고층차로 오를 수 있는데, 어떤 사람은 가부좌하여 원신(元神)이 몸을 떠날 때 단번에 아주 높이 올라왔다.[56]

최고층 차에 이홍지가 있다는 것을 암시하는 것이다. 1층이든 33층이든 그것이 뭐가 중요하겠는가? 윤회설 주장도 근거 없는 낭설이다.

나는 무수한 법신이 있는데 생김새가 나와 같다. 법력은 부처와 같고 다른 공간에서도 얼마든지 활동한다. 당신을 돌보고, 보호하며, 당신을 도와 공

---

55) 이홍지 저, 전법륜, pp.91~93
56) 이홍지 저, 전법륜, pp.94~95

울산 신도들 | 창원 연공장

(功)을 연화하는 일을 한다. 나의 지혜의 화신이 당신을 보호하고 있다.[57]

나는 중생을 위해 고난을 겪음으로써 사악에게 공격을 당한 것이다.[58]

중생을 위해 고난을 겪는다면서 중국에서 도망을 쳐 미국에서 살고 있는 이유는 뭔가?

9. 체육활동이 아니다. 사이비 병 치유가 목적이다!

이 씨는 수차례 자신의 저서들에서 병 치유가 목적이 아니라고 한 바 있다. 하지만, 본질이 병 치유이고, 그것으로 사람들을 모았으며, 돈벌이 수단이었다.

> 나는 당신의 신체에 몇 백 개의 파룬을 넣어주었다. 그것들이 당신 주위에서 돌고 있고, 당신의 신체를 정화해주어 병을 치료해준다.[59]
> 당신이 다른 사람의 병을 치료해줄 때, 다른 사람의 몸에 있는 것도 기(氣)이므로 당신을 다스릴지 모른다. 환자 몸의 병기(病氣)가 전부 다 당신의 몸에 달라붙어 똑같이 많아진다. 비록 뿌리는 그의 몸에 있지만 만약 병기가 많으면 당신도 병에 걸릴 것이다.[60]
> 나의 비디오테이프, 녹음테이프와 내가 쓴 책들을 오로지 보기만 한다면 당신은 곧 신체가 정화되며 병이 없는 상태로 변화될 것이다.[61]
> 파룬궁 연공은 병을 제거하는 장점이 있다. 형식적인 체육활동이 아니며

---

57) 이홍지 저, 법륜불법(法輪佛法), p.93
58) 이홍지 저, 법륜대법(法輪大法) 각지설법 7, p.40
59) 이홍지 저, 법륜불법(法輪佛法), pp.104~105
60) 이홍지 저, 전법륜, p.101
61) 이홍지 저, 법륜불법(法輪佛法), p.46

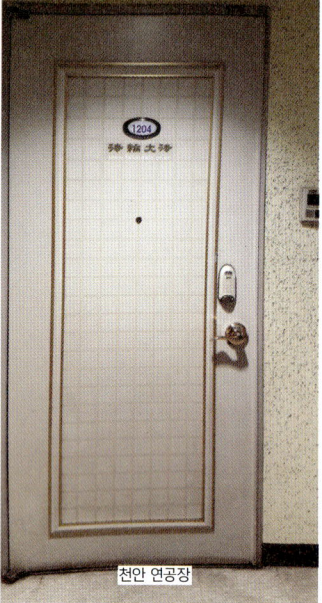

천안 연공장

초상적인 것이다.[62]

수련생 중 신체가 불편하면 약을 먹는 사람이 있다. 그러나 병원은 업을 소멸할 수 없는 곳이며, 의사는 수련하는 사람이 아니다. 다만 표면적인 고통을 없애줄 뿐, 병의 심층은 남겨줄 따름이다. 약을 먹는 것은 신체 속으로 내리누르는 것으로 쌓아 주는 것과 같다. 표면적으로 고통이 없지만 신체의 심층에 쌓아진 것이다. 수술을 하는 것도 마찬가지이다. 우리가 여기에서 하는 것은 생명의 본원(本源)으로부터 더러운 것을 모조리 다 밀어내는 것이다. 이는 수련을 해야만 해줄 수 있다.[63]

이홍지 스스로 병 치유가 목적이고, 체육활동이 아니라고 자신의 책에서 밝히고 있다. 파룬이 업을 소멸한다면서 자신 안의 증오도 이기지 못하는 자이다.

10. 이홍지, 파룬궁이 종교라고 하라!

자신들은 종교가 아니다. 수련단체이다 라고 하는데, 이미 종교임이 밝혀졌다. 그것도 종교를 이용하여 수익을 내려는 목적의 사이비종교이다.

---

62) 전법륜법해(轉法輪法解) - 新 수련생 참고용, p.4
63) 이홍지 저, 법륜불법(法輪佛法), pp.173~174

김해 연공장

제자 문의: 정법이 결속될 때, 당신을 만날 수 있나?

이홍지: 대법제자는 원만할 수만 있다면 볼 수 있다. 사실 미래의 영원하고도 영원한 생명의 영광을 당신들을 위해 준비하였다.[64]

제자 문의: 파룬궁을 종교로 해석하는 이들이 있다.

이홍지: 종교라고 하면 종교라고 하라.[65]

파룬궁은 사이비종교이다. 신앙의 대상이 있고, 사이비 교리가 있고, 믿고 따르는 신도들이 있으며, 일인치하의 구속이 있다.

Ⅲ. 대사관 앞 시위, 난민신청, 불법체류 독려!

1. 이홍지, 중국 대사관 앞에서 청원하는 제자는 대단하다!

중국 대사관 앞에 조용히 앉아 청원하는 데 참가한 모든 대법제자들은 대단하다. 여러분은 고생했다. 날씨가 너무 더운데 몸조심하기 바란다. 2002년 6월 21일.[66]

이홍지가 대사관 앞 시위를 독려하고 있는 것이다. 타국에 와서 본국의 명예를 실추시키는 행위를 자행하고 있다.

---

64) 이홍지 저, 신경문(新經文) 1, p.197
65) 이홍지 저, 신경문(新經文) 1, p.299
66) 이홍지 저, 신경문(新經文) 1, p.30

제자 문의: 중국 대사관 앞에서 연공할 때 자신의 신이 자연히 사악을 소멸해
버릴 수 있을 것이라고 한다. 이것이 정확한 것인가?
이홍지: 맞다. 문제가 없다. 대법제자가 거기에 앉기만 한다면 수련
이 잘된 신이 거기에 앉는 것이다. 이는 문제가 없다.[67]

대사관 앞에 앉아 있기만 해도 사탄이 물러간다고 한다. 신도들의 종교 심리를 악용하여 본인의 사익을 챙기려는 악독한 교주이다.

일초일목(一草一木)마저 다른 공간의 사악한 생명들이 붙어서 당신이 길을 걸어도 나뭇가지조차 당신의 얼굴을 후려치고 그 풀조차도 당신을 걸어 넘어지게 하는데, 공기 중에는 모두 사악으로 충만되었다. 그들은 일체에 붙어 인간 세상과 삼계에서 나쁜 일을 하고 있다. 내가 정법을 했기에 대마왕이 하늘에서 내려와 전 세계 사람들을 박해하는 짓을 막았다.[68]

사이비종교는 교주가 신도들을 정신적·물질적·인권적으로 박해한다. 바로 파룬궁 집단이 그러하다. 공기 입자까지 사악이라고 속이니, 이씨의 말을 듣지 않으면 두려운 것이다.

2. 파룬궁 신도가 아님에도 신도라며 난민신청

제자 문의: 난민 신청을 하기 위해 파룬궁을 배우러 오는 사람들이 있다.
어떻게 처리해야 하나?
이홍지: 현지 정부가 반대하지 않는다면 우리도 반대하지 않는다.
그 사람은 파룬궁에 빚을 진 셈이다.[69]

---

67) 이홍지 저, 신경문(新經文) 1, p.83
68) 이홍지 저, 신경문(新經文) 1, p.194
69) 이홍지 저, 신경문(新經文) 1, p.291

하늘 사다리 - 대륙의 파룬궁 수련생들이 연공할 때 나타난 기묘한 정경. 사진에 나오는 황금 사다리는 원래 방안에 없던 것이다.

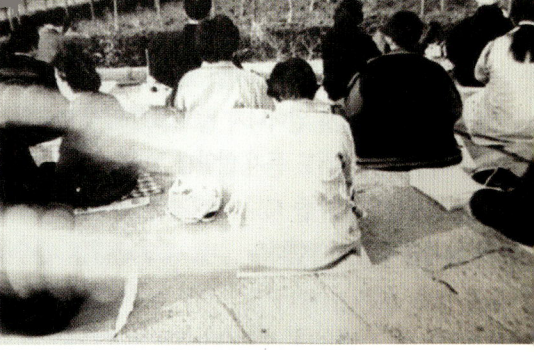
새벽 연공 중에 나타난 파룬

▲ 거짓 파룬으로 신도들 현혹

파룬궁 집단 내에서는 위장·불법 난민신청도 묵인하고 있는 형세이다.

3. 불법 체류자도 묵인!

제자 문의: 중국 대륙의 일부 파룬궁 수련생들은 아주 많은 돈을 쓰고 한국에 와 일하고 있다. 그들의 신분은 불법체류자이며 매달 수입은 인민폐로 그 천위안에서 1만위안이다. 그들은 대법제자로서 정법 시기의 책임을 모르고 완전히 돈벌러 왔다. 이런 수련생들을 어떻게 설득하여 중국에 돌아가 법을 실증하도록 할 수 있나?

이홍지: 이곳에 남고 싶으면 대법제자로서 마땅히 해야 할 일을 해야 한다고 하라.[70]

국내 법을 위반하고 있는 행위를 알고도, 자칭 신(神)이라는 사람이 오히려 이를 부추기고 있다. 이러면서 무슨 업을 소멸시킨다는 말인가?

Ⅳ. 종교를 이용한 사업 활동

션윈(神韻) 예술단 공연을 앞두고 파룬궁 학습장을 찾았을 때, 신도들 대부분은 배당된 표를 팔기 위해 여념이 없었다.

파룬궁 신도(男) 1: 표 따시느라 고생 많으시죠?

파룬궁 신도(男) 2: 지금 표가 2층 것이 있더라구요. 필요하면 3층 것을

---

70) 이홍지 저, 신경문(新經文) 1, p.322

파룬궁 신도(女) 1: 표를 10개 중에 한 사람이 본다고 했다가 내놓고... 취소해서, 이것을 어찌해야 할까.

필자: 얼마 짜리죠?

파룬궁 신도(女) 1: 10만원 짜리요.

겉 봉투에는 일일이 이름이 적혀 있었다. 10만원 짜리 표 10장을 받아 팔고 있었던 것이다. 다들 조선족들로 어렵게 한국에 와 힘들게 살아가고 있는 신도들인데, 이런 분들에게 그 비싼 표를 매매하라는 숙제들을 준 것이다.

이홍지는 애초부터 '봉이 김선달'과 같은 사람이었다.

1994년 6월, 파룬궁 강의를 듣는데 당시 한화 5000원을 냈다. 그것도 타 단체에 비하면 저렴한 것이라고 했다.[71] 병치료를 받으면 10위안을 더 냈다.[72] 입장표가 없으면 강의실에 들어가지 못했다.[73]

자신의 입과 손발 만 움직여 거대한 수익을 창출하고, 미국에서 7채의 저택을 갖고 호화생활을 하고 있다. 파룬궁 수련을 하면, 구원을 받고, 세상 종말 때에 수련생들만 살아 천국 33층 최 고층 차에 올라간다는 것은 거짓 주장이다. 다분히 종교를 이용한 사업 활동을 해온 것이라 할 수 있다.

V. 마무리

파룬궁 학습장을 찾아 신도들과 대화를 나눴다.

필자: 파룬궁 수련을 하면, 체내가 고에너지 물질로 변화한다는 것을 본인이 어떻게 알 수 있는가?

파룬궁 신도(女) 1: 일단, 본인의 몸이 아프지 않게 되면 고에너지 물질로

---

71) 사부님 은혜(1·2권 합본), p.38
72) 사부님 은혜(1·2권 합본), p.225
73) 사부님 은혜(1·2권 합본), p.268

◀ 2006년 서울 중국 대사관 앞
1인 시위자가 2017년 2월
부산문화회관 공연 안내

변화되는 것이다.

필자: 몸이 아팠다가 안 아프면?

파룬궁 신도(女) 1: 그렇다. 일단 아프지 않게 되면 변화되는 것이다.

필자: 그럼, 원래 건강한 사람은?

파룬궁 신도(女) 1: 건강해도 아픈 곳이 있겠죠.

필자: 법문에 나와 있는 것처럼 수련을 하면 고에너지 물질로 변화된다고 하지 않나?

파룬궁 신도(男) 1: 속인이 볼 수 없다. 분자로 구성되어 있기 때문에 실제로 보이지는 않지만, 피부가 젊어 보인다거나, 예전보다 몸이 젊어지면 고에너지 물질로 변화되어진 것이라는 것을 알 수 있다.

필자: 수련을 한다 해도 사람이 죽지 않는 것은 아니지 않나?

파룬궁 신도(女) 2: 그것은 파룬궁 수련에 대해 아직 잘 몰라서 그렇다.

필자: (재차) 수련을 한다 해도 죽지 않는 것이 아니지 않나?

파룬궁 신도(女) 1: 생명 쌍수 공법이 있기 때문에 생명이 연장되는 것이다.

필자: 생명연장? 그렇더라도 사람이 100세 이상 살겠는가? 현재 세계에서 장수한 사람이 120세인데, 그러면 파룬궁 수련을 하는 사람 중에 130, 140세까지 사는 사람이 있는가?

파룬궁 신도(男) 1: 그 부분은 현재 파룬궁이 전해진 지가 1992년이다. 아직 얼마 되지 않았으니 지켜봐야 한다.

파룬궁 신도(男) 2: 일단 사부님이 내 놓으신 법대로 바르게 수련을 하면 젊어진다고 하셨다.

필자: 그런데 옆의 (70대) 할머니를 보시라. 주름살이 있고, 머리는 허옇허옇하시다.

파룬궁 신도(女) 2: 아니다. 몰라서 하는 소리이다. 수련을 하고서는 많이 좋아지신 것이다. 주름도 많이 없어진 것이고 젊어지신 것이다.

파룬궁 신도(女) 1: 지금 수련을 하신 지가 10년이 되셨는데. 처음에 오실 때보다 주름살이 정말 많이 없어지셨다.

파룬궁 신도(男) 2: 훨씬 많이 젊어지신 것이다.

필자: 내 생각에는 사람이 늙지 않고 이 땅에서 영원히 사는 것이 중요한 것이 아니라 어떤 마음으로 사느냐가 중요한 것이라고 본다.

파룬궁 신도(女) 3: 따룬궁을 깊이 수련하기 위해 오신 것이 맞나?

파룬궁 신도(40대 초, 男) 3: 따룬궁 수련을 하면 고층 차로 오른다고 하는데. 내 경험으로는 이 수련을 하면서 한 겨울인데도 반팔을 입고 나가도 춥지가 않다. 몸도 가벼워졌다. 열심히 수련을 할 때는 확실히 젊어지는 것 같다. (한참 젊은 사람이.)

파룬궁 신도(男) 1: 사부님 책에 보면, 수련은 자신이 하지만 공(功)은 사부님이 주신다고 했다. 수련을 하면 젊어진다. 계속 하면 그렇게 된다.

파룬궁 신도(女) 3: 의문을 품고 하면 안 된다. 그것은 수련에 장애가 된다. 사부님이 말한 대로 해야 한다.

파룬궁 신도(女) 2: 사부님이 따룬을 아랫배에 넣어 주시면 따룬이 빙빙 도는데, 내가 진짜 집착을 버리고 수련을 하면 당연히 좋아지고 젊어진다. 체험을 해야 알 수 있다. 하루에 적어도 한 과 씩 전법륜을 읽고, 끊임없이 수련을 해야 한다.

파룬궁 신도(옆의 70대 할머니): 아무 말 말고 가르치는 대로 하라. 가만히 있으라.

필자: 그런데 내가 질문한 것은 일반적으로 누구나 의문을 가질 수 있는 것이 아닌가?

파룬궁 신도(女) 1: 의문을 갖지 말라. 오로지 사부님의 가르침만 따르면 된다.

자신들이 무엇을 믿고 있는 것인지, 왜 믿는 것인지에 대한 합당한 이유라는 것이, 건강문제이다. 치병을 받았기 때문에 믿는다는 것이다. 종교란, 나와 가족과 사회에 유익을 끼치고, 결국에는 선도하는 일을 해야 하는데, 파룬궁은 떳떳하지가 않다. 이는 교주 이홍지부터 확신이 없기 때문이다. 사이비종교의 특성은 잘못된 교리, 잘못된 물질관, 잘못된 윤리문제들이 있는데, 파룬궁은 골고루 다 갖췄다. 교주 이홍지부터 거짓과 불법을 자행하고, 국내법을 위반하는 행위를 행하고 있는 신도들을 묵인·방조하고 있다. 통회·자복하고 본인의 실명으로 중국 본토에 돌아가 그동안 세간을 혼란케 하고, 자칭 신(神)이라며 세인들을 현혹하여 자기 호주머니 챙긴 것 실토하고 떳떳하게 남자답게 잘잘못을 회개하고 돌이켜야 할 것이다.

Chapter 14

14. 한국 파룬궁 집단의 현주소

14 한국 파룬궁 집단의 현주소

※ **한국 조직**: 회장 권○대, 부회장 최○정, 박○원, 대변인 오○열, 신당인
(NTD Television, 新唐人电视台 / 新唐人電視臺 파룬궁 방송국) TV 대표 원○동

※ **각 지 부**: 서울 마포구 공덕동 소재 한국 파룬따파불학회 外 전국 10여 곳의 학습장(법원 직원 관사, 사택, 오피스텔, 사무실 개조 등)

※ **학습장 인원**: 각 곳마다 평균 10~15명

※ **연공 장소**: 전국 276여 곳

※ **신 도 수**: 전국 2,000여명 내외

1) 파룬궁 한국지부, 두 파로 나뉘어도 행사는 같이?

종교 집단들이 매년 정기적으로 대형집회를 개최하는 이유는 뭘까? 세(勢) 과시, 내부 결속 강화, 자기네들의 정체성을 알리고 홍보하기 위해, 활동 보고 및 앞으로의 계획과 방향을 제시하고 독려하기 위해, 자극적인 행사나 예식을 통해 칭송받으려는 교주의 욕구 충족을 위해... 등 대개 이런 이유들이다.

사이비종교 파룬궁(법륜공(法輪功), 파룬따파(法輪大法, 법륜대법), 교주 이홍지) 집단 전국 신도 500여명이 지난 7월 20일, 서울 중구 서울시청 앞 서울광장에서 행사를 가졌다. 매년 내용이 똑같다. 들고 나온 플래카드도, 혐오감 충만한 사진 액자들도 변함이 없다. 그러니까 행사를 치르는 목적도 단 한 가지라는 것이다. 미국의 입장에서 조국을 비방하기 위한 정치쇼이다. 인권 운운하지만 정작 파룬궁 내에서의 피해 상황은 아랑곳하지 않는다.

한국 지부는 신도들이 두 파로 나뉘어 단체복을 입지 않고 행사에 참여한 이들도 다수 있었다. 그들에게 있어서 노란색의 단체복은 이홍지가 말하는 파룬(法輪)이 발산된다는 의미로 단순히 몸에 걸치는 옷이 아니다. 그런데 그런 단체복을 입지 않고 행사에 참여했다는 것은 내부적으로 단일되지 않은 모습을 보인 것이다.

몇몇 파룬궁 한국 지부 신도들은 이홍지 앞에서도 조직 내 질서가 잘 잡히지 않고, 리더가 자주 바뀐다며 볼멘소리를 한 바 있다. 한국 내 상황에 불만을 품고 있던 이들이 직접 이홍지 앞에서 토로한 것이다. 실제 서울 대림동에서는 두 파로 나뉘어 활동 중이다.

2) 파룬궁 이홍지, 현재도 종교를 이용한 수익활동 중!

자신이 관여하는 궁극적 관심이 내포한 그 힘과 의미에 사로잡힌 상태에 있는 사람들을 '신앙인'이라 한다. 이들에게서 보여지는 태도는 진지성, 전적 헌신, 무조건적 순복 내지는 복종이다. 문제는 올바르지 않은 신앙에 사로잡혀 있을 때 보여지는 비사회성, 반문화적 행태들이다. 파룬궁의 실체는 이홍지의 가르침을 믿고 따르는 것이고, 그 형식은 수련이다. 본래 건강을 위한 순수 수련만 했다면야 문제가 있을 수 없었겠으나, 본래의 자리를 벗어나 종교우상화 된 것이 문제이다. 궁극적 관심의 자격이 될 수 없는 한 인간이 자신에게 관심 갖도록 가르치고 훈련하여 우상이 되어버린 것이다. 삽시간에 1억 명이라는 추종자들이 생기고, 막강한 재력과 권력의 맛을 알고부터는 종교가 정치화 되었다. 절대적 신관념에 덧입혀진 정치화, 그리고 보물함 같은 '전법륜'이란 경전 등이 우상의 반열에 서서 사람들의 마

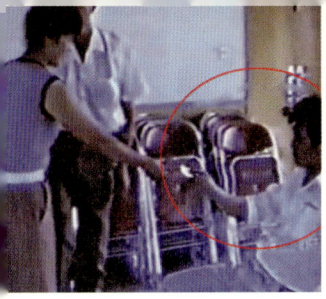 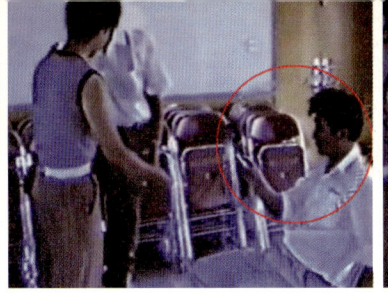 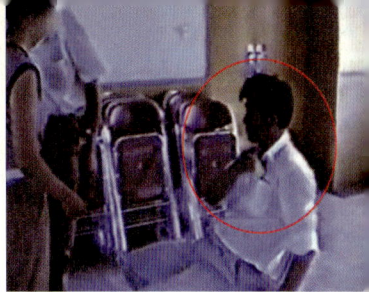

▲ 이홍지가 수련 후 신도들에게 돈을 받는 장면

음을 사로잡고 농락하였다.

　종교우상은 인간성을 파괴하고 문명을 병들게 하며 환상을 막 내릴 유토피아를 꿈꾸게 한다. 종말에는 그들 만이 살아남아 천국에 간다는 것이다. 신도들은 여기에 그저 맹목적으로 충성과 열의로 뭇 생명을 상해하고 가정이 파탄되어도, 아무런 죄의식이나 공동체적 반성이 없다. 눈에 덮인 비늘이 지성을 닫아버리고 인식을 마비시키며, 진실의 실재에 대해 맹인이 되고 귀머거리가 되게 한 것이다. 폐쇄된 신앙 교육이 진실 파악을 저해하고 결국에는 인간을 노예상태로 전락하게 만든 것이다. 이런 상태에서는 자신들의 굴레를 벗어나거나 비판의 소리를 하면 '사악'이라 치부해버린다. 그래서 어디를 가든 먼저 하는 것이 '발정념'이다. 지난 번 행사에서도 '발정념'을 하고 시작하였다. 자신 안의 사악(마귀)을 물리치고, 주위의 사악을 쫓는다는 수련이다. 파룬궁 신도들은 이를 매일 하루 4차례 씩 하고 있다. 이때 이홍지로부터 나온 파룬(法輪)이 신도들 안에 들어오고, 또 그것이 세상을 움직인다고 믿고 있다. 이들은 학습장에서 수련을 할 때 반드시 이홍지의 지시들(파룬대법, 전법륜, 법륜불법, 신경문1·2, 법륜대법 각지설법, 정진요지 1·2, 전법륜 법해, 사부님 은혜)을 윤독(輪讀)하며 시작한다. 이홍지를 생사화복(生死禍福)의 주관자로 믿고 있는 것이다. 신도들은, "이곳은 돈을 받지 않는다. 병 치유가 된다. 사부님의 파룬(영)이 우리를 보호해주고 세상 만물을 움직인다."고 한다. 파룬궁이 처음 시작할 때부터 이홍지는 수련비를 받았다. 현재는 도서비를 받고 판매하고 있다. 한 인간의 무제약적 탐욕이 인간의 본래성 안에 선험적으로 존재하는 종교성을 가지고 논 것이다.

3) 파룬궁 신도들의 궁극의 관심은 인권이 아니다!

　우리나라 신흥 종교의 메카라 하면 빠질 수 없는 곳이 계룡산 신도안이다. 1970년대 중반, 이곳에서는 수많은 신흥종교들이 성행했었다. 산 입구부터 종교인들이 진을 치고 자리를 차지하고 있었고, 산 고개 고개마다 밤낮 부르짖는 소리

▲ 사이비 종교 파룬궁의 정치쇼 중, 일인시위 장면

들이 난무했다. 이런 무질서한 종교들로 인하여 종교문화가 퇴락되고, 각종 물질 피해, 가정파탄 등 사회 질서를 교란시키는 일까지 벌어지자 정부 차원에서 종교 정화운동을 벌이기 시작했다. 당시 신종교 단체 건물을 '불법 건조물'로 규정하고 철거가 시작되었고, 해당 단체들은 계룡산 골짜기를 떠나 인근 지역으로 이주하면서 신종교의 메카 신도안은 해체되었다.

이를 두고 종교 탄압이니 핍박이니 하는 용어를 사용해가며 정부의 정책에 비판한 이는 드러나지 않았다. 더더구나 타국에 가 난민신청을 하여 국적을 포기하는 이도 없었고, 타국에까지 가 본국인 조국과 민족을 비방하고 명예를 훼손한 사례도 없었다. 교세의 크고 작고의 문제가 아니다.

신앙이 정치화 되었을 때 어떤 양식으로 나타나는가를 보여주는 사례가 파룬궁 집단이다. 1억 명이라는 신도, 재력과 권력을 갖고 있던 자가, 집단 내의 무법적 요소들을 해결하려는 의지를 보인 것이 아니라, 정부 정책에 반대하거나 공격적 자세를 취하다가 미국으로 가서는 자신의 조국과 민족의 적대자로 활동하고 있는 것이다.

진정한 종교 지도자는 신도들을 위해 자신을 희생하지, 자신 때문에 신도들이 희생하게 내버려두지 않는다. 몸이 미국이라는 시공에 갇혀 있는 자가 무슨 주불(主佛)이고 신(神)인가?

파룬궁 집단의 궁극의 관심은 '인권'이 아니다. 미국이 원하는 바를 대변해주는 일을 하는 것이다. 명확한 근거자료 없이, 출처 없는 사진 몇 장 가지고 인권 운운하고 있는데, 필자는 직접 그들이 주장하는 병원에 다녀왔기 때문에 그들의 주장하는 바가 거짓이고, 허위라는 것을 알고 있다. 생체장기적출? 그럴 만한 기술과 기계와 설비를 갖추고 있는 곳이 어디인지 말해보라! 백주대낮에 저러한 허위사실

포교 중인 파룬궁 여신도

을 타국에 와서 주장하고 있는 이유가 무엇인지 분명하지 않은가?

4) 한국 내 피해 상황

2006년인가 7년경, 파룬궁을 조사해달라는 제보가 들어와 직접 취재하던 도중, 파룬궁 수련센터인 학습장에서 70대 한국인 할아버지를 만났다. 말기 암환자라고 본인을 소개하면서 파룬궁 수련을 하면 암병도 치유된다며 수련을 하고 계셨다. 많이 좋아졌다고도 덧붙이면서 말이다. 뼈만 남은 앙상한 몸에 얼굴이며 팔은 온통 칠흑처럼 검고 어두웠다.

온 방 안 벽은 이홍지 사진으로 도배가 돼 있었고, 종일 이홍지가 만든 음악이 흘러져 나왔다. 이홍지 사진 앞에서 기도 즉, 수련을 하고 있는 암 환자를 보고는, 의분이 일어 지부장에게 "이건 사이비 종교다. 왜 속이느냐?"며 캐물었더니, 삿대질을 하며 화를 내더니만 갑자기 "너는 특무를 띠고 온 사람이지?"라며 내쫓았다. 태어나 듣도 보도 못 한 생소한 단어, "특무!" '하아~~, 이 사람들의 사고방식이 이렇게 세뇌돼 있구나, 어찌 한국인의 입에서 저런 단어가 자연스럽게 나올까...', 들어가자 마자부터 한 나라를 비방하는 것부터 시작해 자신들은 억울하게 핍박당하고 있다는 식의 논리만 늘어놓더니만 반대하면 무조건 저런 단어로 방어막을 처버리고는 귀를 막고 듣지 않으려는 저런 태도...

이후, 천안지역에서 중국 동포인 어느 여성과 결혼한 한국인 남성의 누나라는 분이 울면서 전화가 왔다. 동생이 간경화 판정을 받았는데, 파룬궁 수련생인 올케가 병원치료를 못 받게 한다는 것이다. 이를 어찌하면 좋으냐던 그분에게 파룬궁이 사이비종교라는 내용의 글들과 책자들을 보내준 적이 있다.

단, 한 사람이라도 이런 사이비종교에 심취돼 인생을 허비하고, 불행을 자초하는 일이 일어나서는 안된다.

5) 이홍지와 가족들은 병원치료 받는데, 신도들은 받지 말라?

자칭 우주의 주불(主佛, 神)이라 주장하며, 본인에게서 나오는 파룬(法輪)이 수련자들 속에 들어가 악한 기(마귀)를 내몰아주고, 좋은 기를 만들어주어 각종 불치병도 치유한다며 병에 걸려도 병원치료나 약물치료를 받지 말라 하여, 수많은 신도들이 사망하고, 가정이 파탄나고, 자살을 하거나 수련을 반대하는 가족들이 악귀에 씌었다며 살인을 저지르는 등 각종 사회 문제를 일으킨 파룬궁 교주 이홍지는 정작 본인과 가족들은 병원치료를 받았다.

이홍지는 급성 맹장염으로 수술을 받은 바 있고, 그의 어머니 노숙진(芦淑珍)은 뇌졸중으로 병원치료를 받다 지난 2016년 8월 사망하였다. 그녀는 생전에 "내 아들은 신(神)이 아니다. 그저 평범한 사람일 뿐"이라며 신도들에게 알렸다. 이홍지의 매제 이계광(李継光)도 병원치료를 받은 바 있다. 그런데도 신도들은 파룬궁 수련을 하면 각종 불치병이 낫는다고 믿고 있다.

실제 필자가 어느 식당에서 파룬궁 신도가 같이 식사하고 있던 사람에게 포교하는 과정에서 각종 병도 치유된다며 같이 수련을 해보자는 것을 보고, 상대 편 아주머니에게 "편찮으시면 병원에 가서 치료받으시라. 파룬궁은 사이비종교이니까 주의하라!" 한 적이 있다. 당시 파룬궁 신도는 자신의 얼굴을 가리키며 수련 중 얼굴의 점도 없어졌다며 자랑하고 있었다.

파룬궁은 이렇듯 치병을 미끼로 포교하고 있으나, 실은 이홍지가 신이라는 것을 가르치기 위한 종교이기 때문에 주의해야 한다.

Chapter 15

15. 한국 반(反) 파룬궁
활동 연보

15. 한국 반(反) 파룬궁 활동 연보

1) 반(反) 파룬궁 활동의 원인과 시발점

한국 내(內) 파룬궁의 왜곡된 홍보

파룬궁이 한국에 유입된 때는 대략 1998년으로 조사된다. 당시에는 대부분 '중국의 기(氣) 체조', '건강 체조', '건강 기공 수련법' 등으로 알려졌다. 서울의 인사동이나 명동, 그리고 지방의 공원 등지에서 홍보 현수막이나 전단을 앞에 놓고 기공 자세를 취하고 있는 것이 이들의 포교법이었다. 그러다가 2003년경, 한국법륜대법학회(한국파룬궁) 측이 기자회견을 열고 "파룬궁은 종교가 아닌 수련 단체"라며 "파룬궁에 대한 잘못된 인식은 전적으로 중국 정부의 음해 때문"이라고 주장하면서, 본격적인 활동의 포문을 열었다. 2004년경부터는 사진 전시회를 개최하며 반정부 활동을 하였다. 그러면서 건강 체조를 앞세우며 군청, 학교, 구민회관 등의 장소에서 수련 포교활동을 했다.

미국의 동조로 설립된 각종 언론 매체들이 고스란히 한국에 전파되었고, 영화 스튜디오와 션윈 예술단 설립 등 문화를 이용한 공략들도 미국에서부터 치밀하게 준비되었다. 전파되는 주 내용들은 한 나라를 비방하며 명예를 훼손하는 내용들과 그저 단순한 건강 체조인데도 불구하고 억울하게 핍박받고 있다느니, 생체 장기 적출을 당하고 있다느니 하는 헛소문들이었다.

이러한 왜곡된 내용들이 각종 매체들을 통하여 무료로 배포되었고, 전국 수백여 곳의 학습장들에서 산발적으로 포교되어졌다. '수박 겉핥기 식'으로 겉만 보면 체조로 보일지 모르지만, 믿음의 대상이 있고, 믿음의 내용이 있으며, 거기에 따르는 신앙인들이 있는 신흥종교이다.

이러한데도 여기에 부화뇌동(附和雷同) 하여 암암리에 지지하며 포교에 힘을 실어준 사회 저명인사들이 있다.

2) 한국 내 파룬궁 지지자 현황

파룬궁(션원 예술단) 지지 국회의원 및 사회 저명인사 명단

이○성 국회의원((前) 한나라당), 국회의원 회관
안○수
주○영
한○교
김○태
윤○용
강○석
신○용 국회의원((前) 민주당)
이○재
박○영 국회의원((前) 자유선진당)
김○구
(합 11명)

경북대학교 노○일 총장: 대구광역시 북구 산격동 ○○○
전 포항공과대학 박○모 총장: 대전광역시 유성구 ○○○ 한국 연구재단
서울교육대 대학원 안○ 원장: 서울시 서초구 우면로 ○○○

수원예총 김 ○ 동 회장: 경기도 수원시 장안구 ○○○

(합 4명)

종합적으로,
- 중앙당 국회의원 서명인 (11명)
- 지방의회 서명인 (130명)
- 각 기관장, 단체 대표 서명인 (61명)
- 사회 저명인사 서명인 (4명)

3) 파룬궁 사교조직 대책위원회의 출현

2009년 4월 23일, 파룬궁사이비종교대책위원회가 창립되었다. 아래는 취지문(趣旨文)이다.

사단법인 "기독교이단·사이비연구대책협의회"는 지난 20여 년 동안 진리수호와 바른 신앙을 위하여 "기독교이단문제연구소"를 운영해 온 이대복 소장(목사)이 보다 능률적이고 광의적인 입장에서 이단·사이비종교 연구대책을 세우고자 2000년 1월 5일, "기독교이단·사이비연구대책협의회"(창립 인원: 50명)를 창립하고, 2006년 6월 23일, "한국 정부"로부터 "사단법인" 허가를 받았다(미국, 일본, 브라질, 기타 지역에 지부를 두고 있다).

"협의회" 산하 월간「교회와 이단」잡지사에서는 각종 이단·사이비종교를 전문적으로 다루는 연구 기관지로 한국을 비롯한 세계적인 전문잡지로 성장하였다.

본 월간「교회와 이단」에서는 2002년 4월부터 중국에서 발생한 파룬궁(法輪功 敎主: 李洪志)에 대하여 연구하고 취재하게 되었다. 조사 취재과정에서 파룬궁이 한국에서도 TV 방송이나 일간 신문(국민일보, 세계일보, SBS 등) 등을 통하여 대대적인 포교활동을 하고 있는 등 그 심각성을 파악하였으며, 중국을 공략하기 위해 한국을 전진기지로 삼고 있음을 감지하였다. 그리고 기독교 단체를 비롯한 불교계의 진보적인 단체나 각종 이단·사이비 단체, 시민단체, 저명인사

(국회의원, 각계인사 등)들과도 유대 관계를 맺고 있음이 드러났다. 뿐만 아니라 한국의 주요 도시를 비롯한 세계 곳곳에 파룬궁 선전 책자, 신문(대기원시보), 홍보지 등을 다량으로 발간하여 매일 같이 배포하며 "신운예술단"을 조직하여 전 세계를 무대로 순회공연을 하면서 종말론 주장과 교주 신격화 등 포교활동에 박차를 가하고 있으며 취재 연구한 결과 건전한 종교단체가 아닌 사이비성을 띤 집단임을 확인하게 되었다.

더 나아가 파룬궁의 본거지인 중국 정부에 대하여 악의적인 선전을 하며, 자신들이 선의의 피해자라며 타국에 와서까지 비방·선전하는 것을 볼 때 이는 인류, 사회의 안녕과 질서에 합당치 않은 집단임을 월간 「교회와 이단」(現, 종교와 진리) 2007년 6월호 특집으로 게재하였으며, 2007년 7월 19일 "기독교이단·사이비연구대책협의회"에서 "전문연구위원 전원일치"로 파룬궁(法輪功 教主: 李洪志)을 사이비종교로 규정 발표하고, 월간 「교회와 이단」(現, 종교와 진리) 2007년 8월호에 특집으로 게재하였다.

파룬궁 집단의 방대한 조직과 자금을 동원한 홍보활동을 목도하면서 보다 강력하고 기민한 대책이 필요함을 인식하고 이에 뜻이 있는 인사들이 모여 2008년 8월부터 가칭 "파룬궁사이비종교대책위원회"를 발기하여 준비를 해오던 중 2009년 4월 23일, 서울특별시 종로구 종로5가 여전도회관 회의실에서 창립총회를 개최하게 되었다.

"파룬궁사이비종교대책위원회"는 앞으로 전 세계적으로 조직을 확대하여 강력한 대책을 강구할 것이며, 파룬궁사이비종교를 통한 피해를 사전에 예방 대책하고 인류 사회의 안녕과 평화, 그리고 진리를 수호하는데 그 창립목적이 있다 하겠다.

4) 월간 「종교와 진리」 (前, 교회와 이단) 잡지에 발표된 기사 및 피해사례들

2003년경부터 제보를 받았고, 2006년부터 현장 취재, 잡지 기사화는 2007년부터이다.

2007년
6월, 7월, 8월

2008년
2월, 3월, 4월, 8월, 12월

2009년
2월, 3/4월, 5월, 7월

2010년
1월, 5월, 6월, 7월, 9월, 11월

2011년
2월, 3월, 4월, 5월, 6월, 8월, 10월

2012년
1월, 3월, 4월, 5월, 6월, 8월, 10월, 11월

2013년
1월, 2월, 9월, 11월

2014년
3월, 9월

2014년에는 4월 16일, 세월호 사건 발생으로 인하여 5월, 6월, 7월까지 세월호와 구원파에 집중돼 있었음.

2015년
1월, 9월, 10월, 12월

2016년
5월, 6월, 9월, 10월, 12월

2017년
2월, 4월, 5월, 6월, 7월

(총 55여 차례, 160여 건 발표)

※ 연구 및 취재활동

• **2006년**, 주한중국대사관 앞 일인시위자 김○철 씨 인터뷰

• **2007년 7월**, 파룬궁(法輪功)과 이홍지(李洪志) 신비주의적 사이비 종교 규정 발표!, 파룬궁사이비종교의 정체 책자 발간!

• **2007년 12월**, 국제 이단연구 심포지엄(중국 관동성 센젠), 초청 참석, 발표

• **2009년 4월**, 파룬궁사이비종교대책위원회(http://www.antifalungong.com) 창립
(사)기독교이단사이비연구대책협의회에서는 4월 23일 종로5가 여전도회관 회의실에서 '파룬궁사이비종교대책위원회'를 창립총회를 개최했다. 당시, 각종 신문 및 방송에 방영됨.

• **2009년 8월**, 파룬궁사이비종교 심포지엄, 한국 대전에서 개최!

• **2010년 12월**, 파룬궁 집단 법인체 설립 움직임 발각돼, 중국 동포들 대상으로 서명운동에 돌입, 공공기관에 반대 성명서 제출

• **2011년 11월**, 일본 파룬궁 사이비종교 관련 이단 세미나 강의, 발표!

• **2011년 12월**, 한국 서울 신도림역 주변, 대림역 주변, 가리봉시장 주변 등에 파룬궁사이비종교로 인한 피해사례 책자 5천여 부 배포!

• **2011년 12월**, 일본 파룬궁사이비종교대책위원회 발족!, 파룬궁사이비종교의 정체 일본어로 번역 출간!

- **2012년 1월부터**, 파룬궁 집단의 인터넷 카페 10여 차례 공격 당해!

- **2012년 3월**, 주관 신문에 파룬궁사이비종교의 실체를 알리는 5단 광고 4차례 게재 및 이대복 위원장 전면 기사 발표

- **2012년 4월**, 파룬궁사이비종교 집단으로부터 수차례, 내용증명 및 최고서 공갈 협박 등으로 고소함.

- **2012년 10월**, 파룬궁 서명 국회의원 170여명에게 파룬궁 진상 알리는 공문 발송

- **2013년 7월 29일**, 중국 요녕성 심양시 소가둔구에 자리잡은 소가둔 혈전병원 방문, 파룬궁 집단의 생체장기적출 주장, 허위 날조임을 조사 파악

- **2013년 10월 2일(수)~8일(화)**, 서울 인사동 GALLERY, [1]반(反) 파룬궁 사진전시회

- **2013년 10월 10일**, 반 파룬궁 화보집 및 피해사례 알리는 소책자 발간

- **2014년 2월**, 파룬궁 집단 선원 예술단 공연, 수원 경기도 문화의 전당 관람 후, 사이비종교 파룬궁 神韻(선원) 공연은 데모 공연이다! 비평

- **2015년 8월**, [2]반(反) 파룬궁 사진전 개최
(* 국회의원, * 각 언론사, * 전국 지자체, *문화원 등에 공문 발송)

8월 19일, 서울역 광장, 8월 21~23일, 대림역에서 진행

• **2016년 4월 8일**, 단편영화 실낙원(일명 '분신 날개 천사') 감상 토론회 개최.

8일(금요일) 오후 영등포구 대림동 모처에서, 파룬궁사이비종교대책위원회 (대표 오명옥)의 주최로 이루어진 '실낙원' 감상 토론회에는 반사이비종교 기독교 인사 및 반파룬궁 중국 동포 유지 인사 약 10여 명이 참석했다.

• **2016년 4월 28일**, 서울남부지방법원장과 KBS 사장 앞으로 공영방송사 KBS홀 측의 '션원 공연' 취소 요청, 탄원서 발송

• **2016년** [3)]반(反) 파룬궁 사진전 개최
    1차 전주 : 한국소리문화의전당 앞 (4. 3.~5.1)
    2차 울산 : 문화예술회관 앞 (5. 3~4.)
    3차 서울 : 여의도 KBS 홀 (5. 6.)
       삼각지역 13번 출구 앞(5. 7.)
       대림역 9-10번 출구 사이(5. 8.)
    4차 수원 : 경기도문화의전당 앞 (5. 10.)

• **2017년 1월 15일**, 션원 공연 대여해준 고양아람누리 아람극장, 백령아트센터, 부산문화회관에 대관 취소 요청 탄원서 발송

• **2017년 1월 23~31일**, 국내 파룬궁 최근 근황 파악 위해 전국 돌며 취재

• **2017년 2월**, [4)]반(反) 파룬궁 사진전 개최
    2월 4~5일, 경기도 고양시 일산동구 중앙로 1286 - 고양아람누리 아람극장
    2월 8일, 강원도 춘천시 강원대학길 1 - 백령아트센터
    2월 10~12일, 부산광역시 남구 유엔평화로76번길 1 - 부산문화회관 대극장

• **2017년 5월 13일**, 사이비종교 파룬궁으로 인한 피해사례를 알리는 [5]사진전 개최(주최: 파룬궁사이비종교대책위원회, 월간 종교와 진리, 유사종교 피해방지대책 범국민연대 연합)

• **2017년 7월 20일**, 서울광장, 파룬궁 집단의 중공의 파룬궁인권탄압반대 행사장 앞서 일인시위